中宣部2018年主题出版重点出版物

中国减贫行动 1978/2018

Poverty Alleviation in China

向德平 刘风 向雪琪／著

武汉出版社
Wuhan Publishing House

(鄂)新登字 08 号

图书在版编目(CIP)数据

中国减贫行动:1978-2018 / 向德平,刘风,向雪琪著. — 武汉:武汉出版社,2018.12

ISBN 978-7-5582-2626-7

Ⅰ. ①中… Ⅱ. ①向… ②刘… ③向… Ⅲ. ①扶贫-工作概况-中国-1978-2018 Ⅳ. ①F126

中国版本图书馆 CIP 数据核字(2018)第 261839 号

著　　者:向德平　刘　风　向雪琪
选题策划:朱向梅　邹德清
责任编辑:杨建文　管一凡
封面设计:马　波
出　　版:武汉出版社
社　　址:武汉市江岸区兴业路 136 号　　邮　编:430014
电　　话:(027)85606403　85600625
http://www.whcbs.com　　E-mail:zbs@whcbs.com
印　　刷:武汉中科兴业印务有限公司　　经　销:新华书店
开　　本:787 mm×1092 mm　1/16
印　　张:18.5　　字　数:225 千字
版　　次:2018 年 12 月第 1 版　　2018 年 12 月第 1 次印刷
定　　价:68.00 元

目　录

前　言

贫困是世界各国和国际社会面临的挑战。促进发展，消除贫困，实现共同富裕，是人类孜孜以求的理想。

中国是世界上人口最多的发展中国家，发展基础差、底子薄，不平衡现象突出。“消除贫困、改善民生、实现共同富裕，是社会主义的本质要求”。[①] 中国政府始终将减缓贫困作为国家发展的重要目标和任务，坚持以人为本，努力使经济社会发展成果惠及全体人民。20世纪80年代中期以来，中国政府开始推进有组织、有计划、大规模的农村扶贫开发，先后制定、实施了《国家八七扶贫攻坚计划（1994—2000年）》《中国农村扶贫开发纲要（2001—2010年）》《中国农村扶贫开发纲要（2011—2020年）》等减贫规划，全面改善贫困地区人民生产生活条件，促进贫困地区经济发展，帮助农村贫困人口摆脱贫困。党的十八大以来，党中央把扶贫开发摆到治国理政的重要位置，提升到事关全面建成小康社会、实现第一个百年奋斗目标的新高度，纳入“五位一体”总体布局和“四个全面”战略布局进行部署。党的十八届五中全会提出了贫困人口全部脱贫、贫困县全部摘帽的目标。中央召开扶贫开发工作会议，中共中央、国务院印发《关于打赢脱贫攻坚战的决定》，对“十三五”脱贫攻坚作出全面部署。

经过40年探索实践，中国走出了一条中国特色的减贫道路。中

① 习近平：《在河北省阜平县考察扶贫开发工作时的讲话》（2012年12月29日、30日），《做焦裕禄式的县委书记》，中央文献出版社2015年版，第15页。

国的减贫行动极大地改变了中国农村贫困地区的落后面貌,提高了农村贫困人口的生活水平,减少了农村贫困人口。改革开放以来,中国已经使7亿多农村贫困人口成功脱贫。中国是最早实现联合国千年发展目标的发展中国家,中国的减贫成就为世界减贫事业作出重大贡献,在消除极端贫困方面发挥了重要作用。

全面打赢脱贫攻坚战,是全面建成小康社会的重要组成部分,中国已经进入扶贫攻坚的重要历史阶段,扶贫攻坚的艰巨性和复杂性前所未有,扶贫攻坚的许多难题亟须破解。在此背景下,总结中国减贫的经验,提炼减贫的中国方案和中国模式,有助于完善国家减贫政策体系,为脱贫攻坚提供坚实的理论支撑和经验支撑。贫困治理是国家治理体系的重要内容,贫困治理能力的高低反映国家治理的现代化水平。总结中国减贫的经验,有助于构建具有中国特色的贫困治理理论,有助于提高贫困治理的精准性、科学性、系统性,有助于提高国家的贫困治理能力。总结中国减贫的经验,有助于促进中国减贫经验的国际交流,为世界减贫事业贡献中国经验和中国智慧,有助于丰富世界减贫知识体系。

在纪念改革开放40年之际,系统梳理中国改革开放以来减贫开发的理念、政策及行动举措,总结中国减贫的经验和成效,探析中国减贫的模式和经验,具有重要的学术价值和实践意义。

谨以此书献给改革开放40年来奋斗在中国减贫领域的每一个人!

第一章　导　论

中国的贫困问题错综复杂，贫困人口多，贫困程度深，减贫行动面临诸多挑战。在中国共产党和中国政府的带领下，中国减贫取得巨大成就，对中国经济社会发展乃至世界减贫作出了重要贡献。本章主要从中国减贫的历史背景、中国贫困的现实状况、中国减贫的成就及意义等方面展开论述。

一、中国减贫的历史背景

新中国成立之初，因为长期战乱的影响，经济一穷二白，社会千疮百孔，国民普遍处于贫困状态。如何让人民群众吃得起饭、穿得起衣是亟待解决的难题。中国政府通过工业化和合作化，推动经济社会发展来缓解整体贫困。受到政治局势、经济基础等诸多因素的限制，当时采取的反贫困措施多是短期的救济与救急手段，这些措施在一定程度上缓解了贫困现象，但并没有大面积、深层次地解决中国社会的贫困问题。1978 年，中国共产党召开十一届三中全会，彻底否定了“以阶级斗争为纲”，把党和国家的工作重心转移到社会主义现代化建设上来。改革开放的新决策启动了农村改革的新进程，中国共产党和中国政府不断推进农村扶贫开发工作，开启了波澜壮阔的减贫行动。

(一)中国减贫的经济背景

新中国成立之初,2.5亿农村人口处于绝对贫困的状态。农村贫困问题属于历史遗留问题。受战乱影响,农村耕地荒废,劳动力流离失所,农民无法解决基本温饱问题。改革开放之前,计划经济和城乡二元分割体制使得资源向城市倾斜,农村生产力发展缓慢,劳动效率低下。因此,改革开放之前,中国长期处于整体性贫困状态。1978年十一届三中全会的召开,标志着党的工作重心开始从以阶级斗争为纲向以经济建设为中心转变。体制改革推动了中国减贫事业的发展,经济改革释放了市场能量,有力地推动了中国经济社会发展,在改善普遍性的贫困问题方面发挥了重要的作用。党的十一届三中全会开启了改革开放进程,激发了农村的内生动力,农业发展焕发了生机。家庭联产承包责任制的实施,调动了农民的积极性,极大地提高了农业劳动生产率,促进了农业的发展。1980年,中国政府设立了与扶贫直接相关的"支援经济不发达地区发展资金",用来支持"老、少、边、穷"地区的经济发展。① 进入21世纪后,中国的经济发展取得了世界瞩目的成绩,2001年到2016年,中国国民总收入和国内生产总值年平均增长速度达9.5%,人均国内生产总值年平均增长速度为8.9%,一般公共预算收入年平均增长速度为16.7%。经济的发展推动了减贫事业的发展。2001年到2016年,社会保险支出年平均增长速度为20.5%,参加城镇基本医疗保险人数年平均增长速度为20.5%。②

① 朱小玲、陈俊:《建国以来我国农村扶贫开发的历史回顾与现实启示》,《生产力研究》2012年第5期,第30—32页。

② 根据《中国统计年鉴2017》的数据整理。

(二)中国减贫的社会背景

新中国成立之初,长期的社会动荡使得社会结构失序,加之农村生态环境脆弱,区域差异性大,常年受到自然灾害的影响,脆弱性特征明显,抵御自然、社会风险的能力不足,农村人口长期处于绝对贫困状态。从社会背景来看,新中国百废待兴,灾荒、失业以及其他社会问题叠加,使得社会不稳定,人民生计问题严重,呈现出贫困人口多、贫困发生率高、贫困程度深、贫困人口主要集中在农村的特点。习近平强调:"必须时不我待地抓好扶贫开发工作,决不能让困难地区和困难群众掉队。"[①]"扶贫开发是我们第一个百年奋斗目标的重点工作,是最艰巨的任务。"[②]"革命老区、民族地区、边疆地区、贫困地区在'三农'工作中要把扶贫开发作为重中之重。"[③]中国减贫事业能否取得成功,关系到全面建成小康社会的目标能否实现,关系到国家的长治久安。

(三)中国减贫的政治背景

中国共产党和中国政府为发展生产力、提高人民生活水平,出台了一系列政策法规来解决贫困问题。1955年,中央实施第一个五年计划,集中力量进行工业化建设,在工业方面加快技术改造,在农业方面推广现代化的生产技术,促进了经济的发展,中国的贫困状况得到一定程度的缓解。"大跃进"和"人民公社化"运动的开展,导致经济结构失调,经济发展放缓,再加上三年困难时期,人民生活出现极大困难。"文化大革命"造成生产、生活秩序混乱,工业生产停滞,人

---

① 《习近平谈治国理政》(第二卷),外文出版社2017年版,第144页。

② 人民日报社评论部编:《"四个全面"学习读本》,人民出版社2015年版,第57页。

③ 人民日报社理论部编:《深入领会习近平总书记重要讲话精神(上)》,人民出版社2014年版,第383页。

民生活质量下降，社会结构失衡，各类社会矛盾突出，国民经济濒于崩溃的边缘。党的十一届三中全会开始拨乱反正、正本清源。十一届三中全会指出，当前社会的主要矛盾是人民日益增长的物质文化需要与落后的社会生产之间的矛盾。中国共产党和中国政府的主要任务是发展经济、发展生产力，提高人民的生活水平。

改革开放以来，中国东西部地区之间差距不断拉大，这种趋势对于全国范围内的资源优化配置和生产力合理布局十分不利，进而影响小康社会的全面实现和可持续发展。党中央把扶贫开发同实现小康社会发展目标结合起来，大力推动减贫发展。进入21世纪，中国的贫困问题更加多样，致贫的原因也纷繁复杂。中国实施政府主导，广泛动员全社会参与的减贫行动，形成了“政府、市场、社会”三位一体，地区间、部门间、全社会协同参与的大扶贫格局，构建了相对完整的多元主体扶贫体系。

二、中国贫困的现实状况

(一)中国贫困的表现

1.中国的贫困状况

中国是世界上最大的发展中国家，贫困人口多。从区域分布看，中国贫困人口呈现东部地区较少、西部地区较多的特点；从城乡分布看，中国城市贫困人口所占比例相对较小，贫困人口主要集中在农村地区；从贫困类型看，中国贫困人口主要是经济贫困、物质贫困，但与之相伴而生的，有知识贫困、能力贫困、权利贫困；从贫困程度看，新中国成立初期中国贫困人口处于绝对贫困状态，贫困程度深，新时期贫困人口温饱问题基本解决。改革开放40年来，中国的贫困状况有了巨大改善，贫困人口从1978年的2.5亿人下降到2017年底的

3046 万人，贫困人口数量大幅度减少，但是，东中西部差距依然存在，城乡差距依然存在，贫困依然是阻碍中国实现全面小康社会的重要因素。下面我们介绍不同时间节点中国的贫困状况。

(1)改革开放之前的贫困状况

1949—1958 年，中国推动农村土地改革，推进农业合作化运动，在一定程度上缓解了农村贫困现状。一方面，中国政府开展了全国范围内的土地改革，农民获得了土地使用权。1952 年，中国基本消除农民无耕地的现象，这为农民提供了基本的物质生产资料。另一方面，中国政府推行农业生产合作化运动，缓解了农民生产资料不足、生活困难的问题，推动了农村经济的发展。

1958—1978 年，中国实施“人民公社化”运动，平均分配机制导致“大锅饭”，农村再度出现严重的贫困问题。

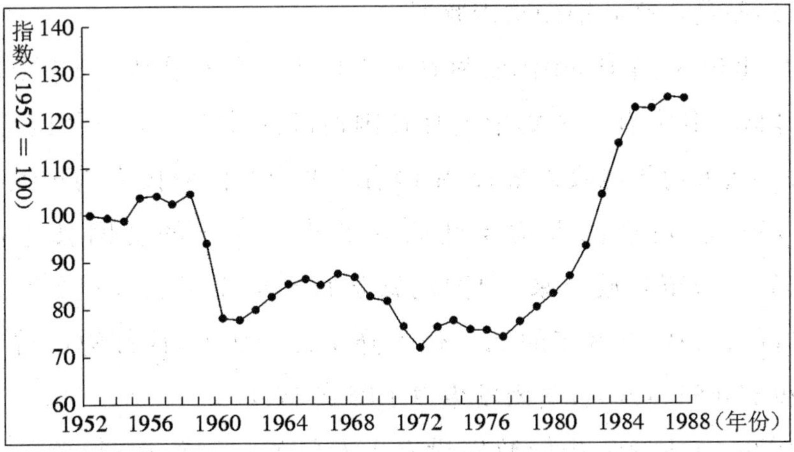

图 1—1　中国农业总要素生产率指数(1952—1988 年)[①]

图 1—1 显示，1958—1960 年，中国农业生产率呈现急剧下降的状态。1978 年之前的中国农村贫困人口多，贫困范围广，贫困程度深。

① 林毅夫著:《制度、技术与中国农业发展》，上海人民出版社 1994 年版，第 16—43 页。

据统计,1973—1977年,中国每年平均有43%的省区出现粮食供应不足或严重不足的情况,人口规模约为3.9亿人,占同期农村总人口的50.15%。[①]1979年中国农村贫困人口为2.5亿人,农村居民家庭人均年纯收入133.6元,农村绝对贫困人口占总人口的比例为30.7%。

表1—1 改革开放之前东中西部地区贫困人口数量及贫困发生率

地区	西部地区	东中部地区
贫困人口数量(万人)	10897.5	14102.5
贫困发生率	43.59%	17.32%

从表1—1看到,东中部地区与西部地区贫困发生率差异较大,西部地区的贫困发生率比东中部地区高26.27个百分点,西部地区贫困人口数量庞大,贫困发生率高,贫困程度深。

(2)脱贫攻坚时期的贫困状况

20世纪80年代,中国农村贫困人口主要分布在18个集中连片贫困地区。其中有9个集中连片贫困地区共249个县位于西部(表1—2)。从人均年纯收入来看,中国有109个县的农民人均年纯收入低于150元,占全国人均年纯收入低于150元的贫困县总数的78.1%。[②] 改革开放以来,中国的减贫行动取得了较大成效。1985年,贫困人口从1978年的2.5亿人降至1.25亿人,西部地区贫困人口减少到4686.4万人,贫困发生率下降到17.8%。

1986—1993年,中国政府设立了专门的扶贫机构,设置了专项扶贫资金,划分了重点扶贫县,开始实施有计划、有组织、大规模的减贫行动,促进了农村地区发展,贫困问题逐渐得到缓解。据统计,1986年到1993年,中国农村贫困人口从1.25亿人减少为8000万

① 黄英君、苗英振、蒋径舟:《我国政府反贫困政策回顾、反思与展望——基于社会资本投资的视角》,《探索》2011年第5期,第154—158页。

② 汪三贵著:《贫困问题与经济发展政策》,农村读物出版社1994年版,第79页。

人,贫困发生率从1985年的14.8%下降到8.7%。国家级贫困县的农民人均年纯收入有一定提高,从208元增加到483元。

表1—2 20世纪80年代中国农村贫困人口分布情况①

地区	片数	贫困地区名称	涉及省区	贫困县个数	小计
东部	2	沂蒙山区	鲁	9	32
		闽西南、闽东北地区	闽、浙、粤	23	
中部	7	努鲁尔虎山区	辽、蒙、冀	28	233
		太行山区	晋、冀	25	
		吕梁山区	晋	21	
		秦岭大巴山区	川、陕、鄂、豫	68	
		武陵山区	川、湘、鄂、豫	40	
		大别山区	鄂、豫、皖	27	
		井冈山和赣南地区	赣、湘	34	
西部	9	定西干旱地区	甘	27	249
		西海固地区	宁	8	
		陕北地区	陕、甘	27	
		西藏地区	藏	77	
		滇东南地区	滇	19	
		横断山区	滇	13	
		九万大山区	贵、黔	17	
		乌蒙山区	川、滇、黔	32	
		桂西北山区	桂	29	
合 计	18			514	

进入21世纪,中国的减贫行动取得了显著效果,农村贫困地区的温饱问题基本解决,绝对贫困问题得到有效控制。1990年到2000年,贫困人口从65849万人减少到46224万人,贫困发生率从73.5%降至60.55%。从2000年到2017年,贫困人口从46224万人减少到

① 中国农业年鉴编辑委员会编:《中国农业年鉴(1989)》,农业出版社1990年版。

3046万人,贫困发生率从49.8%降至3.1%(表1—3)。中国的贫困人口急剧减少,贫困发生率急速下降。

表1—3 改革开放以来中国贫困人口规模与贫困发生率

年份	贫困发生率(%)	贫困人口规模(万人)
1978	97.5	77039
1980	96.2	76542
1985	78.3	66101
1990	73.5	65849
1995	60.5	55463
2000	49.8	46224
2005	30.2	28662
2010	17.2	16567
2011	12.7	12238
2012	10.2	9899
2013	8.5	8249
2014	7.2	7017
2015	5.7	5575
2016	4.5	4335
2017	3.1	3046

资料来源:1978—2010年数据来自国家统计局住户调查办公室《中国农村贫困监测报告2015》,2011—2015年数据来自国家统计局《2015年国民经济和社会发展统计公报》。

2.中国的贫困类型

中国的贫困可分为以下几种类型:

(1)制度性贫困、区域性贫困和阶层性贫困(表1—4)[①]

制度性贫困是指人们所需要的生活资源的分配由社会制度决定,而在分配过程中,因为地区、区域、人群或者个体间的不同产生了不平等分配,从而导致特定的区域、群体或个人处于贫困状态。区域性贫困产生的主因并非制度安排,而是因为不同区域间自然条件、社

① 康晓光:《90年代我国的贫困与反贫困战略》,《中国国情国力》1995年第7期,第10—13页。

会条件的差异导致资源供给不足，进而产生贫困问题。阶层性贫困是因为群体或个体间的差异，导致在相同制度环境中呈现不同的生存状态，一些身体素质较差、文化程度不高、劳动力不足、生产资料缺失的群体或个人因此处于贫困状态。

表 1－4 制度性贫困、区域性贫困和阶层性贫困的成因与特征[①]

类型	成因	特征
制度性贫困	制度的刚性作用导致部分群体被排斥在体制之外而导致的贫困	①政府是政策制定的主体 ②具体的制度包括分配制度、就业制度、财政转移支付制度、社区服务和分配制度、社会保障制度等 ③政策、制度的作用范围为整个社会或某个群体；政策在资源分配中起决定性作用 ④政策范围外的区域、群体或个人享有的生活资源低于社会生活需要的平均水平 ⑤从宏观层面体现致贫原因；致贫的外生性和刚性特征 ⑥制度的变更是贫困人口脱贫的关键
区域性贫困	①贫困是由于区域间先赋的自然条件差异造成的，如自然资源在地区间分布不均 ②在自然资源和地理差异基础上形成的社会发展水平的不同而造成的相对贫困	①贫困人口相对集中在某个区域内，区域内贫困人口的同质性相对较强 ②从宏观层面体现致贫原因、致贫的内生性 ③体现了贫困的长期性 ④经过努力可以脱贫
阶层性贫困	由于个人内在因素在阶层内相对较差而致贫	①它是在某个群体或区域内由于个人因素而导致的贫困，更多地体现的是致贫因素的异质性 ②从微观层面体现致贫原因 ③个人综合因素的提升是脱贫的关键

(2)资源约束型贫困和能力约束型贫困

资源约束型贫困和能力约束型贫困属于宏观和微观两个层面的贫困类型，前者表现为宏观上的区域性贫困，后者则表现为个体贫困（表1－5）。[②]在同一地区、同样的制度环境下可能同时出现这两种贫困类型，二者并没有绝对的分界线。

① 向德平、黄承伟主编：《减贫与发展》，社会科学文献出版社 2016 年版，第 28 页。

② 吴国宝：《对中国扶贫战略的简评》，《中国农村经济》1996 年第 8 期，第 29－33 页。

表1—5 资源约束型贫困和能力约束型贫困的成因与特征

类型	分类	成因	特征
资源或条件约束型贫困	资源约束型贫困分为边际土地型贫困和资源结构不合理型贫困	边际土地型贫困是由个人对土地的投入形成的收益难以弥补所投入的支出导致的。资源结构不合理型贫困是由资金缺乏或交通、通信、能源等基础设施落后导致的	更多体现的是宏观层面的资源分布不均、先赋条件的劣势、历史机遇的区域差异等
能力约束型贫困	丧失劳动能力导致的贫困和缺乏专业技能引起的贫困	由于意外事故、突发性事故、先天遗传等因素导致丧失劳动能力;个人教育程度低、综合素质低、观念落后等个人内在因素而致贫	更多体现的是微观层面的个体间的素质差异和机会的不均等

(3)绝对贫困和相对贫困

绝对贫困又称生存贫困,是指在一定的社会生产和生活方式下,个人或家庭依靠劳动所得或其他收入不能维持最基本的生存需求,衣食不得温饱,劳动力本身再生产难以维持。

表1—6 绝对贫困与相对贫困的比较

类型	特征识别	共同点	不同点
绝对贫困	①它以贫困线为衡量标准,低于贫困线就是绝对贫困;绝对贫困的国际标准由下限标准和上限标准以及区间范围组成,下限标准以下为赤贫人口 ②贫困线就是购买基本的生活必需品或维持最低限度生活需要的最低收入水平。这里的生活必需品一般包括人体最低需要摄取的食品,以及最简单的衣物、住房等,这些只是为了维持最基本的生存需要 ③强调贫困的客观性和绝对数量 ④绝对贫困是可以消除的	缺乏足够收入来维持一种社会认可的生活标准的状态	绝对贫困只是为了维持最基本的生存需要,而相对贫困则相对于社会上的其他收入人群而言
相对贫困	①相对贫困以社会平均生活水平为衡量标准,它是介于贫困线和社会认定的某种平均水平的一种生活状态 ②相对贫困的出发点是人们之间收入的比较和差距,它是低收入者解决了温饱问题后相对于全社会而言表现出来的贫困状态,本质上已经与分配不公、生活质量下降及其引起的精神痛苦等因素联系在一起 ③强调在一定区域范围内人的生存质量和水平的相互比较,具有一定的主观偏好,它依赖于一定的主观价值判断加以确定 ④任何社会都存在相对贫困		

相对贫困是指比较而言的贫困，既包括随着时间的变迁和不同社会生产、生活方式下贫困标准的变化而产生的贫困，也包括同一时期不同社会成员和地区之间的差异形成的贫困。

(4)短期贫困与长期贫困

短期贫困是指处于贫困状况的群体收入低于贫困线，但由于有储蓄或能够借钱，因此他们的消费水准却高于贫困线。这种贫困是由于自然灾害、疾病或其他突发性事件造成的，贫困持续时间一般为几个月或少于1年。

与短期贫困相比而言，长期贫困是指处于贫困状况的群体，无论是收入还是消费都低于贫困线，他们没有储蓄也无法借钱维持高于贫困线的消费水平。长期贫困的特征是贫困状态持续时间长，或长时间未能脱贫，其持续时间至少为5年，脱贫难度大。①

3. 中国减贫行动面临的挑战

中国农村贫困人口基数庞大，并且集中在集中连片特殊困难地区。随着贫困人口减少和区域性贫困问题得到缓解，相对贫困、贫困脆弱性等制约减贫效果均衡性、持续性的深层次问题凸现出来，因而，中国减贫工作任务十分艰巨。

(1)贫困人口规模大

改革开放至今，中国贫困人口数量从2.5亿下降至3046万，但是贫困人口规模依然庞大。

从表1—7可以看到，中国贫困人口主要分布在西部地区，中部地区其次，东部地区贫困人口数量最少。中部、西部地区的“老、少、边、远”以及革命老区的贫困县数量最多。西部地区贫困发生面较大，贫困发生率较高，贫困程度较深。

① 世界银行：《1990年世界发展报告》，中国财政经济出版社1990年版，第26页。

表1—7 2015年中国贫困地区贫困人口规模

地区	贫困县数(个)	乡村人口(人)	贫困人口(人)	贫困发生率(%)
河　北	45	14805866	4152343	29.42
山　西	36	5684468	1992167	37.74
内蒙古	31	7122075	952910	13.84
吉　林	8	1132483	313559	27.22
黑龙江	20	5237080	693171	17.01
安　徽	20	18944166	2680652	16.15
江　西	24	11990799	1973890	19.12
河　南	38	27072779	3691949	14.13
湖　北	28	12154660	3234128	29.22
湖　南	40	19355811	4169956	22.51
广　西	33	10394899	3206355	31.49
海　南	5	756343	219498	33.01
重　庆	14	8523800	1161388	14.98
四　川	66	16816642	2656692	17.64
贵　州	66	27802470	6156525	23.22
云　南	88	26258639	6275519	24.93
西　藏	74	2564517	796852	31.25
陕　西	56	14056562	3098311	23.57
甘　肃	58	16205235	5557668	33.56
青　海	39	3594543	891461	25.68
宁　夏	8	2079956	406919	19.10
新　疆	32	6078128	2124890	35.59
全　国	829	258631921	56406803	25.60

(2)贫困分布集中

集中连片特殊困难地区具有明显的区域边缘性特征,生态环境脆弱、社会形态特殊、公共服务欠缺、地方病严重,扶贫难度大、成本高。一方面,集中连片特殊困难地区的生态环境、地理位置、民族文化、经济区位不同于发达地区,因此面临着减贫发展基础弱、减贫条件不足、减贫任务各异的困难。另一方面,集中连片特殊困难地区具有民族性指向较强、边缘化程度较大、封闭性循环等特性,这些片区与生态脆弱地区叠加、与少数民族地区叠加、与边境地区叠加、与革命老区叠加，减贫任务重，减贫难度大。

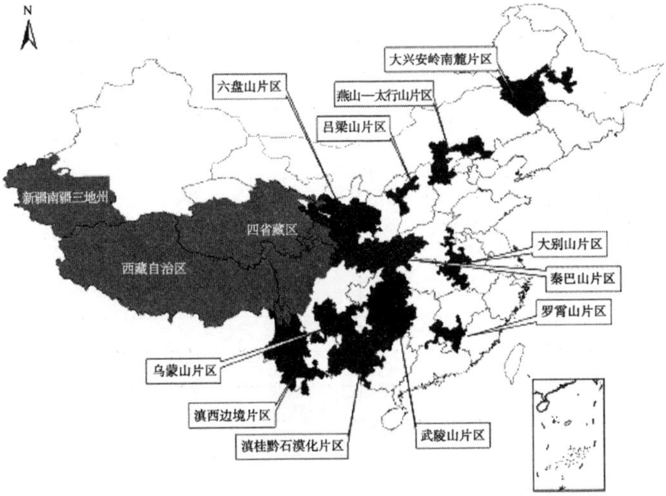

图1—2　中国14个集中连片特殊困难地区空间分布图

从图1—2可以看到，14个集中连片特殊困难地区的分布呈现“大分散、小集中”的状态，贫困成因复杂，减贫任务艰巨。

(3)贫困程度深

中国政府根据经济社会的发展状况，确定不同时期的贫困标准。1986年，以1984年农村入户调查为基础，国家统计局和国务院扶贫办共同制定贫困线，贫困标准为人均纯收入206元/年；2008年，中国以接近国际上人均每天1美元的低收入标准作为贫困线，即以2008年不变价格下的人均纯收入1067元/年为贫困标准。2011年，中国政府大幅度提高贫困标准，将贫困标准确定为2300元/年。

中国的贫困人口大多分布在中西部山区，这些地区生态环境恶劣，生产生活资料匮乏。中国人均耕地面积为1.38亩，只是世界人均耕地面积平均水平的40%，以2011年的武陵山区耕地资源来看，这一地区土地资源丰富，但是人均耕地面积绝对值和相对值均低于全国平均水平(见表1—9)。

表 1—8　中国贫困人口数量(1980—2017 年)(单位:万人)[①]

年份	1978 年标准	2008 年标准	2011 年标准
1980	22000		
1981	15200		
1982	14500		
1983	13500		
1984	12800		
1985	12500		
1986	13100		
1987	12200		
1988	9600		
1989	10200		
1990	8500		
1991	9400		
1992	8000		
1994	7000		
1995	6540		
1997	4962		
1998	4210		
1999	3412		
2000	3209	9422	
2001	2927	9030	
2002	2820	8645	
2003	2900	8517	
2004	2610	7587	
2005	2365	6432	
2006	2148	5698	
2007	1479	4320	
2008		4007	
2009		3597	
2010		2688	16567
2011			12238
2012			9899
2013			8249
2014			7017
2015			5575
2016			4335
2017			3046

① 根据国家统计局公布的数据整理。

表 1—9 武陵山区 2011 年人均耕地面积

地区	各地市人均面积(亩)	与全国人均面积比较(绝对值,%)	与全国人均面积比较(相对值,%)
宜 昌	1.29	—0.09	93.5
恩 施	1.03	—0.35	74.6
邵 阳	0.93	—0.45	67.4
常 德	1.15	—0.23	83.3
张家界	1.01	—0.37	73.2
益 阳	1.08	—0.3	78.3
怀 化	1.02	—0.36	73.9
娄 底	0.73	—0.65	52.9
湘 西	0.89	—0.49	64.5
重 庆	1.05	—0.33	76.1
遵 义	0.83	—0.55	60.1
铜 仁	0.7	—0.68	51.7

(4)返贫问题突出

中国返贫原因多样且复杂,一是因自然灾害等不确定、不可控因素引发的返贫问题。中国部分贫困地区属于生态脆弱地区,自然灾害频发,自然灾害导致贫困人口返贫。二是因为贫困地区大部分青壮年劳动力转移进城,留下来的多为老人、儿童或者妇女,贫困村空心化现象严重,脱贫能力和内生动力不足。三是农村贫困地区社会保障措施不健全,贫困群体在市场、自然、社会、疾病等诸多风险影响下极具脆弱性。

(5)绝对贫困与相对贫困并存

1978 年全国城乡居民收入比例为 2.37∶1,1982 年全国城乡居民收入比例降为 1.83∶1,1986 年开始这一比例逐年增加,从 1986 年的 2.21∶1 上升为 2008 年的 3.31∶1。[①] 2010 年全国城乡居民收

① 根据《中国统计年鉴 1999》和《中国统计年鉴 2017》的数据整理。

入比例为3.23∶1。按照农村居民收入五等分看，最高收入家庭人均纯收入是最低收入家庭的7.5倍，重点县农民年人均纯收入仅为全国农民的55％。[①] 2013年，城镇居民人均收入为26467元，农村居民人均收入为9429.6元；2014年，城镇居民人均收入为28843.9元，农村居民人均收入为10488.9元；2015年，城镇居民人均收入为31194.8元，农村居民人均收入为1142.17元；2016年，城镇居民人均收入为33616.2元，农村居民人均收入为12363.4元。[②]

从上述数据可以看出，中国城乡居民的收入差距扩大，东中西部地区农民收入差距拉大，区域内部收入差距增大，农村内部收入差距明显增加。

（二）贫困的成因

中国贫困的成因很多，主要表现在社会发展的阶段性特征、经济增长的影响与制约以及区域发展的非均衡性等方面。本部分将从这三个方面进行具体分析。

1.社会发展的阶段性特征

从社会发展的视角来看，中国的贫困源于社会层面和政治层面两方面。从社会层面看，1945年至1985年间，中国农村地区交通、能源、通讯等基础设施薄弱，人畜饮水、农田水利等农民生活、农业生产条件匮乏，贫困问题严重。再加上二元社会结构将农村人口束缚在土地上，导致农民观念落后、自我发展意识不强，影响了农村社会发展。1986年至今，二元社会结构发生变化，城乡之间的流动加快，中国农村青壮年劳动力大量向城市流动，农村地区劳动力锐减。美国著名经济学家阿瑟·刘易斯认为，农村贫困的一个根本原因是存在

① 范小建：《我国新阶段扶贫开发任务面临“四大挑战”》。来源：2011年12月9日中华人民共和国中央人民政府网。

② 根据《中国统计年鉴2017》的数据整理。

大量处于非充分就业状态或隐性失业状态的剩余劳动力，导致农村劳动力边际生产力水平极低。[1] 从政治层面来看，中国长期处于社会主义初级阶段，中国共产党和中国政府在探索发展的道路上“摸着石头过河”，在解决贫困问题时走过一些弯路。如，平均分配和城乡分割体制带来的贫困问题；三级所有的人民公社体制严重制约了农民群体的生产积极性，阻碍了农村地区的发展；长达十年的动乱致使国民经济发展缓慢，引发贫困问题。1978 年党的十一届三中全会开始了拨乱反正的历史进程，改革开放政策极大地解放了生产力，制度性贫困问题得以缓解。

2. 经济增长的影响与制约

从经济视角来看，导致中国出现贫困问题的原因是经济基础差、生产力水平低下，以及经济体制转型。从经济基础来分析，改革开放之前，传统农业在国民经济中占绝对优势，农业劳动生产率极其低下，全国 80％以上的人口从事农业生产，每年还需要大量进口粮食和棉花；手工业未形成工业体系，工业技术水平低下，门类短缺；商业生产不发达，市场发育不平衡，小农经济依然是社会经济的主体，大部分内地农产品商品率仅在 5％－10％。从生产力水平来分析，计划经济引发的生产效率低下、资源配置错误、生产资料浪费等问题，加大了贫困程度，“中国生产力发展状况远低于第二次世界大战后发展中国家的一般水平，更不用说发达国家了”。[2] 计划经济背景下，中国经济的效率极低，生产效率低的原因是技术停滞不前、体制僵硬、技术人才缺乏、资源流动性不合理、项目重复率高等，这也成为这一时期中国产生贫困问题的重要原因。从计划经济向市场经济的转化来分

① ［美］阿瑟·刘易斯著：《二元经济论》，北京经济学院出版社 1989 年版。转引自文秋良：《新时期中国农村反贫困问题研究》，华中农业大学 2006 年博士论文。

② 王景伦著：《毛泽东的理想主义和邓小平的现实主义：美国学者论中国》，时事出版社 1996 年版，第 19 页。

析,中国的贫困问题既有计划经济造成的,也有市场经济导致的。1978年改革开放以来,中国由计划经济转向市场经济,经济体制转型影响了贫困群体的状况。农民面临着市场经济带来的新风险,具体表现在:农业经济因其生产规模等原因,无法提高效率和效益;农村土地资源和人口之间的矛盾问题突出,农民难以从土地上获得充足的生活资料;农民医疗、教育、生产资料等成本增加,给农业生产和农民生活带来极大压力。中国的农民、农村和农业面临较多风险,容易引发贫困问题。

3.区域发展的非均衡性

地区发展不平衡是导致中国贫困问题多样性、复杂化的重要原因。东部、中部与西部地区发展不均衡、发展差距巨大,人民的生活水平呈现相应的差异性。东部、中部与西部区域发展不均衡导致的直接后果是收入不平等,收入不平等即会带来区域间的贫困问题。据统计,西部地区因灾害致贫、因资源匮乏致贫、因基础设施落后致贫占比远高于东部地区。从交通条件落后致贫的数据来看,云南、西藏等地区交通落后产生的贫困问题高于安徽、江西等地区;从灾害致贫数据来看,内蒙古、吉林、黑龙江、宁夏等地区的贫困高于安徽、新疆、海南、西藏等地区(表1—10)。

区域发展不均衡的另一表现是城乡发展差别大。政府高度重视城市经济发展,实施工业发展战略推动了城市工业的发展,城市工业的发展水平远远高于农村农业的生产水平。目前,中国城镇化率达到50%以上,但依然有近40%的人生活在农村,农村人口在生活、生产条件上依然与城市人口有较大的差距。

表1—10　区域性致贫原因占比情况(单位:%)

地区	因灾致贫	因缺土地致贫	因缺水致贫	因交通条件落后致贫
河　北	1.54	1.52	0.95	0.98
山　西	2.97	4.02	1.43	1.75
内蒙古	15.89	7.55	1.35	0.66
吉　林	12.59	4.66	0.53	0.51
黑龙江	27.88	11.27	0.52	1.31
安　徽	1.27	0.86	0.04	0.23
江　西	1.72	0.65	0.13	0.53
河　南	2.04	1.19	0.44	2.72
湖　北	1.72	1.05	0.57	2.26
湖　南	2.02	1.15	0.46	2.36
广　西	1.89	4.12	0.50	2.04
海　南	1.22	8.81	1.36	1.47
重　庆	4.16	0.19	0.05	1.07
四　川	1.55	0.53	0.40	2.88
贵　州	1.74	0.72	0.04	1.14
云　南	4.78	3.91	1.45	5.07
西　藏	1.05	4.44	0.64	3.04
陕　西	2.19	1.10	0.57	2.22
甘　肃	1.76	1.68	0.33	1.19
青　海	1.84	3.83	0.47	2.16
宁　夏	6.88	6.09	1.45	1.52
新　疆	0.93	11.02	3.29	1.75
全国平均	4.52	3.65	0.77	1.76

三、中国减贫的巨大成就

中国经济的持续高速增长必定会带动贫困人口的减少。无论以中国政府制定的贫困标准还是世界银行的贫困标准来衡量,中国的减贫行动都取得了举世瞩目的成就。

(一)中国贫困标准下的减贫成就

40年改革开放推动了中国经济的高速增长。根据国家统计局的数据,1979年到2014年,中国GDP平均每年增长9.7%。1978年,中国是世界上最贫困的国家之一,按照2010年不变价格计算,那时中国GDP总量仅为3645.2亿元,人均GDP只有381元。2010年,中国超过日本,成为全球第二大经济体。到2015年,中国GDP总量为689052.1亿元,人均GDP达到50251元。2017年,中国GDP总量达到827122亿元,人均GDP达到59660元。[①]

从表1—11可以看到,改革开放以来,中国国内生产总值、人均国内生产总值均呈现快速上升趋势。从1978年至2017年,第一、二、三产业增幅均较大,人均国内生产总值从381元增至59660元。经济增长拉动了中国居民收入的增长,从而为解决贫困问题奠定了物质基础。

鉴于经济的增长以及中国贫困问题的变化,中国政府对贫困标准进行了多次调整。1986年确定的绝对贫困线为人均纯收入206元/年,1997年为不变价格下的人均纯收入640元/年,2000年为865元/年,2008年为1067元/年,2009年为1196元/年,2011年中国贫困标准调高到2300元/年。从这些数据可以看到,中国的贫困标准一直在提高,中国贫困人口数量一直在下降。图1—3清楚地展示了在不同贫困标准下,中国贫困人口数量逐年下降的趋势。

---

① 根据《中国统计年鉴(2017)》的数据整理。

表 1—11 中国国内生产总值及人均国内生产总值数据统计

年份＼指标	国民总收入（亿元）	国内生产总值（亿元）	第一产业增加值（亿元）	第二产业增加值（亿元）	第三产业增加值（亿元）	人均国内生产总值（元）
1996	70779.6	71813.6	13878.3	33828.1	24107.2	5898
1997	78802.9	79715.0	14265.2	37546.0	27903.8	6481
1998	83817.6	85195.5	14618.7	39018.5	31558.3	6860
1999	89366.5	90564.4	14549.0	41080.9	34934.5	7229
2000	99066.1	100280.1	14717.4	45664.8	39897.9	7942
2001	109276.2	110863.1	15502.5	49660.7	45700.0	8717
2002	120480.4	121717.4	16190.2	54105.5	51421.7	9506
2003	136576.3	137422.0	16970.2	62697.4	57754.4	10666
2004	161415.4	161840.2	20904.3	74286.9	66648.9	12487
2005	185998.9	187318.9	21806.7	88084.4	77427.8	14368
2006	219028.5	219438.5	23317.0	104361.8	91759.7	16738
2007	270844.0	270232.3	27788.0	126633.6	115810.7	20505
2008	321500.5	319515.5	32753.2	149956.6	136805.8	24121
2009	348498.5	349081.4	34161.8	160171.7	154747.9	26222
2010	411265.2	413030.3	39362.6	191629.8	182038.0	30876
2011	484753.2	489300.6	46163.1	227038.8	216098.6	36403
2012	539116.5	540367.4	50902.3	244643.3	244821.9	40007
2013	590422.4	595244.4	55329.1	261956.1	277959.3	43852
2014	644791.1	643974.0	58343.5	277571.8	308058.6	47203
2015	686449.6	689052.1	60862.1	282040.3	346149.7	50251
2016	740598.7	743585.5	63672.8	296547.7	383365.0	53935
2017	824828.4	827121.7	65467.6	334622.6	427031.5	59660

中国的减贫与中国经济的增长同步，每年减少的贫困人口数量相当可观，尤其是从 2010 年以来，虽然大幅度提高了官方贫困标准，但每年贫困人口减少的数量都在千万人以上（图 1—4）。

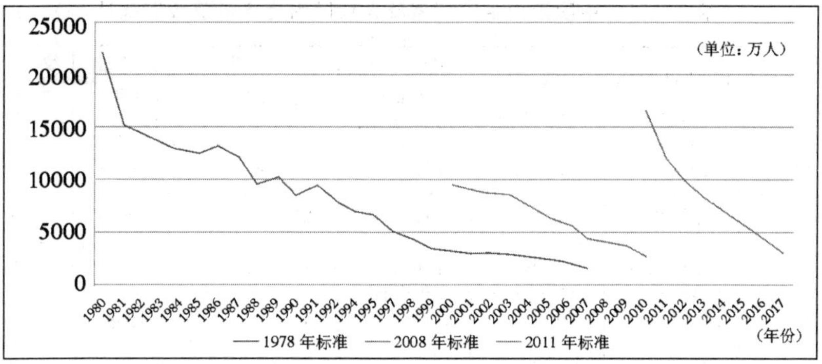

图 1—3　中国不同标准下的贫困人口下降趋势

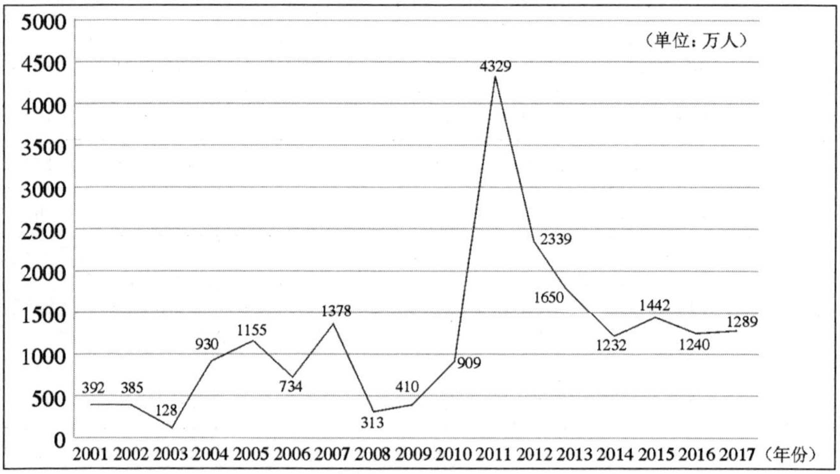

图 1—4　中国官方贫困标准下贫困人口减少数量

改革开放以来,中国在减贫道路上取得了巨大的成就。截至2017 年底,中国贫困人口减少了 7.9 亿人,贫困发生率降至 3.1%。

(二)国际标准下中国的减贫成就

为了监测全球的贫困状况,1990 年,世界银行在当年的世界发展报告中提出了“1 美元/天的国际贫困线”标准。此后,世界银行多次根据购买力平价(PPP)重新调整国际贫困线,1993 年,贫困线为1.08美元/天;2005 年,贫困线上调至 1.25 美元/天;2011 年,贫困线调整为1.90美元/天。根据世界银行的监测数据(表1—12),中国贫困发生率一直在快速下降,按照1.25美元/天的标准,中国贫困发生率从1981年的84%下降到2010年的11.8%;按照1.90美元/天的标准,中国贫困发生率从1981年的88.32%下降到2010年的11.18%。

表1—12 世界银行标准下中国贫困发生率(单位:%)[①]

标准 \ 年份	1981	1984	1987	1990	1993	1996	1999	2002	2005	2008	2010
1.25美元/天	84	69.4	54	60.2	53.7	36.4	35.6	28.4	16.3	13.1	11.8
1.90美元/天	88.32	75.75	60.84	66.58	57	40.05	40.54	31.95	18.75	14.65	11.18
3.10美元/天	99.14	95.87	89.15	89.2	82.31	71.5	67.18	56.4	41.76	32.96	27.24

表1—13 中国与世界绝对贫困人口变化情况(1981—2010年)(贫困标准为1.25美元/天)[②]

年份	中国绝对贫困人口(亿人)	世界绝对贫困人口(亿人)	中国占世界比重(%)	中国贫困发生率(%)	世界贫困发生率(%)
1981	8.35	19.38	43.1	84.0	52.2
1984	7.20	18.58	38.7	69.4	47.1
1987	5.86	17.68	33.1	54.0	42.3
1990	6.83	19.07	35.8	60.2	43.0
1993	6.33	19.11	33.1	53.7	41.0
1996	4.43	17.02	26.0	36.4	34.8
1999	4.46	17.38	25.7	35.6	34.0
2002	3.63	16.36	22.2	28.4	30.7
2005	2.12	13.86	15.3	16.3	25.0
2008	1.73	12.00	13.3	13.1	22.6
2010	1.57	12.12	13.00	11.8	22.6

① 资料来源:世界银行数据库,PovcalNet:the on—line tool for poverty measurement developed by the development research group of the world bank

② 资料来源:世界银行数据库,PovcalNet:the on—line tool for poverty measurement developed by the development research group of the world bank

将中国与世界绝对贫困人口数量进行比较(见表1—13),能更清楚地看到中国在减贫方面取得的成就。按照1.25美元/天的贫困标准,1981年,中国的绝对贫困人口数量高达8.35亿,贫困人口占世界总量的43.1%,贫困发生率(84%)要远远高于世界贫困发生率(52.2%);到2010年,中国绝对贫困人口总量减少到1.57亿,占世界贫困人口的13%,贫困发生率(11.8%)要远远低于世界贫困发生率(22.6%)。

从表1—14的数据可以看出,按照1.25美元的标准,从1981年到1990年,中国减贫人数为1.52亿;从1990年到1999年,中国减贫人数为2.37亿。从1999年到2010年,中国减贫人数为2.89亿,占全世界减贫人数的54.9%。由此可见,中国减贫成果非常显著,对世界减贫作出了巨大的贡献。

表1—14 中国减贫对世界减贫的贡献率(1981—2010年)①

	1981—1990年	1990—1999年	1999—2010年
中国减贫人口数(亿人)	1.52	2.37	2.89
世界减贫人口数(亿人)	0.31	1.69	5.26
中国减贫贡献率(%)	494.7	140.4	54.9

1990年,联合国开发计划署(UNDP)提出了人类发展指数(HDI)的概念,用于衡量全球各个国家的发展进程。人类发展指数由预期寿命、成人识字率和人均GDP三个指标构成,这三个指标分别反映了人的长寿水平、知识水平和生活水平。人类发展指数被视为衡量一个国家减贫进展的重要指标。中国在人类发展指数方面取得了突出成就,1980年中国的人类发展指数仅为0.423,2014年的中国人类发展指数上升到了0.727,2016年达到0.738(见图1—5)。

2000年联合国千年首脑峰会上提出了千年发展目标。中国始终高度重视落实千年发展目标,在消除贫困与饥饿、普及初等教育、

① 资料来源:世界银行数据库,PovcalNet:the on—line tool for poverty measurement developed by the development research group of the world bank

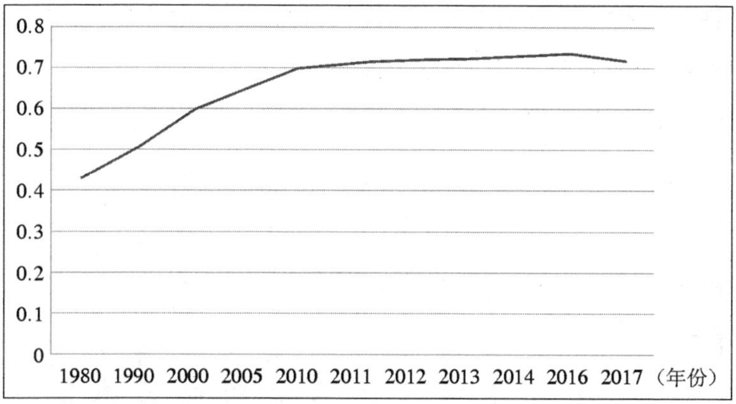

图 1—5 中国人类发展指数(1980—2017 年)变化情况[①]

促进性别平等、保障妇幼健康、疾病防控、环境保护等许多方面取得了巨大进展,实现千年发展目标成绩显著。2015 年,中国发布了《中国实施千年发展目标报告(2010—2015 年)》,该报告指出,在全球千年发展目标进展缓慢的国际背景下,中国却实现或者基本实现了各项目标,尤其是在该目标体系中的第一项目标——消除极端贫困与饥饿方面,中国成绩斐然。

(三)其他标准下中国的减贫成就

1.最低生活保障方面

改革开放特别是近十多年以来,中国在农村推行最低生活保障制度和新型农村合作医疗制度,极大地缓解了农村贫困状况,提高了贫困人口的收入。2004 年以来,农村低保投入逐年增长。2004 年全国只有 235.9 万人享受农村低保,农村低保投入只有 16.2 亿元,人均月补贴水平只有 50.4 元;2015 年,全国有 4903.6 万人受益于农村最低生活保障政策,农村低保投入达到了 931.5 亿元,人均月补贴水平达到了 147.2 元。2017 年,全国有农村低保对象 4045.2 万人,

① 根据《中国人类发展报告 2016》的数据整理。

2249.3万户，全年各级财政共支出农村低保资金1051.8亿元，人均月保障水平达到了358.4元（如图1—6）。

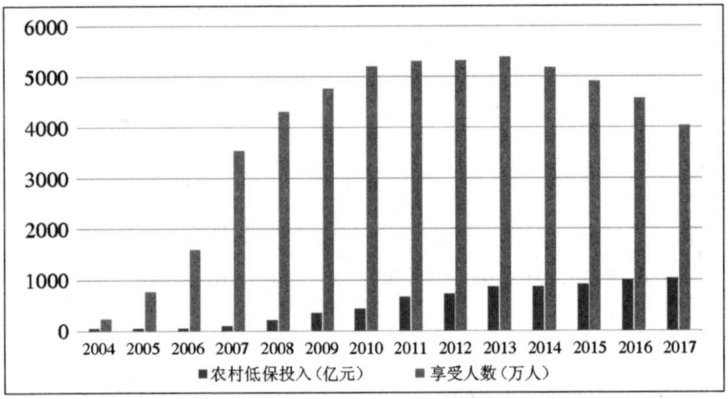

图1—6　中国农村最低生活保障发展情况①

2.农村新型合作医疗方面

农村新型合作医疗制度为农民提供了基本的医疗保险服务，降低了农民因病致贫的风险。2014年底，参加新型农村合作医疗的农民人数达到7.36亿，农民参合率达到了98.9%，新型农村合作医疗当年的基金支出为2890亿元，有15.52亿人次农民受益于这项制度。近年来，很多省份还出台了对贫困人口参加新型农村合作医疗个人筹资部分进行补贴的政策。

3.基础设施建设方面

开发式扶贫战略实施以来，贫困地区的基础设施条件得到了明显的改善，2002—2014年，在国家扶贫工作重点县的自然村中，通路比例从72%提高到了92%以上，通电比例从92%提高到了99.5%，通电话比例从52%提高到了95%。2014年，贫困地区主干道路经过硬化处理的自然村比例为64.7%，通客运班车的自然村比例为42.7%，分别比上年提高4.8个和3.9个百分点。与全国大多数农村一样，贫困地

① 根据《民政事业发展统计公报（2004—2009年）》《社会服务发展统计公报（2010—2017年）》公布的数据整理。

区自然村的宽带普及速度较快，2014 年通宽带的自然村比例为 48%，比 2012 年提高了 9.7 个百分点。重点县乡镇、行政村的公共服务水平也得到了长足的发展，文化活动室、幼儿园/学前班、卫生室、合格乡村卫生员的拥有程度都呈现上升趋势。2014 年，贫困地区有综合文化站的乡镇比例为 97.2%，有政府办卫生院的乡镇比例为 98.2%，有全科医生的乡镇比例为 83.2%，分别比 2012 年提高了 10.2、6.1 和 14.2 个百分点。[①] 2016 年，中国乡镇、村交通设施建设速度加快（见表 1—15），东部、中部和西部地区的交通设施建设日趋平衡。

表 1—15 2016 年底中国乡镇、村交通设施建设情况（单位：%）[②]

指标	全国	东部地区	中部地区	西部地区	东北地区
有火车站的乡镇	8.6	7.6	8.3	7.7	18.0
有码头的乡镇	7.7	10.0	8.5	6.7	3.3
有高速公路出入口的乡镇	21.5	28.9	22.6	17.0	19.9
通公路的村	99.3	99.9	99.5	98.3	99.7
按通村主要道路路面类型分的村					
水泥路面	76.4	76.4	86.1	70.2	59.3
柏油路面	20.2	22.2	12.3	22.5	35.1
沙石路面	2.3	0.6	1.0	5.3	3.5
按村内主要道路路面类型分的村					
水泥路面	80.9	84.0	89.7	72.7	60.0
柏油路面	8.6	11.1	3.4	9.0	15.9
沙石路面	6.7	2.4	4.7	11.7	18.9
村内主要道路有路灯的村	61.9	85.9	59.8	35.5	54.1
村委会到最远自然村或居民定居点距离					
5 公里以内	90.8	97.1	93.0	80.7	90.9
6—10 公里	6.6	2.3	5.5	13.0	7.1
11—20 公里	2.0	0.5	1.3	4.6	1.6
20 公里以上	0.6	0.1	0.2	1.7	0.4

① 王小林、张晓颖著：《迈向 2030：中国减贫与全球贫困治理》，社会科学文献出版社 2017 年版，第 65 页。

② 资料来源：国家统计局第三次农业普查资料。

中国农村能源通讯设施建设也获得均衡化发展(见表1—16),中国在推动中西部等贫困地区农村基础设施建设方面取得了重大成就。

表1—16 2016年底中国农村能源通讯设施建设情况(单位:%)①

	全国	东部地区	中部地区	西部地区	东北地区
通电的村	99.7	100.0	99.9	99.2	100.0
通天然气的村	11.9	10.3	8.4	18.3	4.7
通电话的村	99.5	100.0	99.7	98.7	100.0
安装了有线电视的村	82.8	94.7	82.9	65.5	95.7
通宽带互联网的村	89.9	97.1	92.7	77.3	96.5
有电子商务配送站点的村	25.1	29.4	22.9	21.9	24.1

改革开放以来,通过减贫行动,中国农村贫困地区生产条件逐渐改善,自然生态趋于良好,温饱问题基本解决。从2002年至2010年,国家扶贫开发工作重点县实施退耕还林还草14923.5万亩,新增经济林22643.4万亩。国家扶贫开发工作重点县饮用水水源受污染的农户比例从2002年的15.5%下降到2010年5.1%,获取燃料困难的农户比例从45%下降到31.4%。农村居民的生存和温饱问题基本解决。2012年底,中国有近1亿贫困人口,到2017年底还剩3046万人,5年时间里,贫困人口以年均1300多万人的速度减少。贫困人口减少6800多万,易地扶贫搬迁830万人,贫困发生率由10.2%下降到3.1%。②

① 资料来源:国家统计局第三次农业普查资料。

② 王小林、张晓颖著:《迈向2030:中国减贫与全球贫困治理》,社会科学文献出版社2017年版,第65页。

四、中国减贫的重要意义

(一)彰显社会主义的制度优势

社会主义将发展生产力最终实现共同富裕作为自己的目标。中国共产党和中国政府践行实现中华民族伟大复兴的庄严承诺,中国减贫实践是社会主义制度优越性的重要体现。

一是中国减贫行动坚持以科学理论为指导,探索符合中国国情的贫困治理理论和方法。改革开放以来,中国减贫行动从"救济式"扶贫向"开发式"扶贫转变,从"大水漫灌"扶贫向"滴灌"模式转变,扶贫模式变化的背后有科学理论的指导。二是中国减贫行动突出人民本位,强调人民的利益高于一切。提高贫困群体的经济收入是首要目标,促进贫困群摆脱贫困、实现自我发展是长远目标。三是中国减贫行动体现了集中力量办大事的制度优势。改革开放以来,中国集中全社会力量开展大规模减贫行动。扶贫开发事关全面建成小康社会,事关人民福祉,事关巩固党的执政基础,事关国家的长久治安。中国政府动员全社会力量参与扶贫,充分发挥党员干部在减贫中的榜样作用和先锋作用,发挥市场主体在减贫中的作用,调动社会组织在减贫中的积极性,充分显示了社会主义制度的优越性。

(二)奠定全面建成小康社会的基础

带领人民创造美好生活是中国共产党始终不渝的奋斗目标。新中国成立前,中国共产党领导农民"打土豪、分田地"夺取政权,让人民翻身解放做了主人。新中国成立后,中国共产党带领人民"脱贫困、奔小康",让人民过上好日子。只有让大量贫困人口摆脱贫困,过上体面而有尊严的生活,才能焕发出蕴藏在他们身上的巨大活力,为中国特色社会主义事业注入发展的动力;才能进一步增强中国特色社会主义的凝聚力和向心力,增强和夯实中国共产党执政为民的社会基础和群众基础。减贫搞得好不好,直接影响“四个全面”战略布局的实施,影响“两个一百年”目标的实现。减贫的战略地位和作用是社会主义的本质要求所决定的,是中国共产党的性质和宗旨所决定的。

小康社会的本质是共同发展和共同富裕,小康社会能否建成与贫困问题能否解决密切相关。党的十八大提出全面建成小康社会的目标。全面建成小康社会,不仅要从总体上、总量上实现小康,更重要的是让农村和贫困地区尽快赶上来,逐步缩小这些地区同发达地区的差距,让小康惠及全体人民。这是实现全面建成小康社会目标的现实需要,更是实现社会主义共同富裕目标的基础和前提。习近平指出:“全面建成小康社会,实现第一个百年奋斗目标,农村贫困人口全部脱贫是一个标志性指标。”[①]“全面建成小康社会,关键是要把经济社会发展的‘短板’尽快补上,否则就会贻误全局。”[②]

(三)创造世界减贫史上的“中国奇迹”

改革开放40年来,中国立足基本国情,探索出一条具有中国特色的减贫道路。截至2017年底,中国有7.9亿人摆脱贫困,创造了世界减贫史上的“中国奇迹”。

一方面,中国实施开发式扶贫方针,推进中长期减贫战略,完善国家扶贫战略政策体系,不断创新减贫模式,引领世界减贫发展。另一方面,党的十八大以来,扶贫开发被纳入“五位一体”总体布局和“四个全面”战略布局中,扶贫开发成为实现第一个百年奋斗目标的

---

①② 习近平:《在中央扶贫开发工作会议上的讲话》(2015年11月27日),中共中央文献研究室编:《十八大以来重要文献选编(下)》,中央文献出版社2018年版,第29—30页。

重要任务。到2020年,中国将实现消除绝对贫困的伟大目标,这为中华民族伟大复兴的中国梦提供了坚实的支点。中国减贫事业取得的巨大成就成为人类历史上的伟大奇迹。

(四)探索中国特色的减贫模式

改革开放以来,中国减贫行动的力度不断加强,形成了具有中国特色的减贫模式。其一,设置跨部门减贫机构,坚持以政府为主导的扶贫模式。1982年成立"三西地区"农业建设领导小组,1986年设立国务院贫困地区经济开发领导小组,1993年成立国务院扶贫开发领导小组,确定了以政府为主导的中国特色减贫模式。中国将扶贫开发纳入国家总体发展战略,开展大规模、有组织、有计划的专项扶贫行动。其二,制定专门的减贫战略,始终坚持依靠发展解决贫困问题,通过经济增长带动减贫事业;始终坚持开发式扶贫方针,把提高贫困人口的自我发展能力作为摆脱贫困的根本途径;始终坚持激发社会力量,动员全社会参与,构建专项扶贫、行业扶贫、社会扶贫协同推进的大扶贫格局。其三,坚持普惠政策和特惠政策相结合,先后实施了"八七扶贫攻坚计划"和两个十年"扶贫开发纲要",在加大对"三农"普惠政策支持的基础上,对农村贫困人口做到"应扶尽扶""应保尽保"。从1984年开始,中国实施有计划、有组织、大规模的扶贫开发工作,到1992年底,农村贫困人口从1978年的2.5亿人减少到8000万人(1978年农村贫困标准)。① 2017年底,中国农村贫困人口3046万人,减贫效果巨大。其四,促进扶贫与社会保障制度的有效衔接,实现社会保障与扶贫开发相结合。

---

① 王小林、张晓颖著:《迈向2030:中国减贫与全球贫困治理》,社会科学文献出版社2017年版,第65页。

(五)为世界减贫提供“中国方案”

中国在减贫方面取得的突出成就,对联合国在世界范围内的减贫事业产生了巨大的推动作用。联合国《千年发展目标2015年报告》显示,全球极端贫困人口数量已从1990年的19亿降至2015年的8.36亿,中国在其中的贡献率超过70%。中国为全球减贫事业作出了重大贡献。

中国减贫事业为世界减贫提供了“中国方案”。一方面,中国重视缓解多维贫困,提升减贫质量。中国的减贫目标除了缓解收入贫困外,还包括促进贫困群体全面发展。中国减贫行动坚持扶贫扶志(智)相结合、输血造血相结合,综合运用文化扶贫、教育扶贫等多种路径,从文化和精神层面上帮扶贫困人口,提高贫困人口的思想文化素质和科学技术水平,为贫困地区的经济发展提供精神动力和智力支持;减贫行动着重改善贫困群众生产生活条件,注重贫困地区基础设施、教育、医疗卫生、住房、养老保障、公共文化服务体系建设,促进社会公平与和谐;减贫行动注重加强贫困人口的能力建设,通过“赋权”推动贫困人口参与到反贫困项目制定、实施和评估的过程中,提升贫困人口的主体意识和内在动力,实现共建共享;减贫行动促进农户参与到市场活动中,提升农户市场竞争能力;灵活运用资产收益扶贫、社会保障兜底扶贫等方式,保障部分缺乏生产能力、无法直接参与市场活动的农户分享经济社会发展成果的权利;充分发挥社会组织的专业作用,积极了解贫困群体的精神状况、心理状态,通过疏导、教育等方式帮助贫困群体克服心理障碍,建立生活信心,改善精神贫困的现象。

另一方面,中国减贫实践重视激发内生动力,实现贫困地区内源式发展。摆脱贫困单靠外部帮扶是不行的,必须激发贫困地区、贫困人口的内生动力,促使受助对象主动摆脱贫困。主要做法包括:加强基层党组织建设，深挖内生动力的源泉，着重发挥好村党支部和村委会的作用，抓好以村党组织为核心的村级组织配套建设，加强对基层干部的培训和管理，把基层党组织建设成维护农村稳定的坚强领导核心和引导贫困群众脱贫致富的带路人；注重改善贫困地区的基础设施，以贫困村提升工程为重点，大力支持村组道路、安全饮水、农村电网改造、人居环境整治、医疗卫生、教育基础设施等领域的建设与发展，补足基础设施“短板”，为贫困地区实现自我发展提供硬件支撑；培养和增强贫困人口的发展意愿，帮助贫困群众树立脱贫攻坚的主体意识，摒弃“等靠要”思想，实现从“要我脱贫”到“我要脱贫”的观念转变；着重智力扶持，找准内生动力的发展路径，加强对贫困人口的职业教育和培训，帮助他们提高生产能力；帮助贫困地区建立有效的产业扶贫、金融扶贫等模式，通过市场化方式解决贫困群众脱贫致富的问题。

第二章 中国减贫的发展历程

新中国成立以来，中国不断推进反贫困工作，开辟出了一条具有中国特色的减贫道路。随着社会经济的发展，中国的减贫理念和政策经历了一系列的调整。中国减贫历程可分成以下几个阶段：新中国成立后减贫探索阶段(1949－1978年)、体制改革推动减贫阶段(1978－1985年)、大规模开发式扶贫阶段(1985－2000年)、新世纪扶贫攻坚阶段(2001年至今)。

一、新中国成立后减贫的探索阶段(1949－1978年)

新中国成立初期，饱经战争蹂躏的中国大地百废待兴，社会经济形势十分严峻，贫困与落后是当时最基本的国情。在那个时期，减贫的根本任务是如何让人民群众吃得饱饭、穿得起衣，如何让人民群众实现生产生活上的自给自足，如何给人民群众提供最基本的生存保障。当时政府采取的减贫措施大多是应急性的，所采取的政策多是短期的救济与救急手段，或是通过整体性的经济增长来缓解贫困。这些做法在一定程度上缓解了局部贫困和部分经济问题，但并不能大面积、深层次地解决中国社会的贫困问题。

在这样的背景下，中国的减贫实践依然取得了重要的成绩。1950年，毛泽东发表讲话，表示中央人民政府成立后，主要精力要转到搞经济上去，要调整工商业。[①] 通过政策转变，产业调整，强调公私兼顾、劳资两立的原则，促进与推动宏观经济发展，从而缓解了贫困问题，促进了国民经济的快速恢复与发展。在农村地区，通过开展合作化运动，建设农民合作社，以实现共同富裕的目标。毛泽东指出，只有改变私人所有制，统一于社会主义，才能提高生产力，解决供求矛盾，完成国家工业化。[②] 其后，他又在《关于正确处理人民内部矛盾的问题》中提出："使现在还存在的农村中一小部分缺粮户不再缺粮，除了专门经营经济作物的某些农户以外，统统变为余粮户或者自给户，使农村中没有了贫农，使全体农民达到中农和中农以上的生活水平。"[③]中国政府通过发展农村集体经济，兴办合作社，达到增产增收、消除农村贫富两极分化、缓解贫困问题最终实现共同富裕的目标。政府加强农村基础设施建设，加大农村教育、医疗方面的投入，提高社会保障的标准，建立合作医疗制度和卫生防疫制度，建立"五保户"制度，实行储备粮制度。这些举措极大地缓解了贫困问题。总体来说，新中国成立初期到改革开放之前，中国实施的减贫措施基本是广义的输血式、救济式扶贫。

20 世纪 70 年代末期，全国的贫困人口仍占总人口数的近半数，数量接近 2.5 亿，[④]这反映了当时贫困问题的普遍性与严重性。可以看到，高度集中的计划经济体制下开展的减贫行动，虽然在一定程度上保障了大多数贫困人口的基本生存需要，却影响了生产力的发展，[⑤]并不能真正解决贫困问题。不过，这些措施在当时的社会背景下也起到了一定成效，在一定程度上满足了贫困人口的基本需求，解

① 邸延生著：《历史的回眸：毛泽东与中国经济》，新华出版社 2010 年版，第 73 页。

② 邸延生著：《历史的回眸：毛泽东与中国经济》，新华出版社 2010 年版，第 140 页。

③ 《毛泽东著作选读》，人民出版社 1966 年版，第 344 页。

④ 黄承伟：《中国扶贫开发道路研究：评述与展望》，《中国农业大学学报（社会科学版）》2016 年第 10 期，第 5—17 页。

⑤ 叶普万：《中国扶贫战略的偏差及其修正》，《兰州大学学报》2004 年第 5 期，第 85—89 页。

决了他们的生存危机。同时,合作化建设、共同富裕等理念的提出,给之后的减贫工作指明了方向,也为减贫政策由粗泛、浅层向精准化、深度化的发展积累了一定的基础和经验。

二、体制改革推动减贫阶段(1978—1985年)

以中国共产党十一届三中全会和1979年通过的《中共中央关于加快农业发展若干问题的决定》为标志,中国拉开了农村经济体制改革的帷幕,农村减贫工作进入了以体制改革推动减贫的崭新阶段。1978年党的十一届三中全会上,党中央宣布全面推行"改革开放"战略,强调发展生产对减贫和经济发展的重要性。党中央认识到,造成农村人口大面积贫困的原因是生产力低下,无法满足广大人民群众的生存需求,而限制生产力的根本原因则是体制的落后。为了从根本上解决广大农民的生存问题、解放农村经济发展的潜力,在党的十一届三中全会思想的指导下,中国以体制改革为开端,出台了系统的减贫政策,展开了一系列反贫困实践。

(一)农村经济体制改革

农村经济体制改革是减贫的最大推动力。党的十一届三中全会提出了全面实行"对内改革、对外开放"的战略决策,强调共同富裕是社会主义的本质特征,强调发展生产力对发展经济和消减贫困的的重要性。邓小平指出,"搞社会主义,一定要使生产力发达"[①];"整个社会主义历史阶段的中心任务就是发展生产力,这才是真正的马克思主义。就我们国家来讲,首先是要摆脱贫穷"[②];"社会主义的本质

---

① 《邓小平文选》第3卷,人民出版社2001年版,第225页。

② 《邓小平文选》第3卷,人民出版社2001年版,第254—255页。

是解放生产力，发展生产力，消除两极分化，最终达到共同富裕”。[①]

人民公社集体经营制度、计划经济体制限制了农民的生产积极性，也禁锢了农民的生产潜力，制约了农业生产力的提升与发展。1979年，中共中央推动农村体制改革，以家庭联产承包责任制代替以人民公社为主体的集体经营体制，分田包产到户，自负盈亏，将土地的经营权分给农民，交由各家各户自主经营。家庭联产承包责任制使农民享有了农业生产的自主权，调动了农民的劳动积极性，解放了农村生产力。

家庭联产承包责任制实施后，中国粮食总产量从1978年的6075亿斤上升到1984年的8184亿斤，中国农民人均年纯收入从133.6元上升到397.6元，农村的社会总产值从2037.5亿元上升到6340亿元，翻了三番。[②] 这一显著的变化证明了体制改革给农村经济带来的巨大影响。从减贫的角度来看，经济的增长与繁荣是消灭贫困的必要条件。粮食产量的上升让农民解决了最基本的温饱问题，大量民众脱离了吃不饱、穿不暖的局面，能够将更多的劳动力投入到生产活动当中，而更多的劳动力投入又能进一步刺激生产力的发展，直接推动经济的复苏与繁荣。

相较于新中国成立初期救济式减贫周期短、范围小、暂时性的特点，改革开放后的减贫政策是大规模、自上而下的，它建立在农村经济体制改革的基础上，通过解放生产力拉动经济发展，从根本上扭转了农村经济发展形势，促进了经济的发展，也推动了减贫进程。

（二）农贸市场改革

在这一阶段，中国政府推动农产品购销体制改革，由国家统购统

---

① 《邓小平文选》第3卷，人民出版社2001年版，第374页。

② 吕书奇：《中国农村扶贫政策及成效研究》，中国农业科学院2008年博士论文。

销改为市场销售与国家议价收购、牌价收购相结合,在此基础上大幅度提高农产品收购价格。中国政府对市场体制进行了一系列改革,大力推进农贸市场改革,放宽和调整对农产品的价格约束。市场机制对农村经济的发展产生了巨大的推动作用,数据显示,中国农业整体市场化程度从 1978 年的 7.67%上升为 1986 年的 48.3%。[①] 从 1978 年开始,政府大幅提高农产品的收购价格,到 1983 年底,粮食的收购价格比 1977 年的水平高出了 15%—20%,油料和油料作物高出 27%,糖料作物高出 26%,棉花高出 30%多,生猪高出 27%。[②] 这大大增加了农民的收入。同时,政府对集体生产和农民统一购买的农产品,实行对超过统购数量的部分进行加价奖励的政策,对超购部分的补偿力度在 1979 年之前是 30%,在 1979 年之后增加到了 50%,[③]这意味着每个农民生产的粮食越多,能得到的政府奖励也就越多。超购加价政策不仅有利于调动农民的生产积极性,刺激生产,同时也有助于调控市场的资源供给。自由、活跃的市场带来了更多的交易机会和收入,也带动了农业脱贫致富。这一时期,农村居民家庭人均纯收入翻了 2.5 倍,贫困发生率由 1978 年的 30.7%下降到 1985 年的 14.8%,贫困人口由 2.5 亿人下降为 1.25 亿人,降幅为 50%。[④]

(三)开发式扶贫

开发式扶贫是对过去救济式扶贫的改革与调整,它不是单纯依靠生活救济来缓解贫困,而是将脱贫目标与区域经济发展、农村生产经营体制改革联系起来,通过与农民切身利益挂钩,调动其生产、生

① 陈宗胜著:《改革、发展与收入分配》,复旦大学出版社 1999 年版,第 58 页。

② A·J·雷纳、D·科尔曼主编:《农业经济学前沿问题》,唐忠、孔祥智译,中国税务出版社 2000 年版,第 166 页。

③ 彭剑君著:《中国农村财政政策研究》,中国财政经济出版社 2009 年版,第 96 页。

④ 胡鞍钢、胡琳琳、常志宵:《中国经济增长与减少贫困(1978—2004)》,《清华大学学报(哲学社会科学版)》2006 年第 5 期,第 105—115 页。

活的积极性，从而以发展生产、扩大就业和增加收入来缓解农村贫困。[①] 1978 年到 1985 年，中国主要采取以区域开发为特色的开发式扶贫方式。一是重点实施农村经济改革和小规模区域扶贫，改善贫困地区的生产、生活条件；二是通过加强基础设施建设、完善公共服务、提高社会保障等手段来提高贫困地区的生产水平，以通过发展经济来解决贫困问题；三是政府成立了专项资金向贫困地区提供财政支持，对部分极度贫穷地区进行重点帮扶。除此之外，还实施了一系列帮助农村生产建设的举措，其中最具代表性的就是 1982 年在甘肃定西、河西与宁夏西海固地区实行的“三西”地区农业建设计划，每年投入 2 亿元的拨款，计划在三年内消除当地的环境破坏问题，五年内解决温饱问题，用两年时间来巩固成果。这些措施有效地改善了当地的农业及生态环境，提高了农业产量，促进了经济发展，也有效地缓解了贫困。

（四）其他综合性社会政策的推广

改革开放之后，中国推行了一系列综合性的社会政策，直接或间接地促进了中国减贫事业的发展。

其一，鼓励发展乡镇企业。1979 年，国务院颁布《关于发展社队企业若干问题的规定（试行草案）》，要求发展社队企业，为从农业中转移出来的大量剩余劳动力提供生产空间与门路（在 1984 年的中央四号文件里，社队企业改名为乡镇企业）。市场化的经济体制为乡镇企业的发展提供了有利的条件。乡镇企业的兴起与发展改变了农村的产业结构，使部分农村摆脱了以农业为主的单一生产方式，逐渐发展起工业、服务业等第二、第三产业。这些产业的兴起，不仅带动了

① 王朝明：《中国农村 30 年开发式扶贫：政策实践与理论反思》，《贵州财经学院学报》2008 年第 6 期，第 78—84 页。

当地经济的发展,提高了农村对资金、劳动力的吸引力,同时,还为当地居民提供了更多的就业岗位,促进了农业人口向非农领域转移,提升了当地剩余劳动力的自我消化能力,为贫困人口提供了更多的就业机会与谋生渠道,从而降低了贫困人口的数量。1978 年至 1985 年间,中国乡镇企业的就业人数从 2826.6 万人增加至 6976 万人,乡镇企业的总产值由 493.1 亿元跃至 2728.4 亿元。[①]

其二,逐步放开对劳动力输出的限制。改革开放前期,由于城市就业困难,国家严格限制农村劳动力的转移,不支持农民进城、外出务工,这导致了农村剩余劳动力几乎没有转移的空间。随着城市的发展、就业岗位的增加,政府逐渐放开了对劳务输出的限制。1984 年 1 月 1 日,国务院颁布《关于 1984 年农村工作的通知》,允许农村劳动力自筹资金、自理口粮,进入城镇务工经商。1985 年中央"一号文件"更加放宽了对农村劳动力的限制:"在各级政府统一管理下,允许农民进城开店设坊,兴办服务业,提供各种劳务。"[②]政策松动给农村的减贫工作提供了一个新方向:非农就业。1978 年到 1985 年的 8 年间,农村的非农劳动力数由 3149.5 万人升至 7521.8 万人。非农就业的人数在一定程度上反映出第二、三产业的发展情况,其数量越高,经济情况就越好。政府放宽对农村劳动力输出的限制,扩大了农村贫困人口的就业途径和就业范围,提高了农民的收入,很大程度上减轻了农村贫困问题。

除以上两大综合性扶贫政策外,中国政府还采取了其他一系列有针对性的政策来解决贫困问题。20 世纪 80 年代中期,中央划定了 18 个集中连片的贫困地区,包括秦巴中高山区、陕北白于山区、黄河沿岸土石山区、中西部山区和丘陵地区、沂蒙山区、闽西南、闽东北地

① 朱荣主编:《当代中国的农业》,当代中国出版社 1992 年版,第 755 页。

② 中共中央文献研究室编:《十二大以来重要文献选编(中)》,人民出版社 1986 年版,第 617 页。

区、太行山区、努鲁尔虎山区、定西干旱山区、吕梁山区、井冈山区、秦岭大巴山区、大别山区、武陵山区、赣南地区、西海固地区等贫困问题特别严重的地区，将这些地区作为减贫工作的重点对象，采取有针对性的减贫措施。同时，实施开发公共工程、以工代赈的减贫方法，贫困对象通过参加必要的社会工程建设获得赈济金或赈济物资，通过出工投劳来获得救济。[①] 这一措施的实行，不仅切实提高了贫困人口的收入，也有力推动了当地基础设施、公共工程、企业的建设，取得了双赢的成效。

1978 年到 1985 年间，中国的减贫行动取得了卓越的成就。按照人均年收入 206 元以下为贫困人口的标准，1978 年中国的贫困人口高达 2.56 亿人，其数量占农村总人口数的 30.7%。从 1978 年至 1985 年间，中国农村贫困人口平均每年减少 1786 万人，到了 1985 年底，贫困人口的数量已下降到了 1.25 亿，贫困发生率也由 30.7%降低到了14.8%。[②]

三、大规模开发式扶贫阶段(1986—2000 年)

1978—1985 年，中国通过实施农村体制改革、市场改革等一系列举措，推动农村经济走上了快速发展的道路，农村贫困状况大大改善，其中一些自然条件良好、地理条件优越的地区率先脱贫致富。但与此同时，一些问题也逐渐凸显出来。1985 年开始，制度改革所释放出来的动力逐渐减弱，中国农村减贫速度趋于缓慢，减贫成效有所减弱。同时，受自然、生态、经济区位条件的限制，“老、少、边”地区的贫困问题开始凸显出来，经济发展拉大了这些地区与其他地区的差

① 张磊主编：《中国扶贫开发政策演变（1949—2005 年）》，中国财政经济出版社 2007 年版，第 73 页。

② 资料来源：《扶贫时间轴》，2016 年 1 月 7 日新华网。

距,区域间贫富不均问题严重。内陆地区、边远山区受自然资源、环境交通等因素的制约,发展远远落后于平原地区与沿海地区,区域间的减贫难易程度逐渐拉大。为提高减贫成效、解决社会经济发展不平衡带来的问题,中国开始实施政府主导的大规模开发式扶贫。从80年代中期开始,大规模开发式扶贫成为这一时期的主导战略,中国减贫事业进入了全新阶段。大规模开发式扶贫阶段又可分为区域开发式扶贫和"造血"式综合性扶贫攻坚两个阶段。

(一)区域开发式扶贫阶段(1986—1993年)

1986年,国务院成立了贫困地区经济开发领导小组,其主要任务是"组织有关贫困地区的调查研究;制定贫困地区发展的方针、政策和规划;协调解决有关贫困地区发展的重大问题;监督检查有关工作;总结交流经验",[①]主要职责是制定贫困地区经济开发的方针、政策,解决扶贫开发建设中的重要问题。领导小组的成立,意味着扶贫工作有了一个统筹、主管的领导核心,能确保扶贫工作顺利进行,更深入、有序地引导农村扶贫工作步入专业化、规范化、制度化轨道。根据国务院的要求,各有关部委以及各省(区)、地(市)、县(旗)分别成立了扶贫开发的组织领导机构。自此,中国减贫事业进入了政府主导的、有组织的开发式扶贫阶段。

1986年召开的全国人大六届四次会议,将如何帮助"老、少、边、穷"地区脱离穷困落后状况作为一项重要议题,单辟为一章列入了《中华人民共和国国民经济和社会发展第七个五年计划》。同年,国家统计局开始利用全国农村住户抽样调查数据进行贫困标准及扶贫效果等有关问题的研究和测算,农村贫困监控系统逐渐形成和发展起来,成为中国区域开发式扶贫的重要组成部分。

① 国务院扶贫办编:《中国贫困地区经济开发概要》,农业出版社1989年版,第14页。

有针对性的区域瞄准是区域开发式扶贫的重要特点。首先，中国制定了贫困标准，扶贫瞄准最需要帮扶的困难地区，重点关注老革命根据地和少数民族地区。1985 年，中国贫困县的标准是人均年收入低于 150 元，少数民族自治县和革命老区则为人均 200 元，一些革命老区甚至放宽到 300 元，在这样的标准下，中国确定了 311 个国家级贫困县、368 个省级贫困县。其次，中国政府推出一系列减贫政策和措施，如，通过劳务输出的方式缓解贫困群体的经济压力，以移民搬迁的方式解决贫困群体居住困难问题，通过基础设施建设来改善贫困地区的生活条件，等等。这一时期，减贫的主要对象是贫困地区没有解决温饱问题、生存存在绝对困难状态的贫困人口。[①] 通过劳动力转移，增加贫困群体的家庭收入；将环境恶劣地区的群体转移，以增加其抗脆弱性能力；加大基础设施建设，改善贫困地区的基本生存环境。再次，以“促进区域经济增长”作为主要战略，投入专项资金，实行对口帮扶，加大产业化项目投资，制定区别化的减贫策略，将扶贫与发展结合起来，培养地区的自我发展能力，促进经济可持续发展。

1986—1993 年区域扶贫开发中，政府逐年加大资金投入。20 世纪 80 年代中期，政府每年向贫困地区投入的专项资金是 40 亿元；90 年代初，资金数额已提升至每年 60 亿至 70 亿元。1986—1993 年，中国贫困县农民的人均年收入从 208 元上升到 483.7 元，兴办了 80 多万个果、茶、桑等经济园和 5 万余个乡镇企业。中国农村贫困人口由 1.25亿人下降到了 8000 万人，每年减少 640 万人，年均递减 6.2%，贫困发生率从 14.8%下降到 8.7%。

在这一阶段，中国的减贫行动被作为一项独立的事业予以推进。中国减贫模式实现了由分散的救济式扶贫向开发式扶贫转变。区域

① 张磊主编：《中国扶贫开发历程（1949—2005 年）》，中国财政经济出版社 2007 年版，第 56 页。

开发式扶贫强调增加人力资本投资,优化产业结构,发展区域内的支柱型产业、特色产业,不断培养、积累贫困地区和贫困群体的自身能力。① 区域开发式扶贫坚持依靠贫困地区的资源,挖掘贫困人口自身能力,激发贫困地区的内生动力,以实现脱贫致富目标。

(二)综合性扶贫攻坚阶段(1994—2000 年)

区域开发式扶贫取得了显著的成效,但仍有一些问题尚未解决,其中最突出的就是东西部经济差距的拉大,贫困问题的地缘特征越来越显著,贫困的区域分布向中西部集中。数据显示,1994 年,在 592 个国家定点的贫困县中,中西部地区的县市占 82%,贫困人口数量占 80.13%。② 过去的"促进区域经济增长带动扶贫"的方针,在某些贫困地区演变成了"贫困地区工业化项目投资",这些项目在一定程度上提高了区域经济总值,却难以惠及贫困人口,减贫政策没有落实到户、贯彻到人,在改善农户个人的贫困状况上效果有限。

20 世纪 90 年代中期是中国减贫事业的关键时期。针对 20 世纪 80 年代区域开发式扶贫出现的问题,中国政府相继出台了两个纲领性的文件,用来指导扶贫开发工作。这两个文件分别是 1994 年的《国家八七扶贫攻坚计划(1994—2000 年)》和 1996 年的《关于尽快解决农村贫困人口温饱问题的决定》。两份文件的颁布实施,标志着中国减贫行动进入规范化和制度化建设阶段。

从 1991 年起,农村贫困人口减少的速度减缓,1991 年至 1993 年平均每年只解决了 250 万人的温饱问题。造成这种情况的主要原因是农村的贫困人口相对集中在地域偏远、生态环境恶劣、基本公共服务不健全、生产生活条件差的"老、少、边、穷"地区。解决 8000 万人

① 李兴江著:《中国农村扶贫开发的伟大实践与创新》,中国社会科学出版社 2005 年版,第 94—95 页。

② 沈涛:《农村反贫困政策评析》,《社会科学战线》2009 年第 3 期,第 68—72 页。

口的贫困问题，是农村扶贫开发急需啃下的一块“硬骨头”。为了解决这一问题，中共中央、国务院于1994年召开了第一次全国扶贫开发工作会议，并颁布了《国家八七扶贫攻坚计划（1994—2000年）》。《国家八七扶贫攻坚计划（1994－2000年）》是农村扶贫开发的指导性纲领，具有系统性、独立性等特点，中国减贫行动进入指导规范、有据可依的时代。《国家八七扶贫攻坚计划（1994－2000年）》决定用7年的时间解决8000万农村贫困人口的绝对贫困问题。以《国家八七扶贫攻坚计划（1994－2000年）》的颁布、实施为标志，中国减贫事业进入了攻坚阶段。1996年10月23日，中共中央、国务院颁布《关于尽快解决农村贫困人口温饱问题的决定》，强调把解决农村贫困人口温饱问题作为首要任务；继续坚持开发式扶贫；把有助于直接解决群众温饱问题的种植业、养殖业和以当地农副产品为原料的加工业，作为扶贫开发的重点；扶贫攻坚要坚持到村到户；坚持动员社会力量参与扶贫。在两份纲领性文件的指导下，中国重新调整了国定贫困县的标准，确定了扶贫开发分级负责、以省为主的首长负责制，推进了社会扶贫的发展。在这一阶段，国家级贫困县数量增加到了592个，国家制定了资金、权利、任务、责任“四到省”的原则，逐年增加了财政投入，制定了扶贫到村到户、定点扶贫和对口扶贫政策，激发社会活力、鼓励社会参与，强调区域间的协作。

《国家八七扶贫攻坚计划（1994－2000年）》中明确提出：“为进一步解决农村贫困问题，缩小东西部地区差距，实现共同富裕的目标，力争在1994年到2000年的7年间，基本解决全国农村8000万贫困人口的温饱问题。这将是今后7年全国扶贫开发工作的纲领，也是全民经济和社会发展计划的重要组成部分。”“继续坚持开发式扶贫的方针：鼓励贫困地区广大干部、群众发扬自力更生、艰苦奋斗的精神，在国家的扶持下，以市场需求为导向，依靠科技进步，开发利用当地资源，发展商品生产，解决温饱进而脱贫致富。”

根据《国家八七扶贫攻坚计划(1994—2000年)》精神,中国继续推进开发式扶贫。贫困地区在政府的领导和帮扶下,紧跟市场动向,合理利用本地的有利资源,因地制宜,发展商品生产,实现自力更生、脱贫致富。《国家八七扶贫攻坚计划(1994—2000年)》主要包含以下内容:第一,1994年起,中国的扶贫项目投入开始落实到户,实行目标瞄准型减贫策略,优先解决困难群众的温饱问题。第二,不断加大资金投入,扶贫项目投入的资金从1995年至1999年增加了1.63倍。从1994年起,国务院每年再增加以工代赈资金和扶贫贴息贷款各10亿元,并要求各级地方政府逐年加大对扶贫资金的投入。1997年,国务院出台《国家扶贫资金管理办法》,明确和规范了扶贫资金的使用渠道和管理模式,确保钱用在明处,用在实处,用在效处。第三,在扶贫开发形式上,各地区要依托资源优势,按照市场需求,开发具有竞争力的名特稀优产品;坚持兴办"贸工农一体化、产加销一条龙"扶贫经济实体,承包开发项目、外联市场、内联农户,为农民提供产前、产中和产后等系列化服务;加大和推动贫困地区与发达地区的交流与合作等。第四,加强财税优惠等政策保障。国家对国定"老、少、边、穷"地区新办企业的所得税在3年内予以征后返还或部分返还;各级政府把扶贫资金列入财政预算,保证用于扶贫开发。第五,提高对贫困地区教育、医疗、科学文化建设的投入,推进"村村通广播",严格执行和推广义务教育、兴建"希望工程",提升贫困人群的知识文化水平,提高其生产能力和就业竞争力。

1996年全国扶贫开发工作会议上,国务院扶贫开发领导小组对东西协作扶贫作出了具体的部署,要求东部13省市与西部10个省、自治区对接,实施对口帮扶。自1998年起,中央财政每年增加15亿元用于贫困省、自治区的农田基本建设、修建乡村公路、解决人畜饮水、推广科学技术和农民技术培训等项目。1993年到2000年,中国农村贫困人口从8000万人减少到3000万人,贫困发生率从8.9%下降到 3%。[1] 在经济增长的带动以及专项扶贫措施的推动下，农村绝对贫困问题得到基本解决。

经过七年的扎实工作和不懈努力，中国在 2000 年基本完成了《国家八七扶贫攻坚计划（1994—2000 年）》的既定目标，解决了贫困人口的温饱问题，重点扶持贫困县的贫困人口由 5858 万人下降至 1710 万人，农村贫困发生率由 30.7%大幅下降至 3.4%，贫困地区的人均年纯收入上升至 1337 元。[2] 中国农村的绝对贫困人口数持续下降，贫困问题也由一个全国范围的普遍问题变成了点片分布的区域性问题。

这一时期，中国确立了开发式的扶贫指导方针，实现了从救济式扶贫向开发式扶贫的转变；减贫工作从一般的社会救助事业中脱离出来，成为相对独立、有组织、有规划的社会工程，减贫事业有了自己的机构、专门的经费和专项的政策保障；确定了国定贫困县为主要扶贫基本单元，减贫有了明确而具体的对象。

四、新世纪扶贫攻坚阶段（2001 年至今）

进入 21 世纪后，中国的经济建设步入了一个全新的阶段。在第十六次全国代表大会上，中国共产党提出了全面建设小康社会的奋斗目标，要全面建设惠及十几亿人口的更高水平的小康社会，使经济更加发展、民主更加健全、科教更加进步、文化更加繁荣、社会更加和谐、人民生活更加殷实。全面建设小康社会给中国的扶贫事业提出了新的要求。2001 年，按每人每年 630 元的贫困标准计算，中国有 2927 万贫困人口，占全国农村人口的 3.2%；按每人每年 872 元的低收入人口标准计算，中国农村低收入人口为 6102 万人，占全国农村

① 国务院扶贫开发领导小组：《中国农村扶贫开发概要（2001—2010 年）》（2001 年 6 月 13 日）。
② 国务院新闻办公室：《中国农村扶贫开发》白皮书（2001 年 10 月 15 日）。

人口的6.6%。[1] 而以世界银行的1人1天消费1美元的标准,中国有2.12亿贫困人口,贫困发生率高达16.6%。[2]

为了顺应时代发展的要求、紧跟经济发展的步伐,解决贫困问题,2001年11月29日—30日,中共中央在北京召开扶贫开发工作会议,对21世纪第一个十年的扶贫工作作了部署。国务院颁发了指导减贫的第二个纲领性文件《中国农村扶贫开发纲要(2001—2010年)》,对未来十年的减贫事业作了规划,提出了中国农村扶贫开发的战略目标、指导方针、具体措施,力求"消灭贫穷,达到共同富裕",让贫困人群实现"不愁吃,不愁穿,保障其义务教育、基本医疗和住房"。《中国农村扶贫开发纲要(2001—2010年)》肯定了改革开放以来中国减贫取得的重大成就,指出中国减贫事业是一个长期的历史任务,继续深入推进减贫发展具有重大意义。

2010年末,为深入推进减贫工作,中共中央、国务院发布了第三个指导减贫实践的战略性文件《中国农村扶贫开发纲要(2011—2020年)》。《中国农村扶贫开发纲要(2011—2020年)》提出,坚持政府主导,坚持统筹发展,更加注重转变经济发展方式、更加注重增强扶贫对象自我发展能力、更加注重公共服务均等化、更加注重破除制约发展的突出问题,努力推动贫困地区经济社会更好更快发展。按照纲要,新时期减贫工作将继续坚持开发式扶贫方针,实现扶贫开发和农村最低生活保障制度的有效衔接,鼓励和帮助有劳动能力的扶贫对象通过自身努力摆脱贫困;把社会保障作为解决温饱问题的基本手段,逐步完善社会保障体系。

《中国农村扶贫开发纲要(2011—2020年)》以实事求是的态度对新时期扶贫事业作出重要定位,以解放思想的战略眼光提出了"两

---

① 国家统计局:《2002年中国农村贫困状况监测报告》(2003年)。

② 联合国开发计划署编:《2004年人类发展报告》,中国财政经济出版社2004年版,第147页。

不愁、三保障”的奋斗目标，以与时俱进的创新精神确立了扶贫工作的基本方针，明确了新时期扶贫的主战场，确定了“三位一体”的大扶贫工作格局。在《中国农村扶贫开发纲要(2011—2020年)》的指引下，中国减贫形成了以整村推进为主体、以产业化扶贫和劳动力转移培训为两翼的综合减贫举措，形成了整村推进参与式扶贫、劳动力转移培训和产业化扶持三大重要扶贫模式。

进入“十二五”阶段，农村贫困问题发生变化，出现了区域条件约束、农户能力约束下的贫困问题，因此，需要设计一个更加有效的、综合性的减贫政策体系。2013年11月习近平在考察湖南湘西时首次提出了精准扶贫的思想。此后，习近平在2014年、2015年间在不同的场合多次重申精准扶贫的战略意义。精准扶贫精准脱贫成为新时期最重要的减贫模式。

(一)整村推进

整村推进是为了实现《中国农村扶贫开发纲要(2001－2010)》目标所采取的一项关键措施。整村推进的核心是增加贫困群体的收入，重点是改善贫困地区的基础设施建设、发展社会公益事业、改善群众的生产生活条件，目标是促进贫困地区经济社会文化全面发展。

为此，中国把贫困瞄准重心从贫困县下移到贫困村，在全国范围内确定了15万个贫困村，其中西部地区的贫困村占50%，中部占40%，覆盖了全国贫困人口的80%左右。“整村推进”是以村为单位，以增加农民收入为核心，以促进经济社会文化全面发展为目标而展开的综合性扶贫开发工程，贫困户全程参与项目的实施、管理过程。“整村推进”工程提高了贫困瞄准精度，增强了扶贫的针对性；强调深入群众，真正了解和解决农民的切身利益问题，让贫困人口直接受益；在项目实行过程中，注重农民的参与度，让农民直接参与到扶贫项目的选择、实施、管理等中，培养农民参与产业化经营的意识，提高农民产业化经营的水平,增强农民参与市场竞争的能力。据统计,截至 2005 年底,全国有 4.51 万个贫困村初步完成"整村推进"扶贫开发规划建设任务。[①] 2010 年底,全国共有 12.6 万个贫困村实施了"整村推进"。

(二)劳动力转移培训

《中国农村扶贫开发纲要(2001—2010 年)》颁布后,中国政府把农村劳动力的转移培训列为新时期中国农村开发扶贫的三项重点措施之一,加大对农村人力资本的投入。2003 年发布的《国务院关于进一步加强农村教育工作的决定》明确指出,"以农民培训为重点开展农村成人教育,促进农业增效、农民增收。普遍开展农业实用技术培训,每年培训农民超过 1 亿人次。积极实施农村劳动力转移培训,每年培训 2000 万人次以上,使他们初步掌握在城镇和非农产业就业必需的技能"。[②] 同时,完善"雨露计划",以农村贫困户中的青壮年劳动力为主要对象,以提高素质、增强就业和创业能力为宗旨,以促进扶贫对象稳定就业为核心目标,开展以建筑、电子装配、餐饮、家政服务等需求量大的技术行业为中心的技能培训。通过"雨露计划",农民掌握了更多的谋生技能,改变了农民只能靠土地吃饭的传统,提高了农民在就业市场上的竞争力,提高了农民的收入,也提升了贫困人口自力更生、自我发展的能力,增强了贫困人口的内生动力。劳动力转移培训增加了农村劳动力向外流动的机会,一方面满足了大城市在高速发展的过程中对劳动力的需求,另一方面也缓解了农村剩余劳动力问题。2001—2004 年间,参加此类培训的贫困地区人口有

---

① 李兴江、陈怀叶:《参与式扶贫模式的运行机制及绩效评价》,《开发研究》2008 年第 2 期,第 94—99页。

② 《国务院关于进一步加强农村教育工作的决定》,来源:2008 年 3 月 28 日中华人民共和国中央人民政府网站。

242万人，其中就业157万人，占总培训人数的65%。[①]

（三）产业化扶贫

产业化扶贫是新时期中国扶贫开发事业的另一项主要内容。《中国农村扶贫开发纲要（2001—2010年）》明确提出，“要积极推进农业产业化经营”。中共中央、国务院在《关于做好农业和农村工作的意见》中指出，“发展农业产业化，有利于提高农业效益、增强农业竞争力，有利于推进农业现代化，也是对农村经营体制的创新和完善”。

农业产业化是市场经济条件下，为解决一系列制约农业和农村经济发展深层次矛盾和问题的现实选择。[②] 农业产业化是农业从传统经济转为现代产业的重要途径。[③] 产业化扶贫的内容主要包括确立主导产业，建立生产基地；提供优惠政策，扶持龙头产业；探讨运行机制，实现农户企业双赢等。农业产业化从改变农村生产体制的根本入手，将普惠式扶贫与市场资源优化配置相结合，是解决新时期农民贫困问题的根本途径。产业化扶贫实施以来，取得了十分明显的成效。以扶贫龙头企业为例，平均每家龙头企业扶持农户数在1161—6198个之间，扶持贫困农户在578—2391个之间，贫困农户占农户总数的9.3%—70%，平均比例为45%。户均增收有两个区间：5—70元和2000—4000元。[④]

除上述三种重点扶贫工程以外，中国政府还同时实施就业促进、小额贷款、自愿移民、以工代赈等减贫模式，各种模式相互配合、相互

---

① 数据来源：中国改革论坛网。

② 汝信、付崇兰主编：《城乡一体化蓝皮书：中国城乡一体化发展报告（2013）》，社会科学文献出版社2013年版，第163页。

③ 符平：《市场主体与产业优势——农业产业化地区差异形成的社会学研究》，《社会学研究》2018年第1期，第169—193、245页。

④ 刘坚主编：《新阶段扶贫开发的成就与挑战》，中国财政经济出版社2006年版，第37页。

促进,共同推动减贫事业的发展。

通过不懈努力,中国减贫取得了卓越的成就(见表2—1)。国家统计局的监测数据显示,在《中国农村扶贫开发纲要(2001—2010年)》实施的10年中,中国贫困人口减少6734万人,贫困发生率降低7.4%,592个国家扶贫开发工作重点县人均地区生产总值增加8512元,年均增长17%。人均地方财政一般预算收入增加436元,年均增长18.3%。农民人均纯收入增加1997元,年均增长11%。[①]

表2—1 2000—2010年中国取得的减贫成就

	2000年	2010年
贫困人口(万人)	9422	2688
贫困发生率(%)	10.2	2.8
592个国家贫困县人均生产总值(元)	2658	11170
人均地方财政一般预算收入(元)	123	559
农民人均纯收入(元)	1276	3273

这一时期减贫工作的目标是巩固减贫成果,提高贫困人口的生活质量和综合素质,加强贫困乡村的基础设施建设,改善生态环境,逐步改变贫困地区经济、社会、文化的落后状况,为建成小康社会创造条件。

(四)精准扶贫精准脱贫

2013年,习近平作出"扶贫要实事求是,因地制宜。要精准扶贫,切忌喊口号,也不要定好高骛远的目标"的重要指示,创造性地提出了精准扶贫的理念。

为推动精准扶贫工作顺利推进,中共中央办公厅、国务院办公厅相继印发、出台了《关于创新机制扎实推进农村扶贫开发工作的意

① 国务院:《中国农村扶贫开发的新进展》白皮书(2011年)。

见》《关于印发〈建立精准扶贫工作机制实施方案〉的通知》《关于印发〈扶贫开发建档立卡工作方案〉的通知》等一系列文件，详尽论述了精准扶贫的顶层设计、总体布局和工作机制，推动了精准扶贫工作的全面开展。其中，《建立精准扶贫工作机制实施方案》确定了精准扶贫的目标任务，即“通过对贫困户和贫困村的精准识别、精准帮扶、精准管理和精准考核，引导各类扶贫资源优化配置，实现扶贫到村到户，逐步构建精准扶贫工作长效机制”。同时，该方案指出了精准扶贫的重点工作内容，包括建档立卡与信息化建设、干部驻村帮扶、培养扶贫开发品牌项目、提高扶贫工作的精准性和有效性、建立精准扶贫考核机制等。这些政策文件从多角度、多方面保障精准扶贫工作的顺利进行。

新时期，精准扶贫在减贫事业中发挥着至关重要的作用。精准扶贫是消除贫困、全面建成小康社会的一场攻坚战，在减贫行动中遇到的“硬骨头”“大难题”“深水区”问题，需要通过精准扶贫方式来消除。精准扶贫为“老、少、边、穷”地区提供了重大的发展机遇。贫困问题是世界难题，但是中国的贫困问题具有中国特色，解决贫困问题，亟须用精准扶贫的办法去实现。

作为世界上人口最多的发展中国家，中国扶贫工作面临着许多的困难：人口基数大、工业化起步晚、城乡差距大等，经过新中国成立后六十余年的不懈努力，中国的减贫事业取得了巨大成就。综合上述中国减贫发展历程可以发现，从拉动经济整体发展的广义扶贫到局部瞄准的精准扶贫，从输血救济式扶贫到造血内生式扶贫，从区域扶持到整村推进，中国在改革经济体制的同时，将减贫与发展结合在一起，开创了一条具有中国特色的减贫道路。

表 2—2　习近平讲话及相关精准扶贫政策内容①

时间	习近平讲话及相关精准扶贫政策内容
2015 年 2 月	中央"一号文件"指出，要大力推进农村扶贫开发，推进精准扶贫，制定并落实建档立卡的贫困村和贫困户帮扶措施
2015 年 6 月	习近平在贵州调研时强调，要科学谋划好"十三五"时期扶贫开发工作，确保贫困人口到 2020 年如期脱贫，并提出要切实做到精准扶贫。扶贫开发贵在精准，重在精准，成败之举在于精准。各地都要在扶持对象精准、项目安排精准、资金使用精准、措施到户精准、因村派人（第一书记）精准、脱贫成效精准上想办法、出实招、见真效。要坚持因人因地施策，因贫困原因施策，因贫困类型施策，区别不同情况，做到对症下药、精准滴灌、靶向治疗，不搞大水漫灌、走马观花、大而化之
2015 年 10 月	党的十八届五中全会指出，要实施脱贫攻坚工程，实施精准扶贫，精准脱贫，分类扶持贫困家庭，探索对贫困人口实行资产收益扶持制度，建立健全农村留守儿童和妇女、老人关爱服务体系
2015 年 11 月	中共中央办公厅、国务院办公厅印发的《深化农村改革综合性实施方案》进一步提出要创新农村扶贫开发体制机制，着眼全面建成小康社会、不让农村贫困人口掉队的要求，分类施策，加快健全精准扶贫工作机制
2015 年 11 月	《中共中央、国务院关于打赢脱贫攻坚战的决定》指出，把精准扶贫、精准脱贫作为基本方略，坚持扶贫开发与经济社会发展相互促进，坚持精准帮扶与集中连片特殊困难地区开发紧密结合。坚持精准扶贫，提高扶贫成效。扶贫开发贵在精准，重在精准，必须解决好扶持谁、谁来扶、怎么扶的问题，做到扶真贫、真扶贫、真脱贫，切实提高扶贫成果可持续性，让贫困人口有更多的获得感
2016 年 11 月	《国务院关于印发〈"十三五"脱贫攻坚规划〉的通知》指出，要坚持精准扶贫、精准脱贫。坚持以"六个精准"统领贫困地区脱贫攻坚工作，精确瞄准、因地制宜、分类施策，大力实施精准扶贫脱贫工程，变"大水漫灌"为"精准滴灌"，做到真扶贫、扶真贫、真脱贫
2017 年 2 月	中央"一号文件"指出，扎实推进脱贫攻坚，进一步推进精准扶贫各项政策措施落地生根，确保 2017 年再脱贫 1000 万人以上
2017 年 4 月	国务院扶贫办工作要点指出，2017 年是推进脱贫攻坚战的重要一年，是精准扶贫脱贫的深化之年。要完善精准扶贫平台建设，实施精准扶贫工程
2018 年 1 月	中央"一号文件"指出，打好精准脱贫攻坚战，增强贫困群众获得感。乡村振兴，摆脱贫困是前提。必须坚持精准扶贫、精准脱贫，把提高脱贫质量放在首位，既不降低扶贫标准，也不吊高胃口，采取更加有力的举措、更加集中的支持、更加精细的工作，坚决打好精准脱贫这场对全面建成小康社会具有决定性意义的攻坚战

① 游俊、冷志明、丁建军主编：《中国连片特困区发展报告（2016—2017）》，社会科学文献出版社 2017 年版。

从对世界减贫的贡献来看，中国的减贫行动加速了全球减贫的进程。《联合国千年发展目标 2015 年报告》显示，全球极贫人口从 1990 年的 19 亿人降至 2015 年的 8.36 亿人，其中，中国的贡献率达到 70％，累计使 7 亿多农村贫困人口成功脱贫。

第三章 中国减贫的理论指导

改革开放是中国经济社会发展的重要转折点，亦是中国减贫发展的转折点。改革开放以来，中国减贫事业在减贫理论的指导下，取得了举世瞩目的成就。

一、减贫的基本理论

国内外学者长期致力于关于贫困问题的理论研究。他们从各自学科的视角，分析不同发展阶段、不同地域、不同群体的贫困现象，试图揭示导致贫困的因素和消减贫困的策略，提出了不同的减贫理论，如环境约束论、经济剥削论、贫困恶性循环理论、社会分层论、制度约束论、资本缺乏论、风险冲击论、机会缺失论、贫穷文化论和个人素质论等等。

(一)环境贫困论

国内外一些学者认为，环境因素是导致贫困的主要原因。第一，由于自然资源贫乏，自然条件恶劣，劳动成果受自然因素影响程度较大，生存和生活在其中的群体容易陷入贫困；第二，自然生态有着天然的脆弱性，一旦遭到破坏，就难以在短时期内得到恢复，会导致农村耕地减少，农业收益降低，进一步加剧贫困；[①]第三，恶化的生态又会增加自然灾害的发生几率，对农牧业生产产生致命打击，反过来，自然灾害又会加剧自然生态的恶化，在二者的恶性循环和交织作用下，致贫的可能性显著增加。[②]

20世纪90年代以来，一些学者将地理信息技术、遥感技术及空间计量方法应用到贫困研究中，将自然环境对贫困的影响扩展到空间层次。[③] 姆康迪讯(Mkondiwa)通过实证研究论述了马拉维农村地区缺水和贫困的关系，从环境角度印证了自然因素致贫。[④] 戴蒙(Daimon T.)[⑤]和波德(Bird K.)[⑥]基于印度、津巴布韦、越南等国家的贫困研究表明，地理位置偏远、农业生态环境恶劣、基础设施和公共服务供给不足等区域易陷入空间贫困陷阱。[⑦] 欧克维托(Okwi-etal)通过对肯尼亚农村贫困发生率与地理条件关系的分析，得出海拔、坡度、土地利用类型等因子能够显著解释贫困空间格局的结论。[⑧]康晓光认为，影响贫困的自然因素主要包括区域所处的地理位置、地形和地貌、气候、土壤、植被等农业自然资源以及矿藏等加工业自然资源。[⑨]

---

① 杜毅、孙晓锦：《我国农村贫困致因研究综述》，《洛阳理工学院学报(社会科学版)》2016年第4期，第52—56页。

② 邵延学：《我国农村贫困特点、成因及反贫困对策探究》，《商业经济》2014年第9期，第29—32页。

③ 王文略、毛谦谦、余劲：《基于风险与机会视角的贫困再定义》，《中国人口·资源与环境》2015年第12期，第147—153页。

④ Mkondiwa M, Jumbe CBL, Wiyo K A. Poverty—Lack of Access to Adequate Safe Water Nexus: Evidence from Rural Malawi. African Development Review, 2013, 25(4): 537.

⑤ Daimon T. The Spatial Dimension of Welfare and Poverty: Lessons from a Regional Targeting Programme in Indonesia. Asian Economic Journal, 2001, 15(4): 345—367.

⑥ Bird K, Shepherd A. Livelihoods and Chronic Poverty in Semi—arid Zimbabwe. World Development, 2003, 31(3): 591—610.

⑦ 罗庆、李小建：《国外农村贫困地理研究进展》，《经济地理》2014年第6期，第1—8页。

⑧ Okwi Po, Ndeng G, Kristjanson P, et al. Spatial Determinants of Poverty in Rural Kenya. Proceedings of the National Academy of Sciences, 2007, 104(43): 16769—16774.

⑨ 康晓光著：《中国贫困与反贫困理论》，广西人民出版社1995年版，第93页。

（二）经济贫困论

贫困问题一直为经济学家所关注，他们从经济学的视角，运用经济学的方法探寻导致贫困的原因。马克思从资本主义经济制度层面揭示了无产阶级贫困的根源；古典政治经济学家从传统市场的角度探讨贫困的成因；发展经济学家则立足于资本、劳动力、技术等生产发展要素，提出了一系列关于经济因素致贫的理论；福利经济学家们发现贫困人口能力的缺乏是导致贫困的根本原因所在。

1.马克思主义的经济制度论

马克思、恩格斯最早从经济制度层面揭示了贫困的根源，其贫困学说立足于资本主义生产的本质，从资本和雇佣劳动的对立关系中，通过资本积累、人口过剩、经济危机来阐述无产阶级贫困化问题。马克思在《资本论》中指出，资本主义制度下，在剩余价值规律和资本积累的一般规律作用下，无产阶级的失业和贫困是必然产物。资本积累带来的后果必然是两极分化，一极是资产阶级的财富积累，另一极是无产阶级的贫困积累。无产阶级要摆脱贫困，如果寄希望于资本主义生产的高度发展，只能是天真的幻想。马克思主义指出，无产阶级摆脱贫困的唯一出路是“剥夺剥夺者”，消灭雇佣劳动制度，废除资本主义，建立社会主义，直至实现共产主义。

2.古典政治经济学的市场贫困论

古典政治经济学认为，在自由市场经济条件下，贫困是个人行为和市场调节的结果。劳动力供求关系的波动产生了贫困，这种贫困是不可抗拒的。有工作的穷人贫穷的原因不是缺乏工作，而是缺乏技能去胜任高收入的工作。经验证明，经济的增长并不能有效地改变贫困，越来越明显的两极分化和越来越壮大的穷人队伍，在经济的高速发展之后反而会更加突出。[①]

3.发展经济学的资本贫困论

一些发展经济学家认为，人力、物力和财力资本的缺乏是造成贫困的重要原因。具有代表性的理论有罗森斯坦·罗丹的“大推进理论”、佩鲁的“增长极理论”、纳克斯的“贫困恶性循环理论”、纳尔逊的“低水平均衡陷阱理论”、莱宾斯坦的“临界最小努力理论”、缪尔达尔的“循环积累因果关系理论”、赫希曼的“不平衡发展理论”、哈罗德和多马的“哈罗德—多马模型”、刘易斯的“二元经济模型”、舒尔茨的“人力资本理论”、W·W·罗斯托的“经济起飞论”、劳尔·普雷维什及萨米尔·阿明的“中心—外围理论”等等。[②]

美国学者舒尔茨认为，贫困人口人力资本的缺乏是造成贫困的主要因素，他把个人和社会为了获得收益而在劳动力的教育培训等方面所作的各种投入，统称为人力资本。人力资本投资上的差异造成个人之间、群体之间的收入差距。因此，解决贫困问题的关键在于提高贫困者的人力资本投入水平。纳舒尔德(Naschold)提出了“家庭资产贫困陷阱理论”，认为拥有稳定资产、大面积土地并且受到良好教育的家庭贫困的机率会小很多。克里斯蒂安森(Christiaensen)依据人力资本论，认为农户通过生产的兼业化获得更多的生计资本，在一定程度上能够减轻贫困。[③] 国内一些学者认为，贫困的成因除了人力资本和家庭资产缺乏，还包括基础设施投资不足，劳动者知识技能缺乏，劳动力转移等。

4.福利经济学的能力贫困论

福利经济学研究贫困的焦点在于社会经济福利，主要代表人物

① 贺巧知、慈勤英：《城镇贫困：结构成因与文化发展》，《城市问题》2003年第3期，第45—49页。

② 陈端计、詹向阳：《贫困理论研究的历史轨迹与展望》，《青海师专学报(教育科学)》2006年第1期，第15—20页。

③ 王文略、毛谦谦、余劲：《基于风险与机会视角的贫困再定义》，《中国人口·资源与环境》2015年第12期，第147—153页。

有霍布森、阿瑟·塞西尔·庇古、帕雷托及阿玛蒂亚·森等。其中,阿玛蒂亚·森因以独特的视角研究贫困问题荣获1998年诺贝尔经济学奖。阿玛蒂亚·森的能力贫困论深刻分析了隐藏在贫困背后的生产方式的作用,以及贫困的成因和实质。他认为,"要理解普遍存在的贫困,频繁出现的饥饿或饥荒,不仅要关注所有权模式和交换权利,还要关注隐藏在它们背后的因素。这就要求我们认真思考生产方式、经济等级结构及它们之间的相互关系"[①]。

阿玛蒂亚·森以人的实质自由为中心,提出能力贫困和权利贫困概念,认为贫困本质上是个人可行能力被剥夺,背后的真正成因是个人发展所必需的机会和选择权利的丧失。他认为,对贫困根源的认识,不能仅仅关注贫困人口为什么收入低下,而应该围绕贫困人口的生存状态,研究其个人能力为什么被剥夺,机会和权利为什么会丧失。搞清楚这两个问题,才有可能找到贫困陷阱的精准破解之道。因为正是机会和选择权利使"富人"过上体面的生活,享受自由、获得自尊和他人的尊重。与此相对,"穷人"的机会和选择权利,因为受到经济、政治和社会福利制度等方面的排斥而缺失,只能过穷酸、被动"等、靠、要",甚至受人歧视的生活。与之前的贫困理论相比,能力贫困理论更关注人自身的需要,遵循以人为本的理念;权利贫困理论则更注重从社会、政治和法律的层面分析贫困的成因。阿玛蒂亚·森认为,要通过重建个人能力来避免和消除贫困。

(三)社会贫困论

社会贫困论从社会结构的角度研究贫困问题。社会贫困论从宏观层次强调贫困是个体难以克服的,认为贫困是在受到不利社会制

---

① [印]阿玛蒂亚·森著:《贫困与饥荒——论权利与剥夺》,王宇、王文玉译,商务印书馆2001年版,第12页。

度的制约下，在社会资本缺乏的情境中，以及在受到社会风险等不可抗力冲击的情况下，个人或群体陷入的社会资源分配不平等、发展机会不均衡、抗风险能力较为脆弱的状态。

1.社会制度约束论

社会制度约束论者认为不公平的社会制度是造成贫困的原因。1971年，汤森德（Townsend）首先注意到了制度与贫困的关系，他认为贫困的原因不仅在于资源短缺，还在于分配不公和相对剥夺。[①] 从国内研究看，一些学者认为户籍制度、城乡二元结构等是导致农村贫困的成因，这些制度导致个人或家庭不能维持正常的物质和精神生活需要。也有学者认为，制度创新不足和有效制度滞后是造成贫困的重要原因。[②]

2.社会资本缺乏论

社会资本缺乏论者认为，社会资本的缺乏是造成贫困人口长期贫困的一个重要原因，而社会资本的丰富及其有效利用则有利于减贫。社会资本是一种非正式制度资本，是行动者在行动中获取和使用的嵌入在社会网络中的资源。社会资本是自然资本、物质资本、人力资本的必要补充，也是发展所不可缺少的要素。

林南是较早从理论层面分析社会资本不平等影响收入不平等作用机制的学者。他认为，社会资本可能造成和加剧相对剥夺，从而扩大收入差距。林南认为，可从网络达高性、异质性和广泛性的三维标准来测量社会资本。穷人是缺乏高质量社会资本的，其能够获取和动用的社会资源也劣于富人，因此社会资本对穷人的回报可能会低于对富人的回报。[③]

① 刘海军：《中国农村贫困成因研究综述》，《集体经济》2009年第9期，第87—88页。

② 王文略、毛谦谦、余劲：《基于风险与机会视角的贫困再定义》，《中国人口·资源与环境》2015年第12期，第147—153页。

③ [美]林南著：《社会资本：关于社会结构与行动的理论》，张磊译，上海人民出版社2005年版，第2页。

3.社会风险冲击论

所谓风险,就是可能发生不幸事件的概率。导致贫困的风险主要包括静态风险和动态风险。静态风险是指自然灾害和意外事件带来的风险,包括人们不幸遇到的自然灾害、疾病、家庭成员去世或疾病、农作物及家畜的病害等所有会为贫困群体带来冲击和影响的因素;动态风险是指原本并不贫困的群体在遭遇风险后陷入贫困的可能性。风险来临时,抗风险能力弱的人们往往会陷入贫困。

与风险理论相伴相生的,还有机会理论。机会理论认为,抗风险能力较弱的脆弱群体,往往在对机会的把握能力上也较为欠缺。机会的把握能力,其实质是风险偏好的差异。高风险偏好群体会率先接受新事物、采用新技术,从而比其他人较早脱离贫困;而低风险偏好群体总是抱着观望态度,不愿冒险,而仍旧采用他们认为保险但实际上落后的技术或行为,因而较难摆脱贫困。①

(四)文化贫困论

文化因素致贫的相关研究中,具有代表性的是贫困文化理论和情境适应理论。这两种理论都强调贫困文化是导致贫困群体陷入贫困状态的主要因素。前者强调贫困文化的代际传递,具有持久性;后者则认为在特定情境的刺激和一定强度的期待下,贫困文化是可以改变的。

1.贫困文化理论

贫困文化理论最早由美国学者刘易斯提出。他认为,贫困人口之所以处于贫困的地位,是因为“贫困文化”的影响。贫困人口通常居住在贫民区,这种独特的居住方式促进了贫困者之间的互动,并与

① 王文略、毛谦谦、余劲:《基于风险与机会视角的贫困再定义》,《中国人口·资源与环境》2015年第12期,第147—153页。

其他社会群体相对隔离开来，形成了一种脱离社会主流文化的贫困亚文化。这种亚文化形成之后，将一代代传递下去。贫困者的孩子在生活中长期接受其熏陶，会自然而然地习得贫困文化，因而很难改变自己的生活方式，即使遇到摆脱贫困的机会也很难利用这种机会走出贫困。穷人已经内化了与社会格格不入的一整套价值观念，基本不能依靠自己的力量摆脱贫困的命运。另一位美国学者查尔斯·默里进一步研究了贫困文化。他认为，福利国家的发展带来了一种削弱个体抱负和自助能力的亚文化。那些福利依赖者不是为自己设计未来并努力过上一种更好的生活，而是宁愿接受施舍。因此，他认为福利已经腐蚀了人们工作的动力。

国内学者也注重从文化的因素研究贫困的成因。有学者认为贫困亚文化的存在，一方面是穷人在社会强加的价值规范下无法获得成功，进而采取的种种应对挫折和失望的选择；另一方面，也有一部分贫困人口不愿意改变生活的状况。因此，扶贫要先扶志。

2.情境适应理论

甘斯是情境适应理论的代表人物之一。甘斯认为，行为起因于对环境的适应。他将文化分为行为文化和期待文化。行为文化是人类对现实生存环境的反应，被内化为规范，内化了的规范构成了行为的原因。期待文化则受适应者本人“期待”的影响。甘斯认为文化是对经济和生存环境的反应，贫困文化不是永久的，是可以改变的，只是改变非常困难，需要新情境的刺激，并且要付出巨大的努力。

（五）多元贫困论

不同学科、不同领域的专家学者对贫困的关注视角都不尽相同，关注重点也各有侧重，但越来越多的学者发现，贫困作为一种具有长期性、复杂性、区域性的社会经济现象，应运用系统分析方法对其成因展开全方位、多维度的研究。由此，关于贫困成因的研究不断深化,逐渐形成了多元贫困论。多元贫困论认为,导致贫困的成因是多元的,且相互影响,交互作用。

事实上,在早期单一领域的贫困研究中,已经有学者发现了贫困成因的多元性和交互性的特点。例如,循环积累因果关系理论的代表人物缪尔达尔认为,导致贫困的因素存在于一个动态的社会过程中,社会经济各因素之间存在着循环积累的因果关系。某一社会经济因素的变化,会引起另一社会经济因素的变化,而后一因素的变化,反过来又加强了前一个因素的变化,并导致社会经济过程沿着最初那个因素变化的方向发展,从而形成累积性的循环发展趋势。阿玛蒂亚·森也关注一元贫困向多元贫困的演化,他指出,不应仅关注贫困群体的经济状况,还应关注贫困群体"免受困苦的基本可行能力,以及能够识字算数、享受政治参与等等的自由"[①]。

随着贫困问题的日益复杂化和多样化,中国学者对贫困成因的多元性探索也在不断拓展和深化。他们认为,贫困在自然、经济、社会、文化等多方面因素的交互作用和共同影响下产生,也因历史、科技、信息、个体以及其他特殊的因素所致。随着多元贫困论的发展,贫困本身也被重新定义,即贫困不仅仅意味着贫困人口缺乏经济收入,还体现在贫困人口发展权利、身心健康、文化教育、自我尊严、体面生活、社会保障等多个方面的缺失和困顿。有学者建议立足于贫困的现实特点,基于贫困人口可行能力和主观福利感受,构建多维贫困指数,注重多元贫困成因导致的多维贫困状态,且关注贫困的动态持续与转变,在找准共性致贫因素的同时,深层次发掘多维贫困状态中的多元致贫因素。只有这样,才能提高减贫的精度与效度。[②]

---

① [印]阿玛蒂亚·森著:《以自由看待发展》,任赜、于真译,中国人民大学出版社 2002 年版,第 30 页。

② 高帅、毕洁颖:《农村人口动态多维贫困:状态持续与转变》,《中国人口·资源与环境》2016 年第 2 期,第 76—83 页。

二、传统减贫理论的局限

传统的减贫理论多是从西方社会传入的，对中国的减贫事业具有一定的借鉴或指导意义，但也有自身的局限性。

（一）以发展主义为基础的减贫模式存在诸多不足

发展主义兴于“二战”后，在拉美地区的发展中国家比较盛行。发展主义以经济增长为中心，强调经济发展是社会进步、政治发展的前提条件。长期以来，发展主义成为后发展国家尊奉的现代性话语和意识形态。这种将发展简单等同于经济增长的视角，造成了片面强调经济增长，却严重忽视了人本出发点和制约性条件的结果。[①] 在减贫领域，传统的减贫理论多从发展主义的视角出发，强调以经济发展为中心，但在减贫实践中，却出现了贫困地区的社会、文化以及生态等未能同步发展的事实。

在减贫事业中，中国政府主张从整体上理解贫困问题，关注致贫因素的多样化，强调减贫行动的多元性，重视减贫方法的精准性。然而，在减贫实践中，以经济发展为目的的减贫模式依然处于主导位置，发展主义影响着中国的减贫实践及其效果。具体而言，设定减贫目标时，过度关注数字增长，强调以收入水平的提高作为减贫成就的衡量标准，忽视贫困人口的自我发展能力，不重视贫困社区的可持续发展。在选择减贫方案时，重视以引进项目的方式推进农业产业的发展，缺少从生态视角考察贫困地区的实际生产能力，忽视贫困地区内部的贫富分化，不重视贫困地区传统文化的保护。20世纪末，在减贫与发展领域展开了反思与讨论，诸多学者提出新发展观，倡导经

① 孙文中：《创新中国农村扶贫模式的路径选择——基于新发展主义的视角》，《广州社会科学》2013年第6期，第207—213页。

济、社会、文化、生态的可持续发展,认为发展的目的在于提高人民的文化归属感、家国认同感,增强人民对生态环境的保护意识,促进社会和谐。[①] 以经济为中心的发展主义减贫模式逐渐失去了影响力。

(二)发展模式同质化导致非预期性后果

同质化发展模式是在贫困地区和贫困人口中实行模式相同的发展形式。发展模式同质化问题主要表现在产业扶贫中。产业扶贫是非常重要的扶贫方式,能为贫困地区和贫困人口实现减贫目标提供产业和经济支撑。但是,产业扶贫中出现了一些问题,主要表现在以下方面:一是有些贫困地区在引入扶贫产业时,没有紧密联系当地的实际情况。不是所有的产业都能推动贫困地区发展,也不是所有的产业项目都能为贫困群体带来收益。盲目推进产业扶贫,可能导致企业因为资源匮乏、资金缺失等原因退出减贫事业,也可能导致那些不适应贫困地区实际的产业项目无法产生减贫效果。二是中国大部分贫困地区存在资源禀赋差异大、生态脆弱多样化、经济社会文化异质性强的特点,推进同质化的发展方式会导致规模化的农业发展模式失灵,难以实现减贫效应。三是产业项目不切实际的推进可能削弱贫困地区和贫困群体生计的可持续性,导致农业产业资源的浪费,破坏贫困地区的生态环境,折损贫困人口的生产资料,还可能导致贫困地区抗逆力降低,致使贫困群体的减贫积极性降低。

总之,各贫困地区的自然地理条件差异大,具备的资源禀赋迥异,生态环境的约束不同,所传承的文化习俗多元化,经济社会发展的基础各不相同,贫困群体的致贫原因也不尽相同。既往的减贫实

---

① 吕方:《"新发展主义"与发展社会学研究的转向——评田毅鹏教授新著〈东亚"新发展主义"研究〉》,《社会科学战线》2010 年第 2 期,第 281—282 页。

践，通常会陷入“规模化”迷思，[①]片面追求同质化发展，没有充分结合贫困地区自身特点。发展模式的同质化问题，给减贫事业带来了很大的负面影响。

（三）扶贫主体“客体化”倾向造成减贫思维的谬误

在既往的减贫理论及实践中，贫困群体往往被当做减贫的对象，政府是制定减贫方案的主体，贫困群体只是政策的接受者。扶贫主体“客体化”倾向严重影响减贫效果。

在减贫与发展项目中，贫困地区和贫困人口一直被作为减贫对象，没有成为减贫主体，这就导致贫困地区和贫困人口对政府的依附性，这种过度依赖政府的行为，很可能削弱贫困地区和贫困人口的内生动力。另外，扶贫主体“客体化”倾向也导致政策目标与贫困地区或贫困群体的实际需求脱节，影响减贫效果。

实际上，贫困人口应该是减贫实践的重要参与者，减贫主体应该调动和激发贫困人口的内生动力。从贫困人口自身优势出发，调动贫困人口的积极性，加强贫困地区反贫困的能力建设，是减贫行动的必然选择。

三、中国减贫的理论指导

中国减贫的理论和实践具有自身独特的经济、政治和文化背景。在长期以来的减贫实践中，中国共产党和中国政府在对中国减贫的形势进行深入分析的基础上，不断探索具有中国特色的减贫理论和减贫模式。中国减贫行动是马克思主义理论与中国国情相结合的产

① ［美］詹姆斯·C·斯科特著：《国家的视角：那些试图改善人类状况的项目是如何失败的》，王晓毅译，社会科学文献出版社 2011 年版。

物,是马克思主义理论在减贫领域的具体运用。指导中国减贫行动的理论主要有科学发展论、社会建设论、共同富裕论、包容性增长理论等。

(一)科学发展论

"二战"以后,欧美等发达国家主导着世界的发展格局,发展主义成为热点话语。在发展主义的指导下,资本主义生产体系在全球范围内扩张。经过20多年实践后,后发展国家在发展主义的影响下大多陷入经济低迷、债台高筑、社会矛盾丛生的境地,陷入了长期的贫困。20世纪80年代后期,世界范围内掀起了一场声势浩大的"否思发展浪潮"。[1] 21世纪初,在反思与总结中国发展道路的基础上,中国提出了科学发展观这一崭新的理论命题。

科学发展观包括四个方面的内容。首先,科学发展观是以人为本的发展观。发展依靠人的努力,发展也将最终服务于人的发展,增强个体参与发展并从发展中提升自我的能力。其次,科学发展观是全面的发展观。科学发展观反对经济中心主义的发展理念,主张经济、社会、文化、生态的全面发展。再次,科学发展观突出协调发展。协调发展包括区域之间、行业之间、城乡之间的协调发展,强调发展不能扩大社会差距,而是要致力于缩小差距,推动共同富裕。最后,科学发展观主张可持续发展。可持续发展不是竭泽而渔,而是注重发展的持久性,注重当代人的发展不损害后代人发展的基础和利益。科学发展观标志着中国发展道路步入了一个全新的阶段。

中国的减贫要树立科学发展观。贫困地区在经济发展过程中,要强调以人为本,实现经济的有效发展、创新发展、可持续发展与和谐发展,既讲究经济效益,更追求发展的质量;要在改革的基础上,更

① 田毅鹏著:《东亚"新发展主义"研究》,中国社会科学出版社2009年版。

多依靠生产力的创新和生产关系的改善实现内生式发展；要着眼于人的可持续发展，正确处理人与自然的关系，建设资源节约型、环境友好型社会，提高生态文明水平，促进经济社会发展与人口、资源、环境相协调，实现均衡发展；要实现个人和社会、个人和国家、人群与人群，以及中央和地方、地方和地方、区域和区域、城市和农村、民族和民族的和谐发展。

（二）社会建设论

社会建设有广义和狭义之分。广义的社会建设指的是我国社会主义社会建设，是包括社会主义经济、政治、文化、人民生活等各个方面在内的宏观的社会建设，与全面建设小康社会、和谐社会建设是同一个层面的含义。2004 年，党的十六届四中全会明确地提出了要“加强社会建设和管理，推进社会管理体制创新”；2007 年，党的十七大报告提出要“加快推进以改善民生为重点的社会建设”；2012 年，党的十八大报告提出“在改善民生和创新管理中加强社会建设”；2013 年，党的十八届三中全会明确提出，社会建设就是要“推进社会事业改革创新”并“创新社会治理体制”。由此可见，广义的社会建设是针对社会主义社会的建设目标、任务而提出来的，其与中国特色社会主义事业建设和发展在外延上相同，与全面建设小康社会、构建社会主义和谐社会的任务目标相统一。狭义的社会建设则是针对现阶段我国社会主义建设的具体环境和经济社会发展的具体背景提出来的发展目标，与经济建设、政治建设、文化建设共同形成社会主义建设的有机组成部分。

加强社会建设体现了推动经济社会全面进步的思路和目标。加强社会建设就是要强调以人为本的发展理念、公平正义的发展原则和持续和谐的科学发展观念。加强社会建设是解决贫困人群民生问题、实现社会公平正义、推动贫困地区经济社会全面发展的重要途径。

社会建设是从维护最广大人民根本利益的高度，健全社会的基本公共服务体系，创新社会治理体制，推进社会主义和谐社会建设。社会建设与人民幸福安康息息相关，涵盖了与民生相关的教育、医疗、收入分配、社会保障、就业以及社会治理等方面，其内涵在于通过以收入、就业、教育、医疗、社会保障以及社会治理等方面的全面改善与提高，促进社会结构的优化，坚持和维护社会公平正义，使社会更加和谐稳定。

社会建设具有丰富的减贫内涵。首先，从社会建设的内涵来看，社会建设的核心是关注民生。推动社会体制改革就是为了促进社会制度对社会成员的关怀，扩大公共服务则体现了提升社会成员生活水平的努力，完善社会管理是为了实现社会成员安居乐业，社会建设的核心目标和落脚点在改善民生上。其次，社会建设是一个以人为本的价值理念实现的过程。社会建设的目标是实现学有所教、劳有所得、病有所医、老有所养、住有所居，社会建设目标的完成过程也是以人为本的社会发展过程。社会发展目标围绕着社会成员的生命历程，保障社会成员基本的生存与生计。通过对民生的关注和重视，保证贫困人群不被排斥在社会生活之外。再次，社会建设提倡的是一种更加和谐的发展方式，即经济、文化、生态、社会等协调发展的状态。贫困人群的发展，或贫困地区的脱贫致富，不是一个简单的经济收入增长结果，而是要提升人力资本，保障其基本的医疗、教育、居住条件，多方面促进贫困人群的生计和发展，在这个过程中注重经济发展与环境保护以及经济发展与文化、社会发展的协调。

社会建设理论是对中国贫困问题的系统回应和科学指导。从贫困群体的需求来看，社会建设是对减贫需求的系统回应。社会建设就是要在就业、教育、医疗与收入等方面构筑全面系统的生计保障网络，保障贫困人群的基本生活。从减贫的目标来看，社会建设是实现减贫目标的重要保证。《中国农村扶贫开发纲要(2011—2020年)》明确提出,到2020年,要使贫困人群不愁吃、不愁穿,保障其义务教育、基本医疗和住房。从这个减贫目标可以看出,减贫不仅要解决贫困人群基本的温饱问题,还要解决其义务教育问题,提升贫困家庭的文化技术水平和生计能力;解决贫困人群的基本医疗困难,避免因病返贫的困境;解决贫困人群基本住房问题,实现贫困家庭生计的全面提升。这些目标与社会建设的内容相吻合,体现了社会建设的减贫内涵。减贫目标的实现就是要针对贫困人群的生活困难和脱贫发展的需求,有针对性地、系统性地实施减贫政策和措施,实现贫困人群的脱贫与发展。因此,社会建设是促进减贫目标实现的重要保证。

加强社会建设必须以保障和改善民生为重点,解决好贫困人群的实际生活困难,要倡导协同发展、公平正义的发展理念与方式,完善扶贫开发中的社会参与机制,激发扶贫开发的活力。加强社会建设,就要构建和谐的氛围,协调处理好扶贫开发进程中各个方面的利益关系,促进贫困地区可持续发展。

(三)共同富裕论

共同富裕是中国特色社会主义的本质规定、奋斗目标和根本原则,是中国特色社会主义理论体系的重要基石。实现共同富裕的基础在于发展生产力,打破平均主义的现状,逐渐实现共同富裕的目标。

1978年,邓小平指出,可以允许让一部分人先富起来,先富带动后富。1982年,在中国共产党第十二次全国代表大会上,邓小平阐述了共同富裕问题,揭示了共同富裕的内涵。共同富裕理论对中国经济社会发展具有深刻的意义,以经济建设为中心、实现共同富裕的发展目标顺应时代要求,能够促进中国经济社会发展的飞跃。[①] 邓小平认为,贫穷不是社会主义,要摆脱贫困落后状态,发展生产力是关键。这一论断将共同富裕置于经济、政治、文化体系中,置于生产力与生产关系中,置于经济基础与上层建筑中。共同富裕作为一条根本原则,对社会主义的发展具有全局的、战略的、根本的意义。[②]

新时期,中国的社会经济发展已经进入到追求可持续发展和包容性发展的阶段。[③] 党的十八大重申,中国必须坚持走共同富裕道路。一方面,共同富裕是中国特色社会主义的本质要求。精准扶贫思想立足于中国特色社会主义理论体系中,抓住了共同富裕这一根本原则。习近平 2016 年 2 月 2 日在江西省井冈山市茅坪乡神山村考察时指出:"在扶贫的路上,不能落下一个贫困家庭,丢下一个贫困群众。"另一方面,新时期减贫行动的根本目的是实现共同富裕。共同富裕是一个渐进的过程,贫困问题必然是首先要解决的问题。习近平指出:"消除贫困、改善民生、逐步实现共同富裕,是社会主义的本质要求,是我们党的重要使命。"

(四)包容性增长理论

贫困、不平等与增长是经济社会发展中的三个主题,也是影响经济社会发展的三个重要问题。大量研究表明,虽然经济增长是战胜贫困最基本和最重要的动力,但是,经济增长是贫困减少的必要条件而非充分条件,增长的性质及其模式、增长成果的分享以及不平等程

① 唐步龙:《改革开放 40 周年:从"共同富裕"到"精准扶贫"的实践与创新》,《云南民族大学学报(哲学社会科学版)》2018 年第 2 期,第 92—97 页。

② 张桂岳:《邓小平共同富裕理论》,《江苏社会科学》1998 年第 6 期,第 57—63 页。

③ 李小云:《精准扶贫——实现共同富裕,啃下"贫困"这块硬骨头》,《人民论坛》2015 年第 22 期,第 36—38 页。

度的变化等因素也是影响减贫效果的重要因素。[①] 经济增长、不平等与贫困之间存在着复杂的关系。人们对贫困认识的不同、发展理念的差异,不仅直接影响减贫政策的制定,而且直接影响经济增长的减贫效应。

包容性增长是一种发展理念,也是一种发展方式,其核心内容是公平合理地分享经济增长的成果,促进发展的协调与均衡。在当前的社会经济形势下,包容性增长有其特定的内涵,对扶贫开发也提出了新的要求,为扶贫政策的制定指明了方向。中国扶贫开发应该走包容性增长之路。

包容性增长这个概念最先由亚洲开发银行提出。2007 年 10 月,亚洲开发银行组织了以“新亚太地区的包容性增长与贫困减除”为主题的国际研讨会,会议明确提出:增长必须具备包容性、可持续性以及更为民众所认同。作为一个全新的发展理念,包容性增长理念的形成和发展主要体现在亚洲开发银行研究报告《以共享式增长促进社会和谐(2007)》、世界银行《2006 年世界发展报告:公平和发展》、世界银行增长与发展委员会《增长报告——可持续增长和包容性发展的战略(2008)》等一系列研究报告当中。包容性增长理念已在国际上得到广泛接受,并成为世行、亚行等致力于国际减贫的国际机构的指导思想和核心战略。

综合来看,机会平等和成果共享是包容性增长的核心内涵。包容性增长既是目的,也是手段,它是一种把经济增长过程和结果有机统一内嵌的经济社会协调发展模式,[②] 强调的是社会和经济协调发展、可持续发展。包容性增长倡导一种机会平等的增长,其最基本的含义是公平合理地分享经济增长。它包括以下要素:(1)让更多的人

①② 杜志雄、肖卫东、詹琳:《包容性发展的理论脉络、要义与政策内涵》,《中国农村经济》2010 年第 11 期,第 41—53 页。

享受经济发展成果;(2)让弱势群体得到保护;(3)加强中小企业和个人能力建设;(4)在经济增长过程中保持平衡;(5)强调投资和贸易自由化,反对投资和贸易保护主义;(6)重视社会稳定。包容性增长的根本目的是让经济发展的成果惠及所有国家和地区,惠及所有人群,在可持续发展中实现经济社会协调发展。

包容性增长体现了缩小各地区之间、不同利益群体之间的贫富差距,实现共同富裕的理念;强调实现经济社会协调可持续发展,反对片面追求经济增长的方式。它作为一种发展理念,与中国的科学发展观、和谐社会的理念一脉相承;作为一种发展方式,对中国减贫政策的制定具有极其重要的指导意义。

包容性增长有着四个层面的基本要义:经济增长、权利获得、机会平等、福利普惠。[①] 包容性增长要求创新减贫理念和方式。

包容性增长蕴涵着三个层面的宏观政策取向:培育和提升人力资本,使民众获得人力资本价值公平;增强制度设计与政策制定的公平性,使民众获得市场竞争环境公平;建立公平的防护性保障体系,使民众获得社会保障价值公平。[②]包容性增长理念为减贫政策的设计和调整提供了价值基础和行动指南,影响甚至决定减贫政策和减贫行动的基本走向。

---

①② 杜志雄、肖卫东、詹琳:《包容性发展的理论脉络、要义与政策内涵》,《中国农村经济》2010 年第 11 期,第 41—53 页。

第四章　中国减贫的推动力量

在中国减贫实践中，政治、经济、社会和生态等因素都对减贫行动及其效果产生重要的影响。这些因素作为中国减贫的推动力量，为实现减贫目标、全面建成小康社会提供了重要支撑。

一、政治优势与减贫

改革开放以来，中国共产党和中国政府在减贫领域中发挥了主导作用，各级部门切实加强组织领导，时刻将贫困群众的利益放在首位，坚持履行减贫与发展的责任。中国共产党和中国政府的重视与支持成为中国减贫事业最大的政治优势。在庆祝中国共产党成立95周年大会上，习近平指出："带领人民创造幸福生活，是我们党始终不渝的奋斗目标。我们要顺应人民群众对美好生活的向往，坚持以人民为中心的发展思想，以保障和改善民生为重点，发展各项社会事业，加大收入分配调节力度，打赢脱贫攻坚战，保证人民平等参与、平等发展权利，使改革发展成果更多更公平惠及全体人民，朝着实现全体人民共同富裕的目标稳步迈进。"①

（一）政治优势与减贫的关系

中国共产党是执政党，中国共产党始终以全心全意为人民服务

① 习近平：《在庆祝中国共产党成立95周年大会上的讲话》，《人民日报》2016年7月2日。

为宗旨,把实现和发展人民群众的利益作为一切工作的出发点和落脚点。中国共产党带领中国人民进行经济建设、社会建设、文化建设等,优势在于有科学的指导思想、有丰富的思想政治工作经验、有根本的组织原则、有优良的作风、有坚强的领导核心,[①]并始终坚持理论与实践相结合。

贫困问题是困扰全世界的重大社会问题,中国也不例外。贫困影响贫困群众的生活,制约贫困地区经济、政治、文化、社会等方面的协调发展,造成城乡间、东中西部区域间的不平衡、不均衡,阻碍共同富裕目标的实现。作为执政党,中国共产党应该且能够发挥其巨大的政治优势,解决贫困问题。中国共产党的政治优势是中国减贫事业发展的重要保障。

(二)政治优势推动减贫发展的具体表现

1. 坚守"人民性"的初衷

马克思在《共产党宣言》中指出:"过去的一切运动都是少数人的,或者为少数人谋利益的运动。无产阶级的运动是绝大多数人的,为绝大多数人谋利益的独立的运动。"[②]始终与人民在一起,一切为了人民,是中国共产党始终不渝的初心。

1978 年,党的十一届三中全会召开,开启了中国农村体制改革的进程,中国贫困人口迅速减少,人民生存权、发展权得以保障。20 世纪 80 年代至 90 年代中期,中国共产党坚持"以人为本"的理念,推动中国减贫事业向纵深发展,进一步彰显了中国共产党的"人民性"初衷。

充分发挥中国共产党在政治方面的优势,是中国共产党领导人

① 贾绘泽:《论中国共产党的五大政治优势》,《求实》2013 年第 2 期,第 14—17 页。

② 《马克思恩格斯选集》第 1 卷,人民出版社 1995 年版,第 283 页。

民扶贫攻坚的独特法宝。[①] 党的十八大以来，以习近平同志为核心的党中央坚持人民利益至上的根本价值立场，推动改革开放和社会主义现代化建设迈上新台阶。“人民对美好生活的向往，就是我们的奋斗目标。”[②]“面对浩浩荡荡的时代潮流，面对人民群众过上更好生活的殷切期待，我们不能有丝毫自满，不能有丝毫懈怠，必须再接再厉、一往无前。”[③]坚持人民性，就是要把实现好、维护好、发展好最广大人民的根本利益作为一切工作的出发点和落脚点，坚持以民为本、以人为本。

“四个全面”战略布局，是新的历史条件下以习近平同志为核心的党中央治国理政的总方略，顺应了人民群众过上更好生活的新期待，符合全国各族人民的共同愿望和根本利益，彰显了人民至上的价值指向。在“四个全面”战略布局中，全面建成小康社会是战略目标，全面深化改革、全面依法治国、全面从严治党是战略举措。全面建成小康社会惠及全体人民，一方面体现在覆盖的人群是“全面”的，是不让一个人掉队的小康；另一方面体现在涉及的领域是全面的，是经济、政治、文化、社会、生态文明建设“五位一体”协调发展的小康。“小康”已经被中国共产党人赋予了更深刻的内涵，这种深刻性，源泉就是其人民性。党的根基在人民，力量在人民，人民是党的力量源泉和永远立于不败之地的根本。协调推进“四个全面”战略布局，离不开党的坚强领导，归根到底要靠全体人民的努力。必须不断巩固和发展人民的主体地位，不断汇集蕴藏在人民群众中的智慧力量，不断

① 张瑞敏、龙梅：《政治优势与制度优势：中国打赢扶贫攻坚战的独特法宝》，《中南民族大学学报(人文社会科学版)》2018 年第 4 期，第 123－127 页。

② 习近平：《人民对美好生活的向往，就是我们的奋斗目标》(2012 年 11 月 15 日)，中共中央文献研究室编：《十八大以来重要文献选编(上)》，中央文献出版社 2014 年版，第 70 页。

③ 习近平：《在第十二届全国人民代表大会第一次会议上的讲话》(2013 年 3 月 17 日)，中共中央文献研究室编：《十八大以来重要文献选编(上)》，中央文献出版社 2014 年版，第 234 页。

激发协同推进“四个全面”战略布局的正能量。[①]

2.坚持全体人民共享改革开放成果

党的十八届五中全会提出:“坚持共享发展,必须坚持发展为了人民、发展依靠人民、发展成果由人民共享,作出更有效的制度安排,使全体人民在共建共享发展中有更多获得感,增强发展动力,增进人民团结,朝着共同富裕方向稳步前进。”全面建成小康社会就是让每个人都能共享经济、社会发展带来的成果,减贫是全面建成小康社会的重要手段,是中国共产党坚持实现全民共享改革开放成果的重要途径。

到2020年,确保现行标准下农村贫困人口能够如期脱贫,成为中国全面建成小康社会最艰巨的任务。为实现这一伟大目标,中国共产党和中国政府“立下愚公移山志,咬定目标,苦干实干”,制定和实施了一系列精准扶贫精准脱贫政策,坚决打赢脱贫攻坚战。

3.把减贫发展作为治国理政的抓手

打赢脱贫攻坚战,是全面建成小康社会的底线要求。党的十八大以来,以习近平同志为核心的党中央高瞻远瞩、深谋远虑,以高度的政治感、使命感和责任感,把扶贫开发工作提升至治国理政新高度。

经过40年的探索实践,中国成功走出了一条以经济发展为带动力量、以开发扶贫为根本途径,政府主导、社会帮扶与贫困人口主体作用相结合、普惠性政策与特惠性政策相配套、扶贫开发与社会保障相衔接的具有中国特色的扶贫开发道路。精准扶贫从扶持对象、项目安排、资金使用、措施到户、因村派人、脱贫成效的六个“精准”,到因人因地、因贫困原因、因贫困类型三种“施策”,再到“四个一批”扶

① 江苏省中国特色社会主义理论体系研究中心:《深刻认识“四个全面”战略布局的人民性》,《求是》2016年第13期,第15—17页。

贫攻坚行动计划，体现了中国共产党和中国政府“扶真贫，真扶贫”的决心。专项扶贫、行业扶贫、社会扶贫等多方力量互为支撑，构建起了全新的大扶贫格局。

中国扶贫事业的成就，关键在于中国的政治优势，即中国共产党的坚强领导。中共中央、国务院作出的《关于打赢脱贫攻坚战的决定》，要求“采取超常规举措，拿出过硬办法，举全党全社会之力，坚决打赢脱贫攻坚战”。“举全党全社会之力”正是中国政治优势和制度优势的具体体现。

二、经济增长与减贫

改革开放以来，中国经济活动人口逐年增加，从 1978 年的 40682 万人增加到 2016 年底的 80694 万人（见图 4—1），增长幅度明显。与之相应，中国的贫困人口从 1978 年的 2.5 亿人降低到 2017 年底的 3046 万人。经济活动人口增长与贫困人口减少之间呈现相关关系，这在一定程度上说明经济发展与减贫之间的关系。

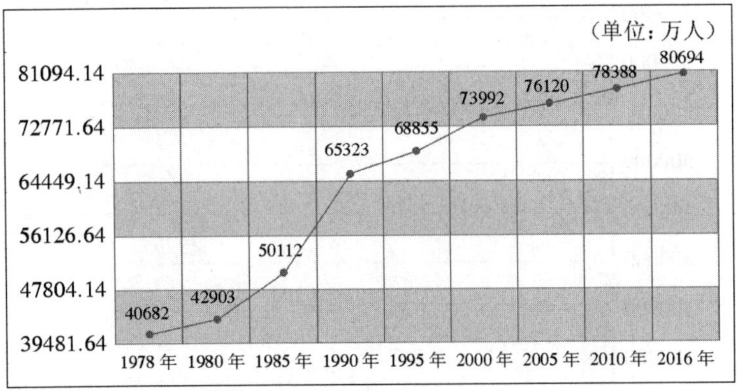

图 4—1　1978—2016 年中国经济活动人口增长趋势[①]

从多维贫困的视角来看，要实现贫困人口的减贫和发展，不应局

① 数据来源：国家统计局网站。

限于单一的维度,而是要从多维视角去分析与介入。经济增长是分析扶贫的第一个维度,也是最基础的一个维度。一般来说,扶贫是与贫困地区经济财富的增加、贫困人口生存发展资源的丰富紧密联系在一起的,贫困地区的经济增长是减缓贫困的主要手段之一。

(一)经济增长与减贫的关系

1978年开始实行对内改革、对外开放政策以来,中国经济走上了快速发展的道路,取得了举世瞩目的增长,人民生活水平得到极大提高。GDP是衡量经济活力、经济实力的重要指标,从1978年至今,中国GDP一直处于增长状态,并在21世纪进入高速发展阶段。从1979年到2013年,中国GDP年平均增长率为9.8%,世界同期为2.8%,中国GDP对世界的贡献率超过20%。2016年,中国GDP是74.4127万亿元,1978年是0.3645万亿元,不到40年的时间,中国GDP增长了204倍。2017年7月,国家统计局公布了上半年的GDP数据,同比增长6.9%,超过了国内外的预期结果(见图4—2、图4—3)。

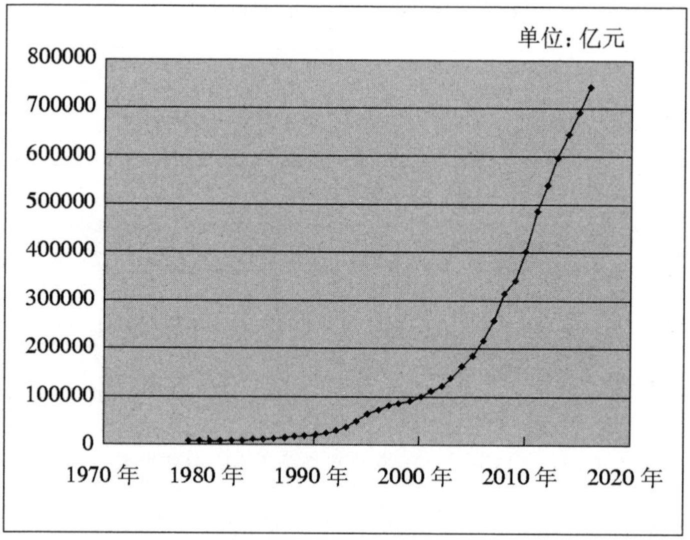

图4—2 改革开放以来中国GDP增长趋势

高速的经济增长推动了中国社会的发展，改变了中国人民的生活、生产和发展的结构，提高了人民的生活质量。

经济增长是分析减贫的重要维度。20世纪50年代，发展主义经济学家集中探讨了发展中国家贫困的原因和摆脱贫困的出路，认为贫困的原因是经济发展缓慢或停滞不前，人均收入水平低下的根源在于缺乏资本和投资。经济发展将会带来社会进步，诸如贫困这样的社会问题将通过发展得到一揽子解决。发展主义认为经济增长是社会进步的先决条件，减贫是为了经济发展，而经济发展又可以提高减贫的效率。

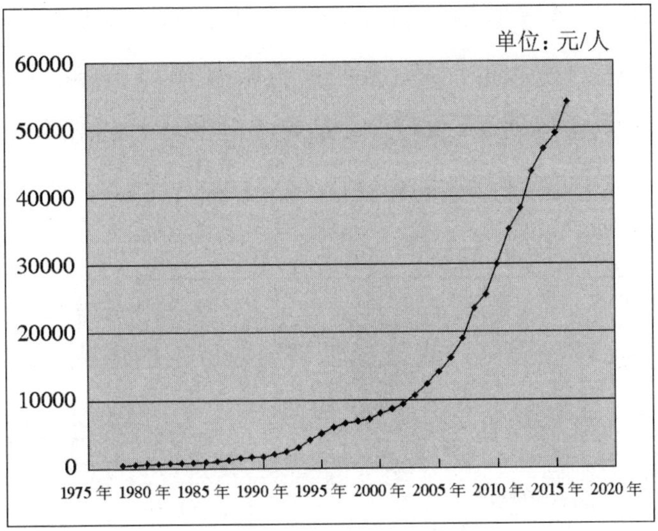

图4—3　改革开放以来中国人均GDP增长趋势

传统发展主义关于经济增长与减贫关系的观点在实践中受到了挑战，新发展主义思想的出现弥补了传统发展主义的不足。在新发展主义的语境中，发展的模式是多元的而非一元的，发展不仅意味着可测度的经济社会指标，更强调通过不断的社会创新来改善贫困群体的生存环境，提升贫困群体的能力。在新发展主义的基础上，学者提出了“益贫式”发展理念，强调贫困人口参与发展并根据自身的贡献而获取收益的权利,主张对贫困群体进行增能和赋权,一方面提升贫困人口参与到经济发展中的能力,另一方面赋予其发展的主体性地位,鼓励其通过自身的努力实现脱贫目标。

(二)经济增长推动减贫发展的具体表现

1.通过"涓滴效应"实现减贫发展目标

在一定时期内,经济增长对减贫具有决定性作用,经济增长会给包括贫困人口在内的所有人都带来好处,减贫政策的中心目标之一在于促进经济的增长。新古典经济学认为经济增长对低收入群体存在"涓滴效应",经济增长提升了经济实力、创造了就业机会,最终能够有效实现收入差距的缩减,强调要消减贫困,只有通过创建有利于经济增长的环境与创新经济增长方式才能实现。经济发展能够改变贫困状况,为减缓贫困提供结构性动力,其结果会影响每一个人,包括贫困人口。

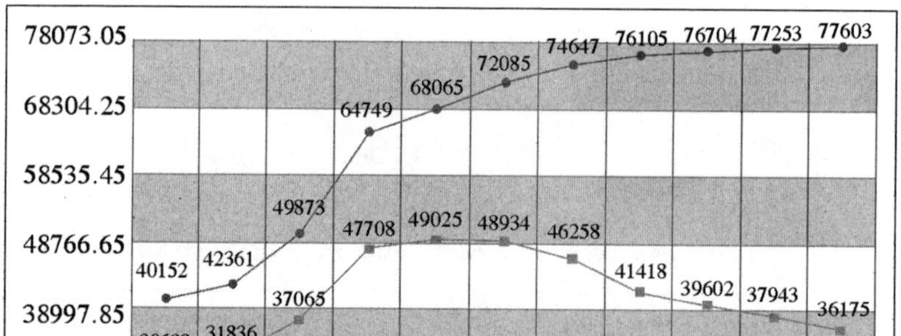

图4—4 1978—2016年中国就业人员与乡村就业人员数量变化

从中国减贫的发展历程来看,经济增长在推动减贫工作中的作用显而易见(见图4—4)。1978年开始的农村经济体制改革,推动了农村经济的巨大增长,农村就业人数呈现上升趋势,从1978年的30638万人增加到1985年的37065万人。1986年至2000年,农村就业人口持续增长，中国以经济增长为中心的开发式扶贫基本解决了农村的温饱问题。但是，这种经济增长与减贫速度一致的趋势并未能持续下去。农村经济虽然保持良好的发展势头，但脱贫的速度有些减缓，东、中、西部地区以及贫困和非贫困地区的经济差距逐渐加大，经济增长带来的收入分配不均在一定程度上削弱了其减贫能力。进入 21 世纪，尤其是 2010 年以后，中国农村就业人口呈现下降趋势，其中主要的原因在于城市化水平提高，农村人口减少，城市人口增多，农村的剩余人口多是老人、残疾人等缺乏劳动能力的群体。因此，在中国宏观经济进入新常态的背景下，一般性经济增长带动减贫的边际效应下降。因此，要妥善处理好经济增长与农村减贫之间的关系。

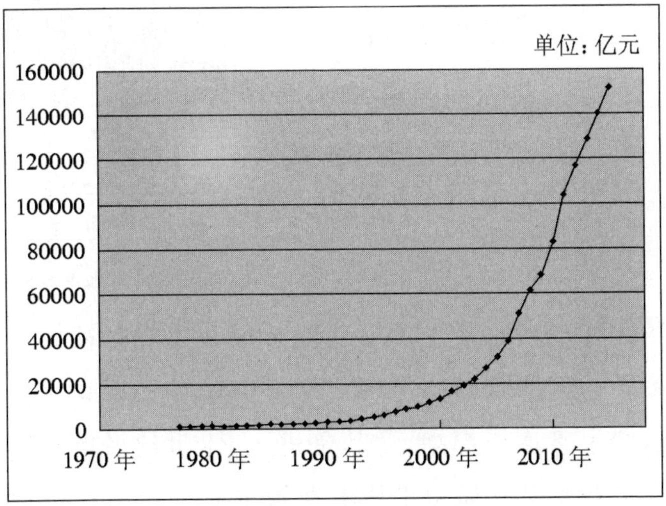

图 4—5　改革开放以来中国财政收入增长趋势

随着中国经济的发展，中国的财政逐年增长，尤其是进入 21 世纪后，财政收入增长速度较快（见图 4—5），这间接反映了经济增长对减贫的作用。改革开放以来，中国的减贫政策要求中央财政支持和保障减贫。

2. 实施"益贫式增长"推动减贫成效

"益贫式增长"体现了包容性的原则,关注经济增长、不平等与贫困间的关系。解决贫困问题依赖于经济的长期性、稳定性与科学性增长。科学稳定的经济增长能够降低地区间的收入差距,降低失业率、解决贫困问题。美国经济学家阿瑟·奥肯提出解决贫困问题的原则,"在平等中注入某些合理性,在效率中注入某些人性",也就是理性科学地确立经济增长的方式,提升贫困人口的收入水平,改善贫困人口的生活环境,提高贫困人口生活质量。

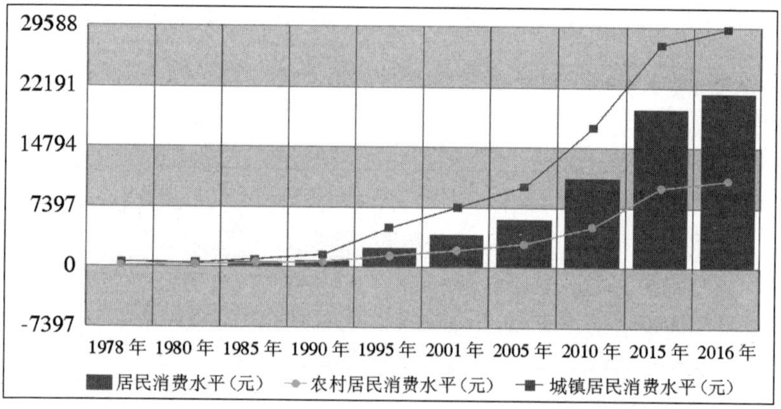

图 4—6　1978—2016 年中国农村居民与城镇居民消费水平对比

农村居民在消费水平上的变化能够反映出农村社会发展的实际情况。从图 4—6 可知,1978 年到 2016 年底,中国城镇居民和农村居民的平均消费水平逐年提高,尤其是进入 21 世纪后增幅加快。虽然农村的平均消费水平与城镇平均消费水平有一定差距,但总体来看,中国农村的平均消费水平也有可观的增长,这在一定程度上反映出农村的生活水平在逐年提高。从图 4—7 可以看到,精准扶贫战略实施以来,中国农村居民的人均可支配收入逐年增加,人均消费支出逐年增加,其中消费支出中用于居住、教育、文化、娱乐和医疗保健的项目也有所增加。

粮食是摆脱贫困的基本物质保障。从图 4—8、图 4—9 可以看

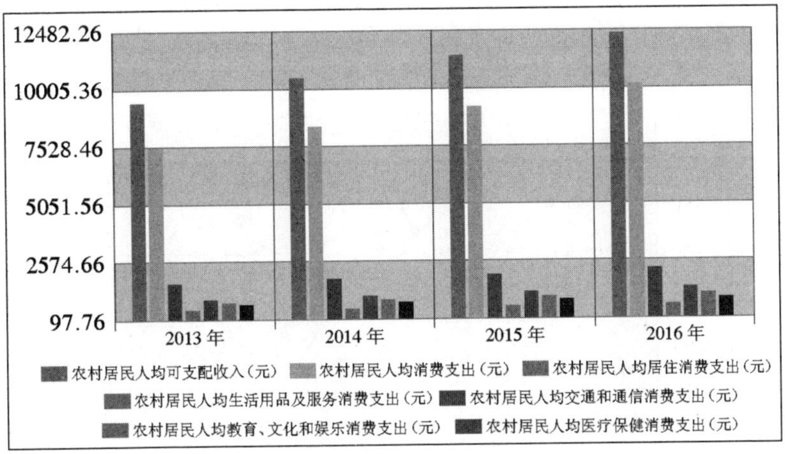

图 4—7　2013—2016 年中国农村居民支出与消费水平

到，中国粮食总产量及人均粮食产量自改革开放以来呈现上升趋势。从 2004 年至 2015 年中国连续 11 年粮食产量处于增长状态。2016 年，中国粮食产量达到 6.1624 亿吨，2017 年，粮食产量达到 6.1791 亿吨。粮食产量的增加，为中国打赢脱贫攻坚战提供了重要的物质基础。

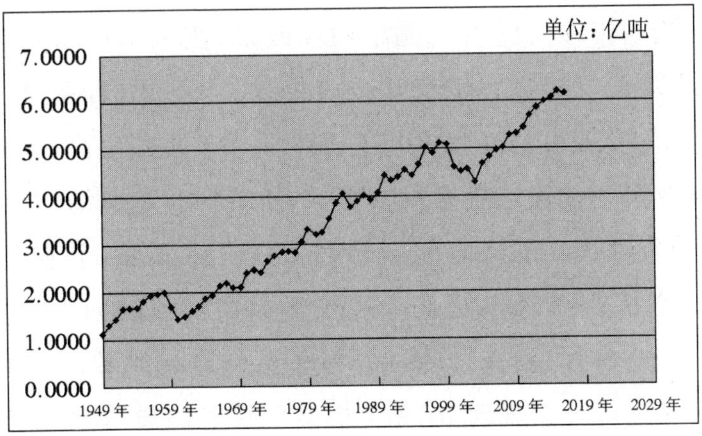

图 4—8　改革开放以来中国粮食产量变化情况

在经济发展进入新常态的宏观背景下，充分利用贫困地区已有的资源，加强贫困地区的基础设施和公共服务建设，促进贫困群众持续增收，有利于扩大有效投资需求，带动产业结构优化升级，增强经

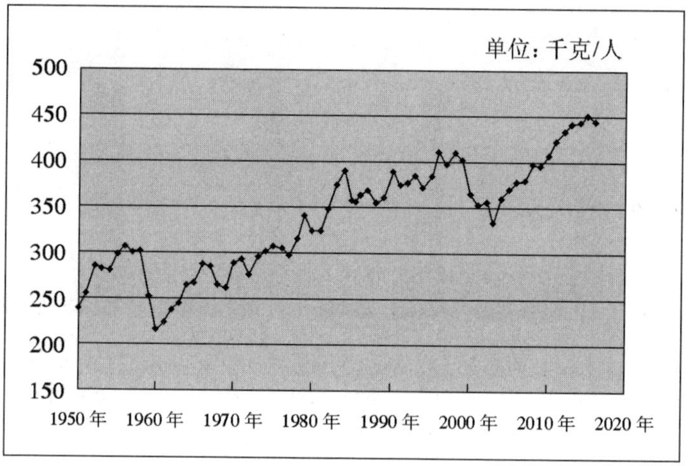

图4—9 改革开放以来中国人均粮食产量变化情况

济发展后劲。当然,经济长期稳定的增长不能单一追求速度,要以科学的增长观为指导,以收入分配改善为目标,把收入差距控制在合理范围之内,从根本上解决贫困问题。贫困地区情况千差万别,贫困人口致贫原因各不相同,解决贫困的方法也存在差异。

3. 推进"供给侧改革"提升减贫效益

中国当前正在实施供给侧结构性改革,侧重于用增量改革促存量调整,在增加投资过程中优化投资结构、产业结构,在经济高速增长的基础上,实现可持续发展与人民生活水平不断提高。同时,供给侧结构性改革注重优化投融资结构、产品结构和流通结构,强调资源整合,实现资源优化配置与优化再生,提升产品质量,节省交易成本,提高有效经济总量,不断提高人民生活品质,实现"创新—协调—绿色—开放—共享"的发展。减贫领域供给侧结构性改革需要对传统的扶贫产品进行重新规划,优先考虑贫困居民的异质性需求,改变扶贫资源供需错位的结构性矛盾,找到贫困居民意愿和扶贫资本投入的"最大公约数",增加扶贫产品的有效供给,有效提升减贫效益。

在精准扶贫供给侧结构体系中,不同层面的供给内容存在紧密

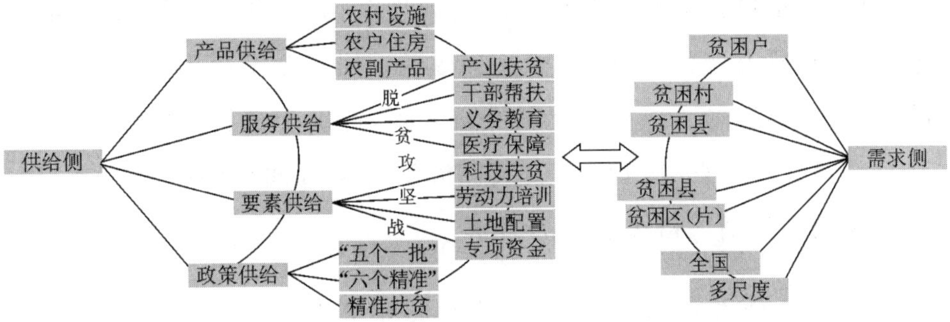

图 4—10 精准扶贫供给侧结构体系①

联系(见图 4—10),不同层面的供给内容与减贫对象的需求具有对应关系。因此,在改革的过程中,要针对不同层面的需求,提供不同的供给内容,以此提高减贫效率,实现减贫发展的目标。

三、社会发展与减贫

社会发展理论认为,发展是定向的、不可逆转的、渐进的和有目的的一种变化过程,既包含了经济增长,也包含了社会变迁。

(一)社会发展与减贫的关系

社会发展包括教育、医疗卫生、社会保障、社会福利等方面的内容。改革开放以来,中国社会经历了翻天覆地的变化,中国社会的发展对中国减贫事业具有重要的推动作用。一方面,社会发展为实现减贫目标提供社会性支持。优化社会结构,完善社会功能,是社会发展的重要标志。在减贫行动中,合理的社会结构能够推动减贫事业的良性发展,为减贫事业提供结构性支持。另一方面,社会发展为创新减贫方法提供策略性支持。减贫行动并不仅仅是从数量上减少贫

① 刘彦随、曹智:《精准扶贫供给侧结构及其改革策略》,《中国科学院院刊》2017 年第 10 期,第 1066—1073 页。

困人口，不单单是以经济为中心的发展理念，减贫还包含社会方面的内容，减贫既有经济效益，更有社会效益。以社会发展为指导原则的减贫事业，能够融入更加多元的减贫元素，有助于减贫主体从社会福利、社会保障、教育、医疗卫生、人口流动等多方面创新减贫方式，以回应和满足贫困人口多层面的需求。

（二）社会发展推动减贫行动的具体表现

截至 2017 年底，中国已有 68 个贫困县实现了脱贫摘帽，减贫步伐不断加快，减贫工作质量明显提高，贫困群体的获得感更强，贫困地区农民生活水平明显改善。2017 年贫困地区农村居民户均住房面积比 2012 年增加 21.4 平方米，饮水无困难农户比重为 89.2%，比 2013 年提高 8.2 个百分点，贫困地区农村基础设施建设不断加强（见表 4—1）。

表 4—1　党的十八大以来贫困地区农村基础设施建设情况

	2013 年	2017 年
通电话的自然村	93.3%	98.5%
通有线电视信号的自然村	70.7%	86.5%
通宽带的自然村	41.5%	71.0%
主干道路面硬化处理的自然村	59.95%	81.1%
通客运班车的自然村	38.8%	51.2%

1. 教育事业的发展推动减贫

改革开放初期，中国教育相对落后，尤其是农村人口受教育水平较低。国家先后出台了一系列法律政策推动教育事业的发展。1986 年，《义务教育法》确立义务教育制度，为适龄儿童接受义务教育提供法律保障，对教育教学、学校管理以及教师质量等提出了明确的要求。1988 年，国务院颁布《扫除文盲工作条例》。《条例》规定："凡年满 15 周岁以上的文盲、半文盲公民，除丧失学习能力的以外，不分性别、民族、种族，均有接受扫除文盲教育的权利和义务。”1995年，《教育法》颁布，强调受教育者在学习、升学、就业等方面的平等权利。一系列与教育相关的法律和政策的颁布，推动着中国特别是贫困地区教育事业的发展。2010年，《国家中长期教育改革和发展规划纲要(2010—2020年)》颁布，明确提出“形成惠及全民的公平教育”的战略目标，指出要建成覆盖城乡的基本公共教育服务体系，逐步实现基本公共教育服务均等化，缩小区域差距；努力办好每一所学校，教好每一个学生，不让一个学生因家庭经济困难而失学；保障残疾人受教育的权利。1982—1990年，中国文盲数量从2.3亿人下降到1.8亿人，文盲率从22.8%下降到15.9%。[①] 1990—2016年，中国文盲数量从1.8亿人下降到6085.88万人，文盲率从15.9%降到5.28%。中国农村受教育人数在逐年增加。

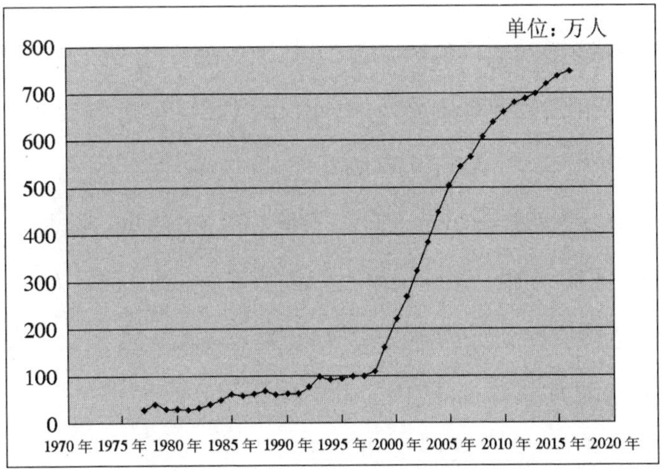

图4—11 改革开放以来中国高考录取人数变化情况

改革开放以来，中国教育事业的发展还体现在高考录取人数(见图4—11)和高考录取率(见图4—12)方面。1951年，教育部要求各地高校在招生时，优先吸纳工农干部，1952年工农干部子弟在高校

① 曾天山主笔：《二十世纪的中国·教育事业卷》，甘肃人民出版社2000年版，第228页。

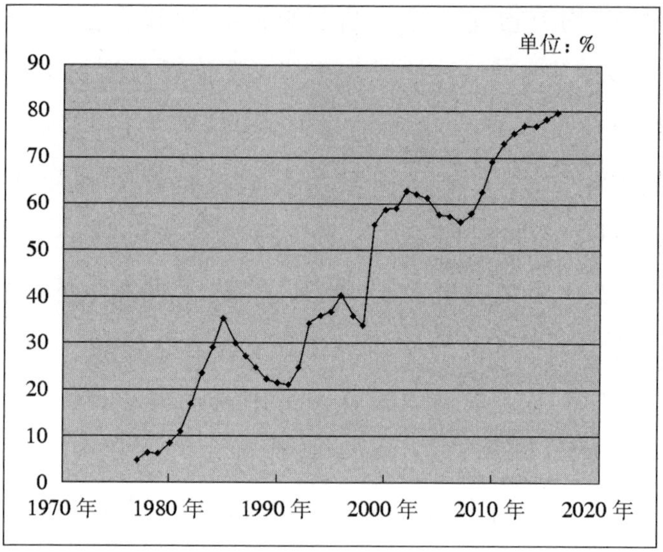

图 4—12　改革开放以来中国高考录取率变化情况

中占 20.5%,1958 年占 55.28%,1965 年占 71.2%。1978 年以后,高考以“身份”录取考生的政策逐渐取消,高校招录农村学生的比例逐渐下降。20 世纪 90 年代高校扩招,农村考生比例又有很大提升。1982 年城市考生接受高等教育的机会是农村考生的 5.7 倍,1990 年缩小到 3.6 倍,2000 年缩小到 2.3 倍,到 2010 年基本持平。1999 年,全国录取城市考生 84.47 万人,农村考生 74.4 万人;2005 年,全国录取城市考生 269.27 万人,农村考生 303.81 万人。[①] 农村教育水平的提高为推动减贫事业提供了保障。

2.医疗卫生事业的发展促进脱贫

健康与教育体现出来的人力资本是影响农民收入水平的关键因素,健康对于依赖体力劳作的农民而言,具有至关重要的作用,健康水平的高低关系农民收入的多少,关系农户之间收入差距的大小。[②]

① 乔锦忠:《高等教育入学机会的城乡差异》,《教育学报》2008 年第 5 期,第 92—96 页。

② 程名望、JIN Yanhong、盖庆恩等:《农村减贫:应该更关注教育还是健康?——基于收入增长和差距缩小双重视角的实证》,《经济研究》2014 年第 11 期,第 130—144 页。

从2014年至2016年，中国因病返贫人口占总贫困人口的比例有所回升，从42%增至44%。[①] 因病返贫的问题成为中国政府重点关注的问题。2017年，国务院扶贫办与卫计委等部门联合开展健康扶贫工程"三个一批"行动计划，做到"大病集中救治一批、慢病签约服务管理一批、重病兜底保障一批"。一方面，在制度层面建立大病保险、基本医疗、医疗救助三项制度；另一方面，结合商业保险，以求解决因病返贫人口的基本问题。医疗卫生事业的发展关系着农村居民的健康问题，医疗卫生领域的工作成效能够推动贫困地区的减贫与发展。

健康风险是诱发健康贫困的逻辑起点。[②] 农村医疗资源的配置相对较低，贫困人口在应对健康风险时具有脆弱性特征。因为农村医疗卫生资源分布不均等问题，导致农村人口面临的健康风险更大。农村医疗卫生事业的发展有利于降低贫困人口的健康风险。

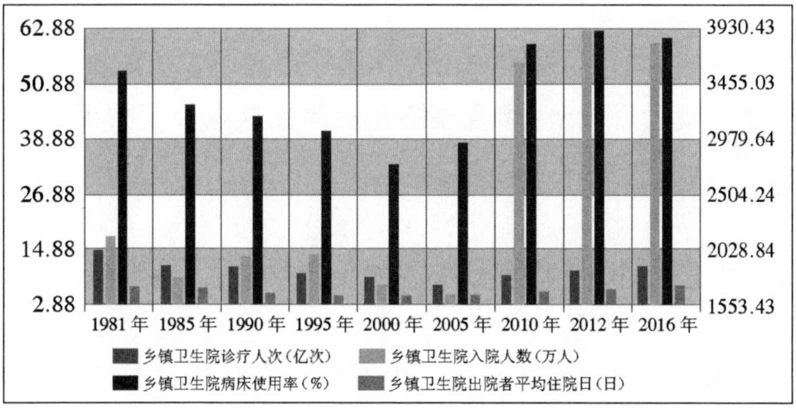

图4—13　改革开放以来中国乡镇医院医疗服务变化情况[③]

图4—13反映了改革开放以来中国乡镇医院的医疗服务情况。从中可以看到，中国乡镇卫生院的入院人数逐年增多，尤其是2010

---

① 资料来源：2017年10月10日中华人民共和国中央人民政府网站。

② 翟绍果、严锦航：《健康扶贫的治理逻辑、现实挑战与路径优化》，《西北大学学报(哲学社会科学版)》2018年第3期，第56—63页。

③ 数据来源：国家统计局网站。

年以来,增长幅度较大,这主要与乡村医疗体系改革相关,农民看病难的问题在不断缓解。这些变化,一方面反映出乡镇医疗设施有所改善,医疗条件逐渐完善;另一方面表明中国乡镇居民的就医能力和就医意愿有所改变。

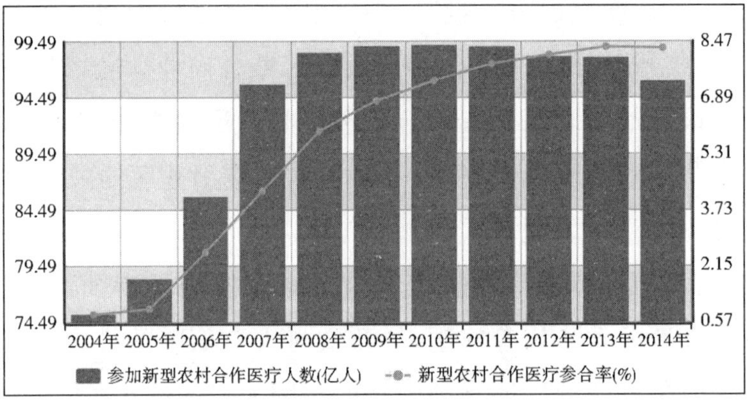

图 4—14　2004—2014 年中国农村新型合作医疗人数及参合率①

据图 4—14 所示,新型农村合作医疗给农民带来了较多的实惠,参合人数呈现上升趋势,参合率逐年提高。这减轻了贫困人口的经济负担,有助于贫困人口减贫。

四、生态保护与减贫

生态保护与减贫密切相关。生态保护是绿色发展、协调发展理念在减贫领域的具体体现,是中国特色减贫道路的核心内容之一。中国从 1998 年陆续实施重点生态建设项目,不仅有效保护了生态环境,还取得了良好的减贫成效。2018 年初,国家发改委、国家林业局、财政部、水利部、农业部、国务院扶贫办印发《生态扶贫工作方案》。《方案》提出,到 2020 年,贫困人口通过参与生态保护、生态修

① 数据来源:国家统计局网站。

复工程建设和发展生态产业，收入水平明显提升，生活生产条件明显改善。

（一）生态保护与减贫的关系

生态保护包含较多的内容，其中既有水资源、矿产资源、旅游资源等开发保护和生物多样性保护等，也有农村环境综合治理、农村环保法制建设、土壤污染防治、有机食品开发等农村生态保护。生态保护的目的在于预防生态环境的脆弱性，实现人与生态环境协调发展。生态环境本身具有一定程度的脆弱性特征，如果生态环境遭到破坏，生态平衡被打破，可能导致生态贫困问题。生态贫困是基于生存环境的贫困。如果人们所处的生态环境不断恶化，生态承载力不足，无法满足这一区域人们的基本生存需要，就会产生贫困现象；亦有可能因自然条件恶化、自然灾害频发，人们基本生活、生产条件被剥夺而产生贫困问题。一直以来，在平衡经济、社会发展与生态环境保护的问题上，贫困地区面临着重大的选择：一方面要大力发展经济，另一方面要保护生态环境。不合理的经济活动会破坏生态环境，降低生态承载力，导致生态赤字问题。生态保护是缓解生态脆弱的重要路径，也是减贫事业要坚守的重要原则。生态扶贫既能实现生态保护，也能促进贫困地区的经济社会发展。

（二）生态保护推动减贫事业的具体表现

生态保护红线是生态空间范围内具有特殊重要生态功能、必须强制性严格保护的区域，是保障国家生态安全的底线和生命线。到2020年底，中国将全面完成生态保护红线划定，确保生态保护“数据一个库，分布一张图”。从图4－15可以看到，从2004年至2016年，中国自然保护区的面积变化趋于稳定，没有因为经济的快速发展而导致自然保护区的面积减少，这为中国经济社会可持续发展提供了有力支持,也减轻了生态系统的压力。《中共中央、国务院关于打赢脱贫攻坚战的决定》强调,“坚持扶贫开发与生态保护并重”。牢固树立扶贫开发与生态保护有机结合的理念,是实现生态扶贫的重要原则。

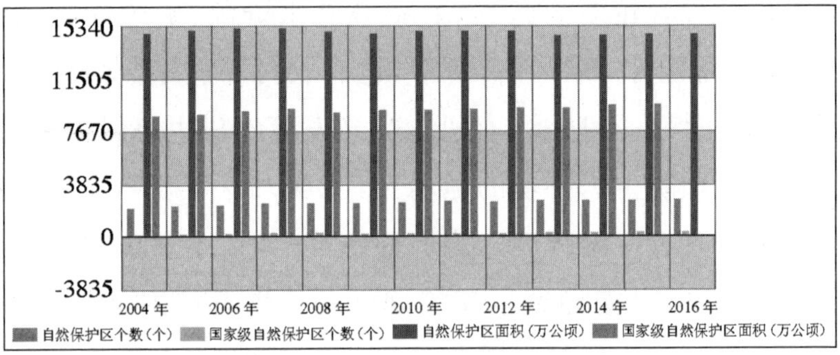

图4—15　2004—2016年中国自然保护区基本情况

1.减贫行动要追求人与自然的和谐发展

减贫与生态保护是相辅相成、辩证统一的关系。一方面,科学合理的减贫能够为生态保护提供有力支撑,只有通过减贫提升贫困地区的经济发展水平,才能为生态保护和修复提供更多的支持。另一方面,减贫一旦违背自然规律,必将承受相应的代价,致使生态被破坏、发展基础更加薄弱。据统计,新时期中国贫困人口有95%分布在生态脆弱区,贫困问题与生态脆弱问题具有高度的地理耦合性。因此,在减贫行动中,要注重生态保护,实现减贫发展与生态平衡的有机统一。具体而言,一是减贫目标需要与生态恢复和生态保护目标相协调。“绿水青山就是金山银山”,在减贫过程中,致力于生态环境的保护和恢复,是实现减贫目标的关键。二是走生态友好型的“绿色减贫”之路,避免在减贫行动中过度使用资源、浪费资源导致资源枯竭或者破坏现有生态环境,保证减贫事业的可持续发展,缓解生态不平衡的问题。三是将生态约束作为选择减贫方式的重要考量因素,根据贫困地区的生态环境,选择适合贫困地区实际情况的发展方式。

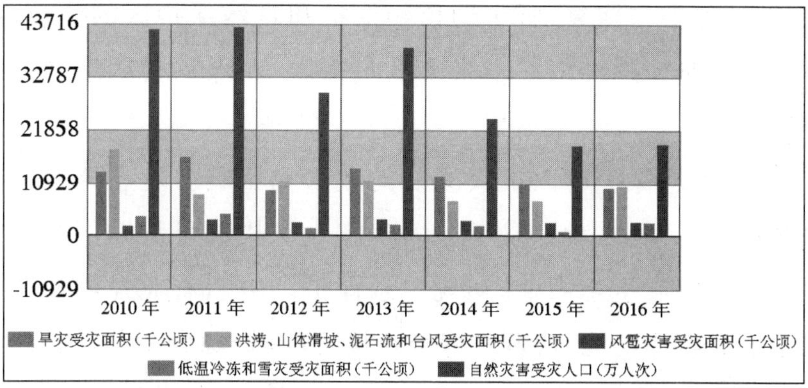

图4—16　2010—2016年中国自然灾害受灾面积及人口数量变化情况

如图4—16所示，2010—2016年，中国自然灾害受灾面积和受灾人数趋于下降，这说明中国在应对自然灾害时具有较强的修复能力，在环境救助方面取得了较好的成绩。生态保护能够减低自然灾害的发生率。减少对生态环境的破坏，是保护自然、保护人民群众的重要手段，所以，必须坚持“绿水青山就是金山银山”的生态扶贫思想，充分认识到贫困地区和贫困人口在保护和发展生态环境方面的重要作用，通过财政转移支付和绿色生态产业开发，让贫困地区和贫困人口从保护生态环境中受益，进而脱贫致富并实现可持续发展。

2.生态保护提高减贫效率

生态保护问题是人类可持续发展的重要议题，生态保护为减贫事业提供了可持续发展的方向。其一，坚持生态保护原则可以预防和减少减贫过程中的生态破坏问题。生态扶贫旨在通过运用退耕还林、治理沙漠化等生态保护的方式和手段，改善或修复贫困地区的生态环境。中国是世界上生态环境较为脆弱的国家之一，生态脆弱区面积大、分布广，环境退化较为严重。实现生态保护与扶贫开发的融合协调是生态扶贫的基本要求。为构筑生态战略安全格局，确保生态资源的持续利用，在坚持生态保护原则的前提下，中国实施了大规模的生态建设重点工程，政府实施生态补偿机制的试点，通过天然林保护、湿地保护与恢复、野生动植物保护和自然保护区的建设,缓解了环境变化对当地经济社会带来的负面影响,谋求贫困地区的可持续发展。

其二,生态保护可以扩大减贫的效果和影响。生态扶贫既是一种扶贫理念,又是一种扶贫手段。实施生态扶贫可从以下几个方面着手:首先,发展生态农业,实现生态保护。生态农业强调发挥农业生态系统的整体功能,协调发展与环境之间、资源利用与保护之间的矛盾,形成生态上、经济上两个良性循环。其次,开发生态工业,确保生态扶贫的现代化,实现生态保护。生态工业是一种新的生产方式,适合在生态环境恶劣、生态资源不足的区域开展。生态工业能够在保护生态的前提下,改善生态环境,合理开发生态资源,提高生态资源的利用率。第三,重视生态旅游业,调动生态贫困地区内生动力。生态旅游与生态保护具有促进生态脆弱地区经济和社会发展的双重功能,既改善了环境又提升了贫困人口的能力。

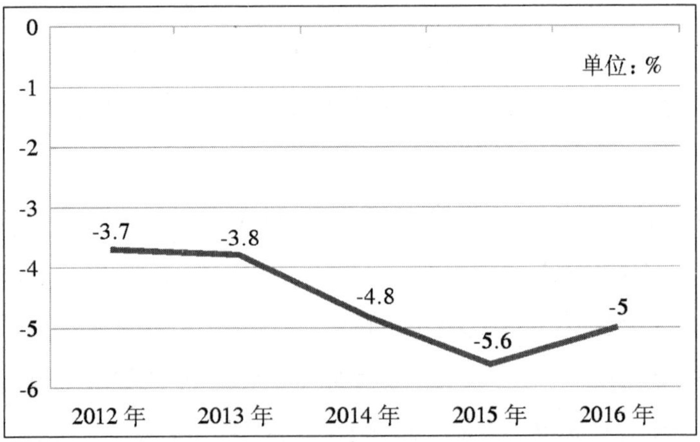

图4—17 2012年以来中国万元国内生产总值能耗下降率变化情况

如图4—17所示,2012年以来,中国节能减排效果非常显著,2016年,中国单位内国内生产总值能耗和用水量分别比2012年下降

17%和25.4%。[1] 中国在治理污染物排放事业中取得了重大的突破,这为实现生态保护提供了支撑,同时生态保护又缓解了生态贫困问题,加快了减贫与发展的步伐。

新时期,在精准脱贫战略背景下,做好生态保护工作势在必行。实施生态保护与扶贫开发相结合,必须做好以下几个方面的工作:首先,在减贫规划层面,继续优化培育贫困地区的生态产业。进一步依托生态建设项目,调整贫困地区产业结构,实现生态建设与生态产品供给、生态产业培育共同发展的目标,做到生态建设与贫困人口减贫相结合;打造生态脆弱地区绿色产业基地,构建绿色产业发展合作社,激发贫困人口的生产积极性,提高绿色农业产品的抗风险能力;积极吸纳龙头企业入驻生态脆弱地区,改善生态脆弱地区的环境;通过社会帮扶增加生态扶贫的效应,实现生态保护的目标;构建贫困地区的生态产业体系,实现发展与环保的良性互动。其次,继续完善扶贫管理的相关制度,加大对扶贫项目的环境评估,做到实时监控,确保扶贫项目的可行性和有效性,避免各种高能耗、高污染项目进入生态脆弱地区。第三,加强对减贫行动主体的理论教育和技能培训,提高基层工作人员和贫困人口对生态减贫政策的理解,提升贫困人口生态扶贫的能力。

---

① 资料来源:国家统计局网站。

第五章　中国减贫的目标设置

中共中央、国务院于2015年发布了《中共中央、国务院关于打赢脱贫攻坚战的决定》，对新时期减贫的总体目标进行了纲领性的阐述："到2020年，稳定实现农村贫困人口不愁吃、不愁穿，义务教育、基本医疗和住房安全有保障。实现贫困地区农民人均可支配收入增长幅度高于全国平均水平，基本公共服务主要领域指标接近全国平均水平。确保我国现行标准下农村贫困人口实现脱贫，贫困县全部摘帽，解决区域性整体贫困。"这一目标是基于中国减贫事业的现状和发展趋势，以及社会经济发展的局势而确立的，是在全面建成小康社会的大格局之下确立的。

本章将从减贫目标的确定、减贫目标的构成、实现减贫目标的条件以及减贫目标的实施机制四个部分，对中国减贫目标进行集中阐述。

一、中国减贫目标的确定

设置合理的目标是减贫工作开展的基础，合理的目标具有切合现实情况、符合发展规律、明确具体同时又具有可操作性等特点。本节从原则和依据两个方面，对改革开放以来中国减贫工作目标的确定进行阐述。

表 5—1　改革开放以来中国贫困地区的形势、区域分布与减贫目标

时间段	形势	区域	目标
改革开放初期	普遍性贫困向区域性贫困转变	国家贫困县、革命老区、少数民族地区	解决贫困人口绝对贫困问题
“八七”攻坚时期	贫困人口大幅缩减，贫困区域进一步集中	中西部自然条件恶劣的“老、少、边、穷”地区	基本解决农村 8000 万贫困人口温饱问题
21 世纪初期	温饱问题基本解决，“八七”战略基本实现	集中连片特困地区	解决和巩固温饱，为建设农村小康社会创造条件
全面建成小康社会时期	扶贫开发已进入“啃硬骨头、攻坚拔寨”的冲刺阶段	建档立卡的贫困农户所属地区	消除贫困、全面建成小康社会

（一）确定减贫目标的原则

1. 以人民利益为中心

中国共产党成立以来，不管是在艰苦的革命时期，还是在持续奋斗的建设和改革时期，始终坚持以人民的利益为中心，始终代表最广大人民的根本利益。全面建成小康社会，推动经济社会持续健康发展是中国面临的主要任务，也是中国共产党和中国政府以人民利益为中心的具体体现。

中国共产党的宗旨是全心全意为人民服务，中国政府坚持以人民利益为中心。改革开放以来，在经济不断发展的同时，如何体现公平公正，使全体人民都能分享到发展成果，是新历史阶段必须要考虑的问题。消除贫困、实现共同富裕，是社会主义制度的本质要求。将发展成果真正赋予人民，提升人民群众的实际生活水平，让人民尤其是弱势群体和困难群众能够分享发展果实、能够从发展中享受到真正的实惠，体现了中国共产党和中国政府对人民利益的高度重视，体现了中国共产党和中国政府注重公平、竭力提高人民实际生活水平、保证全体国民共享发展成果的执政理念。

2.以科学发展为导向

贫困问题的本质是发展的匮乏,减贫就是提升贫困人群的发展能力,促进贫困地区经济社会的全面协调和可持续发展。因此,要在发展视域下研究和解决贫困问题。

经济中心主义只计算收益,而对发展的代价视而不见。[①] 面对这种现实状况,结合中国社会经济发展的具体实践,中国共产党提出了科学发展观。科学发展观是以人为本的发展观,强调将经济社会的发展与人的成长结合起来,让经济社会的发展服务于人的全面发展。科学发展观是全面的发展观,主张经济、社会、文化、生态的全面发展,注重发展的均衡性。科学发展观突出协调发展的格局,注重发展成果的均衡共享,致力于缩小贫富差距,推动共同富裕。科学发展观强调发展的持续性和持久性、发展与生态环境的共存共生。

作为中国经济社会发展的指导性理论,科学发展观要求以科学的发展路径解决贫困问题。中国新阶段的减贫目标即是在科学发展观的指导下,根据中国经济社会发展的特点制定的,既能够科学合理地解决当前减贫发展中存在的问题,又符合未来中国乃至世界经济社会发展的规律。

3.以深化改革为动力

《中共中央关于制定国民经济和社会发展第十三个五年规划的建议》指出,改革是发展的强大动力,必须按照完善和发展中国特色社会主义制度、推进国家治理体系和治理能力现代化的总目标,健全使市场在资源配置中起决定性作用和更好发挥政府作用的制度体系,以经济体制改革为重点,加快完善各方面体制机制,破除一切不利于科学发展的体制机制障碍,为发展提供持续动力。深化改革是

---

① 向德平、黄承伟主编:《中国反贫困发展报告(2012)》,华中科技大学出版社 2013 年版,第 35 页。

当前中国经济社会持续健康发展的必要条件，也是减贫工作的必然要求。

从总体上看，中国仍处于并将长期处于社会主义初级阶段，经济社会发展有巨大的上升空间，但区域发展不平衡的问题比较突出，贫困问题仍是中国经济社会发展中最突出的"短板"，现有贫困人口贫困程度深、减贫成本更高、脱贫难度更大，依靠以往的常规举措难以有效摆脱贫困。只有加大改革力度，大胆创新，才能走出一条具有中国特色的减贫发展之路。

综上所述，中国减贫目标的确立，要以人民利益为中心，以科学发展为导向，以深化改革为动力，切实提高贫困人群的实际生活福祉和发展能力，切实着力于经济社会发展成果的共享。

（二）确定减贫目标的依据

1. 立足贫困的特点

中国减贫目标的确立，立足于贫困分布的区域特点以及贫困要素的特点（见表5—2）。

表5—2 改革开放以来中国贫困的特点及减贫目标

时间段	贫困区域的特点	贫困要素的特点	目标
改革开放初期	全中国的整体性贫困	经济、物质贫困	解决绝对贫困问题
"八七"攻坚时期	中西部自然条件恶劣的山区，"老、少、边、穷"地区边缘性贫困	生态环境致贫、文化贫困、物质贫困	瞄准区域、重点解决特困地区贫困问题
21世纪初期	连片特困地区的集中性贫困	经济、教育等贫困	提高教育水平、支持产业发展
全面建成小康社会时期	建档立卡的贫困农户所属地区的分散性贫困	智力、能力等贫困	扶智、扶志、加大社会保障力度

第一，贫困分布的区域特点。新中国成立至改革开放初期，中国处于整体性贫困状态，人民的生活水平普遍较低，特别是农村地区，

基本温饱问题都无法解决。20世纪80年代中期之前,经济增长带来的减贫效果较为显著,但是,20世纪80年代中期以后,经济增长在消除贫困方面的作用开始减弱。同时,贫困的分布发生变化,由整体性贫困向区域性贫困转变,贫困问题集中在“老、少、边、穷”地区,这些地区贫困范围广,贫困程度深。21世纪初期,中国的贫困呈现出集中连片的特点,14个集中连片特困区域的集中性贫困问题是困扰中国经济、社会发展的重大问题。为了解决区域贫困的问题,中国开始实施重点发展种养业,推进农业产业化经营,增加财政资金投入,改善贫困地区生产,加大科技文化投入等减贫手段。全面建成小康社会阶段,中国的贫困区域相对呈现分散化特点,减贫的对象是建档立卡的贫困个体,这些贫困者分布比较分散,且多是老、弱、病、残者。截至2015年底,中国有5630万农村建档立卡贫困人口,主要分布在832个国家扶贫开发工作重点县、集中连片特困地区县和12.8万个建档立卡贫困村,多数西部省份的贫困发生率在10%以上,民族八省区贫困发生率达12.1%。[①]

第二,贫困要素的特点。改革开放初期,经济、物质方面的贫困是中国主要的贫困要素。家庭联产承包责任制使农民获得土地经营权,解决了农业生产激励不足的问题,如何通过改革激发农民生产活力,释放更多能力来缓解贫困成为这一阶段的主要目标。“八七”攻坚阶段,中国的贫困区域与生态脆弱区域高度叠加,生态脆弱性成为这一时期的主要贫困要素之一。如滇桂黔石漠化片区,常会发生山洪、滑坡、泥石流等自然灾害,石漠化与水土流失形成恶性循环,成为制约当地人民生活和生产发展的最大原因。贫困与生态脆弱的高度叠加形成了恶性循环,生态脆弱造成的基础设施难以建设和维护、农

① 国务院:《“十三五”脱贫攻坚规划》。来源:2016年11月23日国务院扶贫开发领导小组办公室网站。

作物产量低下且不稳定以及产业难以发展等，直接导致了这些地区的贫困，而贫困又使得这些区域没有充足的资源来进行生态保护和涵养，粗放式、损耗式的发展模式又会加剧生态环境的恶化。同时，贫困地区教育资源缺乏、教育环境落后、教育质量低下、教育水平不高、受教育人群较少，贫困人口文化水平普遍低下。因此，加强生态环境保护，提高贫困人口的受教育水平，成为这一阶段重要的减贫目标。新时期，针对脆弱的生态环境以及贫困人口在教育、能力等方面的特点，党的十八大确立了中国特色社会主义的总体布局，即经济建设、政治建设、文化建设、社会建设和生态文明建设"五位一体"，生态文明建设、文化建设等得到重视，生态涵养和建设被纳入区域经济社会发展的总体规划中。

进入中国特色社会主义建设新时期，中国将减贫目标定位为"两不愁三保障"，确保到2020年稳定实现农村贫困人口不愁吃、不愁穿，义务教育、基本医疗和住房安全有保障。将教育、医疗和住房纳入减贫目标中，在解决贫困人口当前面临的问题的同时，也为其今后的发展解决了后顾之忧，有效地提升了贫困人口的自我发展能力。

总而言之，中国的贫困特点要求减贫主体在制定减贫目标时，必须将减贫与区域经济、社会、生态的全面发展统筹考虑，以区域发展带动贫困人口脱贫，以解决贫困人口实际问题、全面提升贫困人口能力、提高贫困人口生活水平为减贫目标。

2.依循政策的演变

中国共产党和中国政府向来重视解决贫困问题。农村体制改革之初，中国政府的减贫事业主要依靠体制改革来推动，这一阶段建立了以家庭联产承包责任制为基础的双层经营体制，放开农产品价格和市场，在财政体制改革和农村改革的强力推动之下，乡镇企业迅速发展，农村的整体生活水平得到提升，贫困状况得以缓解。20世纪80年代中期，中国政府组建了专门的扶贫开发工作机构，强化国家主导的有组织、有计划、大规模的开发式扶贫。新时期，中国政府实施精准扶贫精准脱贫方略，动员全社会力量，确保打赢脱贫攻坚战。经过长期努力，中国的贫困人口数量大幅降低，贫困地区的基础设施建设、社会事业发展水平等得到大幅提升，中国减贫事业取得的成绩得到了世界的普遍关注和认可。

在40年的减贫实践中，中国政府根据经济社会发展的特点确定减贫目标，调整减贫政策。改革开放初期，减贫政策的目标旨在解决中国绝对贫困问题，缓解整体性贫困；"八七"攻坚时期，减贫政策的目标意在解决中国8000多万农村贫困人口的温饱问题；进入21世纪，中国开始了全面的、综合性的减贫探索，确立了"全面建成小康社会，不让一个人掉队"的减贫目标（见表5—3）。

表5—3　改革开放以来中国扶贫政策的演变及减贫目标

时间段	扶贫政策演变	政策文件或内容	目标
改革开放初期	确立专项扶贫政策，开始向制度化扶贫转向	家庭联产承包责任制、《中共中央、国务院关于帮助贫困地区尽快改变面貌的通知》	解决绝对贫困问题，缓解整体性贫困
"八七"攻坚时期	开始向开发式扶贫转向	瞄准型区域扶贫，《国家八七扶贫攻坚计划（1994—2000年）》	解决8000万贫困群体温饱问题
21世纪初期	区域开发，扶贫向全面开发扶贫转向	《中国农村扶贫开发纲要（2001—2010年）》，政府主导、社会参与	解决和巩固温饱，建设农村小康社会
全面建成小康社会时期	综合性开发、精准扶贫	《中国农村扶贫开发纲要（2011—2020年）》，"六个精准""五个一批"	2020年现行贫困线标准下贫困人口全部脱贫

3. 回应发展的需要

改革开放初期，中国政府确定满足贫困群体的物质文化需求的减贫目标。"八七"攻坚时期，针对区域发展失衡问题，中国政府确定了促进区域均衡发展和满足贫困群体物质文化发展需求的减贫目标。进入21世纪，中国的发展目标转变为经济、社会、文化的全面、充分且平衡的发展，中国减贫的目标相应地由消除绝对贫困向全面建成小康社会转变(见表5—4)。

表5—4　改革开放以来中国社会与个体的发展需要及减贫目标

时间段	发展需要		目标
	社会	个体	
改革开放初期	经济、社会、文化全面发展需要	物质文化需要	解决绝对贫困问题，缓解整体性贫困
“八七”攻坚时期	区域间均衡发展的需要	物质文化需要	解决8000万贫困群体温饱问题
21世纪初期	经济、社会、文化等全面发展的需要	物质文化需要	解决和巩固温饱，建设农村小康社会
全面建成小康社会时期	经济、社会、文化等充分、平衡发展的需要	美好生活需要	2020年现行贫困线标准下贫困人口全部脱贫

习近平在党的十九大报告中指出，中国特色社会主义进入了新时代，这是基于对中国发展经验的总结和对未来的展望而作出的新的历史定位。中国社会的主要矛盾已经转化为人民日益增长的美好生活需要和不平衡不充分的发展之间的矛盾。新时期减贫工作目标的确立，也必须立足于这一基本判断。

中国新时期减贫目标的确定，立足于中国现阶段贫困状况的实际特点，致力于满足贫困地区和贫困人口的发展需要，促进共同富裕，全面实现社会主义现代化。

二、中国减贫目标的构成

减贫目标需要瞄准贫困人群的具体需求，切实提高贫困地区人民的生活福祉，增强贫困地区的发展动力，达到区域经济社会发展水平的整体提升。减贫目标是减贫行动的指引，是减贫实践的基础。本节从中国减贫的总体要求、目标设置和具体任务三个方面对中国减贫目标进行阐述。

(一)中国减贫的总体要求

1.减贫形势概述

1978年党的十一届三中全会召开,中国进入改革开放的新时期,扶贫开发工作被提上日程。1982年至1986年,中央5个"一号文件"都提出,中国的扶贫政策以集中连片贫困地区"面"上整体脱贫为主,通过以"面"带"点"的方式,使中国集中连片贫困地区的贫困人口解决基本温饱问题,摆脱贫困状态。2004—2013年,中国政府推进"面""点"结合的多维减贫政策。中国政府不仅关注贫困地区"面"的脱贫工作,还重视贫困地区"点"到村、到户的脱贫工作,实现"面""点"结合、协同推进。精准扶贫阶段,中国减贫政策主要表现出以"点"为主的特点,实施对贫困户建档立卡,精准识别贫困人口,因人因地施策,分类扶持贫困家庭,做到真扶贫、扶真贫。

改革开放以来,在全党全社会的共同努力下,中国成功解决了几亿贫困人口的温饱问题,成为世界上减贫人口最多的国家,探索和积累了许多宝贵经验。党的十八大以来,以习近平同志为核心的党中央把扶贫开发摆到治国理政的重要位置,提升到事关全面建成小康社会、实现第一个百年奋斗目标的新高度,纳入"五位一体"总体布局和"四个全面"战略布局进行决策部署,加大减贫投入,创新减贫方式,出台了系列重大政策措施,扶贫开发取得了巨大成就。2011年至2015年,现行标准下农村贫困人口减少1亿多人,贫困发生率降低11.5个百分点,贫困地区农民收入大幅提升,贫困人口生产生活条件明显改善,上学难、就医难、行路难、饮水不安全等问题逐步缓解,基本公共服务水平与全国平均水平差距趋于缩小,为打赢脱贫攻坚战创造了有利条件。

党的十九大报告对新时代社会主义现代化建设提出了"三步走"的战略目标:从现在到2020年是全面建成小康社会决胜期,在这一历史阶段，要按照全面建成小康社会的各项要求，紧扣中国社会主要矛盾变化，统筹推进“五位一体”的战略布局，坚决打好防范化解重大风险、精准脱贫、污染防治三大攻坚战，使全面建成小康社会得到人民认可、经得起历史检验；从 2020 年到 2035 年，在全面建成小康社会的基础上，基本实现社会主义现代化，人民生活更为宽裕，城乡区域发展差距和居民生活水平差距显著缩小，基本公共服务均等化基本实现，全体人民共同富裕迈出坚实步伐；从 2035 年到本世纪中叶，把中国建成富强民主文明和谐美丽的社会主义现代化强国，实现国家治理体系和治理能力现代化，全体人民共同富裕基本实现，中国人民将享有更加幸福安康的生活。

打赢脱贫攻坚战，确保到 2020 年现行标准下农村贫困人口实现脱贫，是促进全体人民共享改革发展成果、实现共同富裕的重大举措，是促进区域协调发展、跨越“中等收入陷阱”的重要途径，是促进民族团结、边疆稳固的重要保证，是全面建成小康社会的重要内容，事关人民福祉，事关党的执政基础和国家长治久安，使命光荣、责任重大。

2.减贫的指导思想

《国家八七扶贫攻坚计划（1994—2000 年）》提出用 7 年时间解决当时全国农村 8000 万贫困人口的温饱问题。自此，中国在全国范围内展开有组织、有计划、大规模的扶贫攻坚工作。该《计划》提出要继续坚持开发式扶贫的方针，鼓励贫困地区广大干部、群众发扬自力更生、艰苦奋斗的精神，在国家的扶持下，以市场需求为导向，依靠科技进步，开发利用当地资源，发展商品经济，解决温饱问题进而脱贫致富。

《中国农村扶贫开发纲要（2001—2010 年）》明确提出，缓解和消除贫困是社会主义的本质要求，是中国共产党和中国政府义不容辞的责任，扶贫开发是建设有中国特色社会主义伟大事业的一项历史任务。基本解决农村贫困人口的温饱问题只是完成这项历史任务的阶段性胜利。要充分认识扶贫开发的长期性、复杂性,继续把扶贫开发放在国民经济和社会发展的重要位置,为贫困地区脱贫致富作出不懈努力。

《中国农村扶贫开发纲要(2011－2020 年)》明确了扶贫工作的指导思想:高举中国特色社会主义伟大旗帜,以邓小平理论和"三个代表"重要思想为指导,深入贯彻落实科学发展观,提高扶贫标准,加大投入力度,把连片特困地区作为主战场,把稳定解决扶贫对象温饱、尽快实现脱贫致富作为首要任务,坚持政府主导,坚持统筹发展,更加注重转变经济发展方式,更加注重增强扶贫对象自我发展能力,更加注重基本公共服务均等化,更加注重解决制约发展的突出问题,努力推动贫困地区经济社会更好更快发展。

《"十三五"脱贫攻坚规划》指出,新时期减贫工作的指导思想是:全面贯彻党的十八大和十八届三中、四中、五中、六中全会以及中央扶贫开发工作会议精神,深入贯彻习近平总书记系列重要讲话精神和治国理政新理念新思想新战略,统筹推进"五位一体"总体布局和协调推进"四个全面"战略布局,牢固树立和贯彻落实创新、协调、绿色、开放、共享的发展理念,按照党中央、国务院决策部署,坚持精准扶贫、精准脱贫基本方略,坚持精准帮扶与区域整体开发有机结合,以革命老区、民族地区、边疆地区和集中连片特困地区为重点,以社会主义政治制度为根本保障,不断创新体制机制,充分发挥政府、市场和社会协同作用,充分调动贫困地区干部群众的内生动力,大力推进实施一批脱贫攻坚工程,加快破解贫困地区区域发展瓶颈制约,不断增强贫困地区和贫困人口自我发展能力,确保与全国同步进入全面小康社会。

3.减贫的基本原则

中国扶贫开发的基本原则是坚持政府主导；坚持自力更生，激发群众的内生动力；坚持科学扶贫。在不同的发展阶段，减贫的原则各有差异。

《中国农村扶贫开发纲要（2001—2010 年）》提出：坚持开发式扶贫；坚持综合开发、全面发展；坚持可持续发展；坚持自力更生、艰苦奋斗；坚持政府主导、全社会共同参与。《中国农村扶贫开发纲要（2011—2020 年）》对这一历史阶段扶贫开发工作的基本原则进行了阐述：政府主导，分级负责；突出重点，分类指导；部门协作，合力推进；自力更生，艰苦奋斗；社会帮扶，共同致富；统筹兼顾，科学发展；改革创新，扩大开放。《中共中央、国务院关于打赢脱贫攻坚战的决定》进一步厘定了下阶段减贫工作的原则：坚持党的领导，夯实组织基础；坚持政府主导，增强社会合力；坚持精准扶贫，提高扶贫成效；坚持保护生态，实现绿色发展；坚持群众主体，激发内生动力；坚持因地制宜，创新体制机制。《"十三五"脱贫攻坚规划》对新时期减贫工作的原则进行了具体阐述：坚持精准扶贫、精准脱贫；坚持全面落实主体责任；坚持统筹推进改革创新；坚持绿色协调可持续发展；坚持激发贫困群众内生动力活力。

（二）中国减贫的目标设置

中国减贫目标包括了总体目标和具体目标，在不同的减贫阶段，根据具体的贫困状况，设置了不同的目标。

1.减贫的总体目标

1978—1985 年，中国政府集中力量解决贫困问题，提出了解决绝对贫困问题、缓解整体性贫困的总体目标。随着经济的发展，贫困人数大幅度下降，中国政府制定了《国家八七扶贫攻坚计划（1994—2000 年）》，明确提出进一步解决农村贫困问题，缩小东西部差距，实现共同富裕的目标。到2000年底，这一减贫目标基本实现，中国扶贫开发解决了两亿多农村贫困人口的温饱问题。进入21世纪，中国政府分别颁布、实施了《中国农村扶贫开发纲要（2001－2010年）》《中国农村扶贫开发纲要（2011－2020年）》《“十三五”脱贫攻坚规划》等扶贫开发政策。《中国农村扶贫开发纲要（2001－2010年）》提出，尽快解决少数贫困人口的温饱问题，进一步改善贫困地区的基本生产生活条件，巩固温饱成果，提高贫困人口的生活质量和综合素质，加强贫困乡村的基础设施建设，改善生态环境，逐步改变贫困地区经济、社会、文化的落后状况，为达到小康水平创造条件的总体目标。《中国农村扶贫开发纲要（2011－2020年）》指出，中国扶贫开发已经从以解决温饱为主要任务的阶段转入巩固温饱成果、加快脱贫致富、改善生态环境、提高发展能力、缩小发展差距的新阶段。首次提出了全国人民共同实现小康社会的总体目标。《“十三五”脱贫攻坚规划》明确提出，确保中国现行标准下农村贫困人口实现脱贫，贫困县全部摘帽，解决区域性整体贫困。

2.减贫的具体目标

1984年9月，《中共中央、国务院关于帮助贫困地区尽快改变面貌的通知》要求充分调查论证贫困地区的贫困问题，综合研究贫困地区的贫困特征，确定具体的扶贫办法和对策，严格落实帮扶措施，集中力量解决贫困问题。《中国农村扶贫开发纲要（2001－2010年）》《中国农村扶贫开发纲要（2010－2020年）》明确提出了各阶段扶贫开发的具体目标。《国家八七扶贫攻坚计划（1994－2000年）》提出，要在20世纪末解决中国贫困地区贫困群体的温饱问题，加大对贫困地区的基础设施建设，改变贫困地区教育文化卫生等落后状况。进入21世纪，中国减贫的具体目标体现在改善贫困地区的基本生产生活条件、巩固温饱、提高贫困人口生活质量和综合素质，实现贫困人口“两不愁、三保障”等方面。新时期减贫工作可以分为三个主要维度的具体目标:第一,现行标准下农村建档立卡贫困人口实现脱贫。贫困户有稳定收入来源,人均可支配收入稳定超过国家扶贫标准,实现"两不愁、三保障"。第二,建档立卡贫困村有序摘帽。村内基础设施、基本公共服务设施和人居环境明显改善,基本农田和农田水利等设施水平明显提高,特色产业基本形成,集体经济有一定规模,社区管理能力不断增强。第三,贫困县全部摘帽。县域内基础设施明显改善,基本公共服务能力和水平进一步提升,全面解决出行难、上学难、就医难等问题,社会保障实现全覆盖,县域经济发展壮大,生态环境有效改善,可持续发展能力不断增强。

(三)中国减贫的具体任务

中国减贫的任务与目标密不可分,减贫的任务是围绕着减贫目标展开的。在不同的减贫阶段,任务都有所不同(见表 5—5)。

《国家八七扶贫攻坚计划(1994—2000 年)》要求政府各部门分别制订实施方案,充分发挥自身优势,加大对贫困地区的资金、物资、技术等方面的支持力度,积极动员社会力量参与减贫工作,着力加大国际合作。《中国农村扶贫开发纲要(2001—2010 年)》为 21 世纪的减贫工作提出了工作任务,即要继续把种植养殖业作为减贫的重点内容;积极推进农业产业化经营;进一步改善贫困地区基本生产生活条件;加大科技扶贫力度,稳步推进移民搬迁;鼓励多种所有制经济组织参与。《中国农村扶贫开发纲要(2011—2020 年)》明确提出了这一阶段减贫的主要任务,涵盖基本农田和农田水利、特色优势产业、饮水安全、生产生活用电、交通、农村危房改造、教育、医疗卫生、公共文化、社会保障、人口和计划生育、林业和生态等十二个方面。《"十三五"脱贫攻坚规划》对减贫的具体任务进行了更加细致的布置,主要有产业发展脱贫、转移就业脱贫、易地搬迁脱贫、教育扶贫、健康扶贫、生态保护扶贫、兜底保障、社会扶贫、提升贫困地区区域发展能力。

表 5—5　改革开放以来中国扶贫开发的任务

时间	扶贫政策	具体任务	总体任务
1978—1985 年	《中共中央、国务院关于帮助贫困地区尽快改变面貌的通知》	/	解决绝对贫困问题,缓解整体性贫困
1986—2000 年	《国家八七扶贫攻坚计划(1994—2000 年)》	政府各有关部门分别制订实施方案,充分发挥优势,加大对贫困地区的资金、物质、技术倾斜;动员社会力量参与扶贫;加大国际合作	扶持贫困地区尽快改变贫穷落后的面貌;建立社会主义市场经济体制,为贫困地区发展带来更多机遇和前景
2001 年至今	《中国农村扶贫开发纲要(2001—2010 年)》	继续把种养业作为重点;积极推进农业产业化经营;进一步改善贫困地区基本生产生活条件;加大科技扶贫力度;稳步推进移民搬迁;鼓励多种所有制经济组织参与	集中力量实施贫困地区脱贫致富策略,推动中国扶贫开发进入新阶段
	《中国农村扶贫开发纲要(2011—2020 年)》	基本农田、水利建设;特色优势产业建设;人畜饮水、生产生活用电建设;科教文卫建设;社会保障与计划生育建设	扭转发展差距,防止差距扩大趋势
	《"十三五"脱贫攻坚规划》	产业发展脱贫、转移就业脱贫、易地搬迁脱贫、教育扶贫、健康扶贫、生态保护扶贫、兜底保障、社会扶贫、提升贫困地区区域发展能力	激发多元主体扶贫;实施多样化扶贫措施

三、实现减贫目标的条件

实现减贫目标,需要有一定的条件支撑。从政治层面来看,坚持中国共产党的领导、确保政府在减贫行动中的主导地位,是实现减贫目标的前提。从经济层面来看,促进农业产业发展,是实现减贫目标的关键。从社会层面来看,激发社会力量参与减贫发展事业,是实现减贫目标的基础。改革开放以来，中国共产党和中国政府充分发挥社会主义政治优势和制度优势，坚持政府主导与市场、社会协同相结合，坚持救济式扶贫与开发式扶贫相结合，坚持经济发展与生态保护相结合，顺利实现各历史阶段的减贫目标。进入21世纪，中国进入精准扶贫精准脱贫阶段。为确保打赢脱贫攻坚战，实现新时期减贫目标，需强化下述保障条件：

（一）加强组织领导

《中共中央、国务院关于打赢脱贫攻坚战的决定》明确提出，坚持党的领导，夯实组织基础。充分发挥各级党委总揽全局、协调各方的领导核心作用，严格执行脱贫攻坚“一把手”负责制，省市县乡村五级书记一起抓。切实加强贫困地区农村基层党组织建设，使其成为带领群众脱贫致富的坚强战斗堡垒。各级党委和政府要进一步提高认识，强化扶贫开发领导小组综合协调职能，加强领导，统一部署，加大省县统筹、资源整合力度，扎实推进各项工作。《“十三五”脱贫攻坚规划》中明确指出，将脱贫攻坚作为重大政治任务，采取超常规举措，创新体制机制，加大扶持力度，打好政策组合拳，强化组织实施，为脱贫攻坚提供强有力的保障。在国务院扶贫开发领导小组统一领导下，扶贫开发任务重的省、市、县、乡各级党委和政府要把脱贫攻坚作为中心任务，层层签订脱贫攻坚责任书，层层落实责任制。重点抓好县级党委和政府脱贫攻坚领导能力建设，改进县级干部选拔任用机制，选好配强扶贫任务重的县党政班子。脱贫攻坚任务期内，县级领导班子保持相对稳定，贫困县党政正职领导干部实行不脱贫不调整、不摘帽不调离。加强基层组织建设，强化农村基层党组织的领导核心地位，充分发挥基层党组织在脱贫攻坚中的战斗堡垒作用和共产党员的先锋模范作用。加强对贫困群众的教育引导，强化贫困群众的主体责任和进取精神。大力倡导新风正气和积极健康的生活方式,逐步扭转落后习俗和不良生活方式。完善村级组织运转经费保障机制,健全党组织领导的村民自治机制,切实提高村委会在脱贫攻坚工作中的组织实施能力。加大驻村帮扶工作力度,提高县以上机关派出干部比例,精准选配第一书记,配齐配强驻村工作队,确保每个贫困村都有驻村工作队,每个贫困户都有帮扶责任人。

(二)完善政策保障

强化政策支持力度,加大减贫投入,解决贫困问题。

1. 财政政策

《中共中央、国务院关于打赢脱贫攻坚战的决定》指出:要加大财政扶贫投入力度。发挥政府投入在扶贫开发中的主体和主导作用,积极开辟扶贫开发新的资金渠道,确保政府扶贫投入力度与脱贫攻坚任务相适应。中央财政继续加大对贫困地区的转移支付力度,中央财政专项扶贫资金规模实现较大幅度增长,一般性转移支付资金、各类涉及民生的专项转移支付资金和中央预算内投资进一步向贫困地区和贫困人口倾斜。加大中央集中彩票公益金对扶贫的支持力度。农业综合开发、农村综合改革转移支付等涉农资金要明确一定比例用于贫困村。各部门安排的各项惠民政策、项目和工程,要最大限度地向贫困地区、贫困村、贫困人口倾斜。各省(自治区、直辖市)要根据本地脱贫攻坚需要,积极调整省级财政支出结构,切实加大扶贫资金投入。从 2016 年起通过扩大中央和地方财政支出规模,增加对贫困地区水电路气网等基础设施建设和提高基本公共服务水平的投入。建立健全脱贫攻坚多规划衔接、多部门协调长效机制,整合目标相近、方向类同的涉农资金。按照权责一致原则,支持连片特困地区县和国家扶贫开发工作重点县围绕本县突出问题,以扶贫规划为引领,以重点扶贫项目为平台,把专项扶贫资金、相关涉农资金和社会帮扶资金捆绑集中使用。严格落实国家在贫困地区安排的公益性建设项目取消县级和西部连片特困地区地市级配套资金的政策，并加大中央和省级财政投资补助比重。在扶贫开发中推广政府与社会资本合作、政府购买服务等模式。加强财政监督检查和审计、稽查等工作，建立扶贫资金违规使用责任追究制度。纪检监察机关对扶贫领域虚报冒领、截留私分、贪污挪用、挥霍浪费等违法违规问题，坚决从严惩处。推进扶贫开发领域反腐倡廉建设，集中整治和加强预防扶贫领域职务犯罪工作。贫困地区要建立扶贫公告公示制度，强化社会监督，保障资金在阳光下运行。

《“十三五”脱贫攻坚规划》指出：中央财政继续加大对贫困地区的转移支付力度，中央财政专项扶贫资金规模实现较大幅度增长，一般性转移支付资金、各类涉及民生的专项转移支付资金和中央预算内投资进一步向贫困地区和贫困人口倾斜。加大中央集中彩票公益金对扶贫的支持力度。农业综合开发、农村综合改革转移支付等涉农资金要明确一定比例用于贫困村。各部门安排的惠民政策、工程项目等，要最大限度地向贫困地区、贫困村、贫困人口倾斜。扩大中央和地方财政支出规模，增加基础设施和基本公共服务设施建设投入。各省（区、市）要积极调整省级财政支出结构，切实加大扶贫资金投入。加大贫困地区基础设施建设中央投资支持力度。严格落实国家在贫困地区安排的公益性建设项目取消县级和西部集中连片特困地区地市级配套资金的政策。省级政府统筹可支配财力，加大对贫困地区的投入力度。在扶贫开发中推广政府与社会资本合作、政府购买服务等模式。

2. 金融政策

《中共中央、国务院关于打赢脱贫攻坚战的决定》提出：要鼓励和引导商业性、政策性、开发性、合作性等各类金融机构加大对扶贫开发的金融支持。运用多种货币政策工具，向金融机构提供长期、低成本的资金，用于支持扶贫开发。设立扶贫再贷款，实行比支农再贷款更优惠的利率,重点支持贫困地区发展特色产业和贫困人口就业创业。运用适当的政策安排,动用财政贴息资金及部分金融机构的富余资金,对接政策性、开发性金融机构的资金需求,拓宽扶贫资金来源渠道。由国家开发银行和中国农业发展银行发行政策性金融债,按照微利或保本的原则发放长期贷款,中央财政给予90%的贷款贴息,专项用于易地扶贫搬迁。国家开发银行、中国农业发展银行分别设立“扶贫金融事业部”,依法享受税收优惠。中国农业银行、邮政储蓄银行、农村信用社等金融机构要延伸服务网络,创新金融产品,增加贫困地区信贷投放。对有稳定还款来源的扶贫项目,允许采用过桥贷款方式,撬动信贷资金投入。按照省(自治区、直辖市)负总责的要求,建立和完善省级扶贫开发投融资主体。支持农村信用社、村镇银行等金融机构为贫困户提供免抵押、免担保扶贫小额信贷,由财政按基础利率贴息。加大创业担保贷款、助学贷款、妇女小额贷款、康复扶贫贷款实施力度。优先支持在贫困地区设立村镇银行、小额贷款公司等机构。支持贫困地区培育发展农民资金互助组织,开展农民合作社信用合作试点。支持贫困地区设立扶贫贷款风险补偿基金。支持贫困地区设立政府出资的融资担保机构,重点开展扶贫担保业务。积极发展扶贫小额贷款保证保险,对贫困户保证保险保费予以补助。扩大农业保险覆盖面,通过中央财政以奖代补等支持贫困地区特色农产品保险发展。加强贫困地区金融服务基础设施建设,优化金融生态环境。支持贫困地区开展特色农产品价格保险,有条件的地方可给予一定的保费补贴。有效拓展贫困地区抵押物担保范围。

《“十三五”脱贫攻坚规划》明确提出:鼓励和引导各类金融机构加大对扶贫开发的金融支持。发挥多种货币政策工具正向激励作用,用好扶贫再贷款,引导金融机构扩大贫困地区涉农贷款投放,促进降低社会融资成本。鼓励银行业金融机构创新金融产品和服务方式，积极开展扶贫贴息贷款、扶贫小额信贷、创业担保贷款和助学贷款等业务。发挥好开发银行和农业发展银行扶贫金融事业部的功能和作用。继续深化农业银行三农金融事业部改革，稳定和优化大中型商业银行县域基层网点设置，推动邮政储蓄银行设立三农金融事业部，发挥好农村信用社、农村商业银行、农村合作银行的农村金融服务主力作用。建立健全融资风险分担和补偿机制，支持有条件的地方设立扶贫贷款风险补偿基金。鼓励有条件的地方设立扶贫开发产业投资基金，支持贫困地区符合条件的企业通过主板、创业板、全国中小企业股份转让系统、区域股权交易市场等进行股本融资。推动开展特色扶贫农业保险、小额人身保险等多种保险业务。

3. 土地政策

《"十三五"脱贫攻坚规划》提出：支持贫困地区根据第二次全国土地调查及最新年度变更调查成果，调整完善土地利用总体规划。新增建设用地计划指标优先保障扶贫开发用地需要，专项安排国家扶贫开发工作重点县年度新增建设用地计划指标。中央在安排高标准农田建设任务和分配中央补助资金时，继续向贫困地区倾斜，并积极指导地方支持贫困地区土地整治和高标准农田建设。加大城乡建设用地增减挂钩政策支持扶贫开发及易地扶贫搬迁力度，允许集中连片特困地区和其他国家扶贫开发工作重点县将增减挂钩节余指标在省域范围内流转使用。积极探索市场化运作模式，吸引社会资金参与土地整治和扶贫开发工作。在有条件的贫困地区，优先安排国土资源管理制度改革试点，支持开展历史遗留工矿废弃地复垦利用和城镇低效用地再开发试点。

4. 科技和人才政策

《中共中央、国务院关于打赢脱贫攻坚战的决定》指出：要加大科技扶贫力度，解决贫困地区特色产业发展和生态建设中的关键技术问题。加大技术创新引导专项（基金）对科技扶贫的支持，加快先进适用技术成果在贫困地区的转化。深入推行科技特派员制度,支持科技特派员开展创业式扶贫服务。强化贫困地区基层农技推广体系建设,加强新型职业农民培训。加大政策激励力度,鼓励各类人才扎根贫困地区基层建功立业,对表现优秀的人员在职称评聘等方面给予倾斜。大力实施边远贫困地区、边疆民族地区和革命老区人才支持计划,贫困地区本土人才培养计划。积极推进贫困村创业致富带头人培训工程。

《"十三五"脱贫攻坚规划》规定:要加大选派优秀年轻干部到贫困地区工作的力度,加大中央单位和中西部地区、民族地区、贫困地区之间干部交流任职的力度,有计划地选派后备干部到贫困县挂职任职。改进贫困地区基层公务员考录工作和有关人员职业资格考试工作。加大贫困地区干部教育培训力度。实施边疆民族地区和革命老区人才支持计划,在职务、职称晋升等方面采取倾斜政策。提高博士服务团和"西部之光"访问学者选派培养水平,深入组织开展院士专家咨询服务活动。完善和落实引导人才向基层和艰苦地区流动的激励政策。通过双向挂职锻炼、扶贫协作等方式,推动东、中、西部地区之间,经济发达地区与贫困地区之间事业单位人员交流,大力选派培养与西部等艰苦地区优势产业、保障和改善民生密切相关的专业技术人才。充实加强各级扶贫开发工作力量,扶贫任务重的乡镇要有专门干部负责扶贫开发工作。鼓励高校毕业生到贫困地区就业创业。

(三)营造整体氛围

在新时期,减贫作为一项重要的国家任务,需要得到大众的关注和重视,在全社会营造一种关注贫困、合力解决贫困的氛围。

1. 政府层面

首先,创新中国特色减贫理论体系。要在系统总结党和政府领导人民群众摆脱贫困的历史经验的基础上，提炼升华具有中国特色的减贫实践成果，完善和丰富有中国特色的减贫理论，为新时期的减贫工作提供强大的理论支持和思想动力。其次，扎实做好脱贫攻坚宣传工作，广泛宣传扶贫开发的政策、成绩、经验和减贫工作中的典型事迹，在全社会营造出关心减贫工作、参与减贫实践的良好氛围，向全世界展示中国减贫的成就。把减贫纳入基本国情教育范畴，作为各级领导干部和公务员教育培训的重要内容，同时在学校教育中加入减贫的内容，扩大全社会对减贫事业的认知度。再次，加强国际减贫领域的交流合作。要通过对外援助、项目合作、技术扩散、智库交流等多种形式，加强与发展中国家和国际机构在减贫领域的交流合作，讲好减贫的中国故事，传播好减贫的中国声音，阐述好减贫的中国理念，扩大中国减贫事业的国际影响力。

2.贫困人群层面

要通过加强贫困地区的乡风文明建设，变“等、靠、要”为主动发展主动脱贫，营造脱贫光荣的积极氛围。在全社会尤其是贫困地区广泛宣传社会主义核心价值观，大力弘扬中华民族自强不息的奋斗精神，提振贫困地区广大干部群众的精气神，坚定改变贫困落后面貌的信心和决心。要加大贫困地区的文化建设力度，推动文化投入向贫困地区倾斜，通过集中实施一批文化惠民扶贫项目，建立村级文化中心，丰富贫困地区的文化建设；支持贫困地区挖掘和开发利用当地的特色民间文化资源，激发贫困地区和贫困人口脱贫的动力。

3.社会层面

大扶贫格局的形成需要社会的广泛参与，要广泛动员社会力量，合力推进脱贫攻坚。在中国的贫困治理总体格局中，社会扶贫与专项扶贫、行业扶贫一起构成了独具中国特色的“大扶贫格局”，社会扶贫具体包括定点扶贫、东西协作扶贫、军队和武警部队扶贫、企业扶贫、国际扶贫和社会组织扶贫等内容。[①] 要建立社会扶贫的常态化机制。2013 年 12 月 18 日，中共中央办公厅、国务院办公厅印发的《关于创新机制扎实推进农村扶贫开发工作的意见》明确提出，要“构建政府、市场、社会协同推进的大扶贫开发格局”，社会扶贫成为与政府扶贫同等重要的扶贫开发方式。社会资源是减贫的重要力量，要凝聚社会合力，加强专业指导，动员社会力量积极主动地参与到减贫实践中去。

四、减贫目标的实施机制

要确保减贫目标的实现，必须建立完善的实施机制，加大监督力度和考核力度，确保减贫资源能够有效用于贫困地区和贫困人口脱贫，以提高减贫效率，提升减贫效果。

（一）减贫目标的具体分解

1986—2000 年，国务院扶贫开发领导小组统一组织中央各有关部门和各省、自治区、直辖市具体实施“八七”扶贫攻坚计划，建立分级负责、以省为主的省长负责制，要求贫困县以扶贫开发为中心任务。2001—2010 年，规定中央财政和省级财政把扶贫开发列入年度财政预算，并逐年增加；鼓励党政机关开展定点扶贫，做好沿海地区对边缘地区的对口帮扶工作。新时期，减贫工作实行中央统筹、省负总责、市县抓落实的工作机制，狠抓减贫任务的实际落实。2015 年 11 月 23 日，中共中央政治局审议通过《中共中央、国务院关于打赢脱贫攻坚战的决定》，首次以正式文件的形式要求各级党委政府就扶贫开发逐级立下军令状，中西部 22 个省级党委和政府向中央签订了责任书。

① 李培林、魏后凯主编：《扶贫蓝皮书：中国扶贫开发报告（2016）》，社会科学文献出版社 2016 年版，第208 页。

（二）减贫目标的落实机制

表 5—6　改革开放以来中国减贫目标与实施机制

时间	扶贫政策	总体目标	实施机制(部分)
1978—1985 年	《中共中央、国务院关于帮助贫困地区尽快改变面貌的通知》	解决绝对贫困问题，缓解整体性贫困	各级党委和政府高度重视；山区认真重视林牧业、加工业、采矿业等多种经营 纠正依赖思想，发展商品生产，增强本地区经济的内部活力 要国家扶持，但必须善于使用，纠正单纯救济观点；严禁扶贫资源挪作他用和平均使用
1986—2000 年	《国家八七扶贫攻坚计划(1994—2000 年)》	进一步解决农村贫困问题，缩小东西部差距，实现共同富裕目标	国务院扶贫开发领导小组统一组织中央各有关部门和各省、自治区、直辖市具体实施；建立分级负责、以省为主的省长负责制；贫困县以扶贫开发为中心任务 全面部署和督查计划执行；抓好扶贫资金、物资的合理分配，提高效率；组织调查研究等；集中力量完成规定任务、认真实施扶贫攻坚计划；配置好带领群众脱贫致富的班子 改革扶贫资金使用管理办法，建立约束和激励机制；建立综合考核指标，实行严格的贷款使用责任制；各级扶贫开发办公室加强项目管理和监督
2001 年至今	《中国农村扶贫开发纲要(2001—2010 年)》	逐步改变贫困地区经济、社会、文化的落后状况，为达到小康水平创造条件	中央财政和省级财政必须把扶贫开发列入年度财政预算，并逐年增加；中国农业银行逐年增加扶贫贷款总量；开展党政机关定点扶贫；做好对口帮扶工作 落实到贫困乡、村，重点用于改变基本生活条件和基础设施建设；贷款用于重点贫困地区，支持种养业等项目；继续实行扶贫工作党政“一把手”负总责 加强财政扶贫资金管理；加强扶贫资金审计工作、扶贫开发统计监测工作
	《中国农村扶贫开发纲要(2011—2020 年)》	全国人民共同实现全面小康	坚持中央统筹、省负总责、市县抓落实的管理体系 完善政策体系、逐年加大财税支持、实现投资倾斜、开展金融服务等 加强扶贫资金使用管理、加强扶贫研究和宣传工作、加强扶贫统计与贫困检测、加强法制化建设等
	《“十三五”脱贫攻坚规划》	全面建成小康社会	精准扶贫、精准脱贫；全面落实主体责任；统筹推进改革创新；坚持绿色协调可持续发展；激发群众内生动力

为落实减贫目标,中国政府全面部署和督查计划执行;抓好扶贫资金、物资的合理分配,提高减贫的效率;展开组织调查研究,加强减贫的理论支撑;集中力量完成规定任务,认真实施扶贫攻坚计划;配置好带领群众脱贫致富的班子。

(三)减贫目标的责任分配

中国政府建立中央统筹、省负总责、市县抓落实的减贫工作机制,构建责任清晰、各负其责、合力攻坚的责任体系。

一是中央统筹。党中央、国务院主要负责统筹制定脱贫攻坚大政方针,出台重大政策举措,完善体制机制,规划重大工程项目,协调全局性重大问题、全国性共性问题。二是省负总责。省级党委和政府对本地区脱贫攻坚工作负总责,并确保责任制层层落实;全面贯彻党中央、国务院关于脱贫攻坚的大政方针和决策部署,结合本地区实际制定政策措施,根据脱贫目标任务制定省级脱贫攻坚滚动规划和年度计划并组织实施。三是市县落实。市级党委和政府负责协调域内跨县扶贫项目,对项目实施、资金使用和管理、脱贫目标任务完成等工作进行督促、检查和监督。县级党委和政府应当坚持抓党建促脱贫攻坚,强化贫困村基层党组织建设,选优配强和稳定基层干部队伍。

让贫困人口和贫困地区同全国一道进入全面小康社会是中国共产党的庄严承诺,是社会主义现代化建设伟大事业的重要环节。扶贫开发是中国经济社会发展的重要内容,减贫目标的设定是扶贫开发工作顺利进行的前提条件。中国政府本着以人民利益为中心、以科学发展为导向、以深化改革为动力的原则,立足于经济社会发展的实际,回应贫困地区和贫困人群发展的实际需要,制定出符合中国国情的减贫目标,引领中国减贫的实践。

第六章　中国减贫的理念变革

在长期的减贫实践中，中国共产党和中国政府总结出了一系列有中国特色的减贫理念，逐步探索出了一条中国特色的减贫道路。

一、中国减贫理念的演进

中国政府一直非常重视减贫工作。正所谓“行动为基、理念先行”，减贫事业的有效性取决于减贫理念的合理性，中国减贫取得的巨大成就，离不开减贫理念的丰富完善和与时俱进。在中国减贫的历史进程中，历代党和国家领导人从实际出发，以时代国情为依托，提出了一系列有中国特色的减贫理念，逐步形成并丰富了中国减贫思想体系。

（一）新中国成立初期的减贫理念

新中国成立之初，面对经济社会发展极度落后的基本国情，以毛泽东为代表的党和国家领导人明确提出“让人民彻底摆脱贫困潦倒的穷日子”的减贫目标。1949 年 9 月在中国人民政治协商会议第一届全体会议上，毛泽东向世界宣告：“将领导全国人民克服一切困难，进行大规模的经济建设和文化建设，扫除旧中国所留下来的贫困和愚昧，逐步地改善人民的物质生活和提高人民的文化生活。”[①]

---

① 邸延生著：《历史的回眸：毛泽东与中国经济》，新华出版社 2010 年版，第 66 页。

为实现这一伟大目标,新中国领导人提出通过工业化和合作化实现减贫的战略构想,在通过社会主义改造和社会主义建设消除贫困方面做了有益的探索。1955 年,毛泽东在《关于农业合作化问题》的报告中指出:"在逐步地实现社会主义工业化和逐步地实现对于手工业、对于资本主义工商业的社会主义改造的同时,逐步地实现对于整个农业的社会主义改造,即实行合作化,在农村中消灭富农经济制度和个体经济制度,使全体农村人民共同富裕起来。"[①]毛泽东认为合作化不仅可以提高农业生产水平、缓解农村的贫困问题,还能促进农村财富的平均分配,防止贫富分化,能有效地帮助广大农民走上共同富裕的道路。

毛泽东提出的共同富裕思想,是新中国减贫最重要的理念。第一,这是新中国历史上第一次提出共同富裕的理念,为新中国的减贫实践指明了方向和奋斗目标。第二,指出了共同富裕理念的行动方针,即要实现共同富裕,必须走社会主义道路,必须进行以解放生产力为主要目的的社会主义革命。第三,指出了共同富裕理念的实践模式,认为要使中国摆脱贫困,需要进行农村土地改革,推动农业合作化,摸索出适合中国社会的扶贫实践模式。[②] 在共同富裕理念的指导下,中国开始了中国特色减贫道路的探索。

(二)改革开放初期的减贫理念

改革开放之初,中国绝大多数农村仍然处于贫困状态。到 1978 年,以年均纯收入 100 元的贫困标准,中国农村贫困人口数量高达 2.5 亿人,其比例占中国人口总数的 25.97%,农村贫困发生率达到 30.7%。中国的贫困人口数量占世界贫困人口总数的 1/4。在这样的

① 《毛泽东选集》第 5 卷,人民出版社 1977 年版,第 437 页。

② 文建龙:《中央领导集体对新中国扶贫理论的贡献述评》,《中共云南省委党校学报》2013 年第 5 期,第 57—60 页。

时代背景下，如何让广大农村地区发展生产、摆脱贫困，成为中国共产党和中国政府亟须解决的首要任务之一。1978 年，邓小平在《解放思想，实事求是，团结一致向前看》中指出："在经济政策上，我认为要允许一部分地区、一部分企业、一部分工人农民，由于辛勤努力成绩大而收入先多一些，生活先好起来。一部分人生活先好起来，就必然产生极大的示范力量，影响左邻右舍，带动其他地区、其他单位的人们向他们学习。这样，就会使整个国民经济不断地波浪式地向前发展，使全国各族人民都能比较快地富裕起来。"①

在减贫理念方面，邓小平在总结毛泽东时代历史教训的基础上，进一步深化了共同富裕的理念，将减贫问题上升到社会主义本质的高度，以社会主义的理念来解释消除贫困的必要性，指导减贫工作的开展。具体包括：第一，共同富裕是社会主义的本质特征和发展目标。邓小平提出："社会主义要消灭贫穷，贫穷不是社会主义，更不是共产主义。"②"我们的目的是共同富裕。"③第二，消除贫困必须坚持社会主义道路。邓小平强调："只有社会主义制度才能从根本上解决摆脱贫困的问题。"④"中国要解决十亿人的贫困问题，十亿人的发展问题，只能靠社会主义。"⑤坚持社会主义道路、坚持四项基本原则是实现共同富裕的思想保证。第三，发展才是硬道理。邓小平认为，发展是解决贫困问题的根本途径，主张将农村经济的发展、农民生活水平的提高与中国经济的发展、摆脱贫困紧密结合起来。⑥ 邓小平的减贫理念以解放思想、实事求是的态度，从实际出发，纠正了单纯强调"同步富裕"的错误倾向，深化了对中国贫困问题的认识和思考，在减贫

---

① 《邓小平文选》第 2 卷，人民出版社 1983 年版，第 152 页。

② 《邓小平文选》第 3 卷，人民出版社 1993 年版，第 63－64 页。

③ 《邓小平文选》第 3 卷，人民出版社 1993 年版，第 254－255 页。

④⑤ 《邓小平文选》第 3 卷，人民出版社 1993 年版，第 208 页。

⑥ 黄承伟、刘欣：《新中国扶贫思想的形成与发展》，《国家行政学院学报》2016 年第 3 期，第 63－68 页。

战略及对策措施方面提出了很多切合实际和具有操作性的构想,推动了中国减贫理念的发展。

党中央意识到,以人民公社为主的集体经营制度极大限制了农民的生产积极性,禁锢了农村的生产力,要解决农村的普遍性贫困问题,首先需要解放和发展农村的生产力。1978 年召开的党的十一届三中全会,正式展开了中国农村经济体制改革的序幕。一方面,全面启动农村改革,实行家庭联产承包责任制,放宽对农产品市场的控制,赋予农民农业生产、交易的自主权。另一方面,促进农贸市场交易自由化、鼓励乡镇企业的发展,促进农村经济的商品化、市场化。这一系列农村体制改革的推进,极大地激发了广大农民的劳动积极性,提高了农民的收益,中国减贫事业步入一个崭新的历史阶段。到 20 世纪 80 年代中期,中国的贫困人口大幅度减少,农村地区的绝对贫困现象得到了有效缓解。

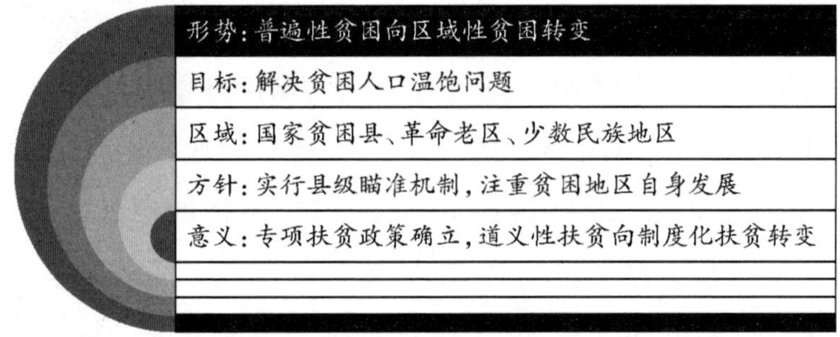

图 6—1 改革开放初期的减贫理念

1984 年 9 月,中共中央、国务院发布了《关于帮助贫困地区尽快改变面貌的通知》,成为中国扶贫工作的一个基本的指导原则,明确提出了中国贫困地区贫困问题的解决方案。1986 年,中国成立了从中央到地方各级贫困地区经济开发领导小组,专门负责领导、组织、协调、监督、检查扶贫开发工作。在开发式扶贫理念的指引下,中国政府制定各类有利于区域发展的政策,安排专项资金实施开发式扶贫;同时,实行瞄准式扶贫方针,划定了国定贫困县标准,将 331 个贫困县列入国家重点扶持范围，另设368个省重点贫困县，对“老革命根据地”和“少数民族地区”等地区提供重点关注，一改以农业生产为基本的扶持理念，鼓励乡镇企业发展，帮助劳动力转移，并组织劳务输出，推进开发式移民，打开农民的致富门路。

（三）大规模扶贫开发时期的减贫理念

20世纪90年代中期，中国还有约8000万贫困人口，主要分布在“老、少、边、穷”地区。这些地区地理条件恶劣、经济基础薄弱、资源缺乏、设施落后，改革开放后，一系列农村体制改革的成效难以覆盖，需要推行有组织、有计划、大规模的帮扶措施。1994年国务院发布《国家八七扶贫攻坚计划（1994—2000年）》，提出集中人力、物力、财力，动员社会各界力量，在7年内基本解决农村贫困人口的温饱问题，并在扶贫的形势、方针、途径上作出了具体要求。与此同时，中共中央通过决议把中西部扶贫工作纳入国民经济发展综合规划，加强对中西部地区的重点扶持，并进行了新的政策部署，制定资金、权力、任务、责任“四到省”的原则。《国家八七扶贫攻坚计划（1994—2000年）》是新中国历史上第一个有明确目标、明确对象、明确措施和明确期限的扶贫开发行动纲领。这一时期的减贫理念明确了扶贫到户的开发式扶贫路线，进一步加强了对重点区域的定点式扶持，充分发挥贫困地区的资源优势发展资源开发型地方产业，同时，加强对减贫资金的使用监管，保证减贫资源的有效投放，坚持效率优先、兼顾公平的基本理念，确保各项减贫措施的落实。

为了适应经济社会发展的新形势和新要求，2001年起，以《中国农村扶贫开发纲要（2001—2010年）》的颁布实施为标志，中国扶贫开发工作进入了在巩固温饱的基础上全面综合性开发的新阶段。中国政府确立了“坚持开发式扶贫方针、坚持综合开发与全面发展、坚持可持续发展、坚持自力更生与艰苦奋斗、政府主导与全社会共同参与”的基本理念。

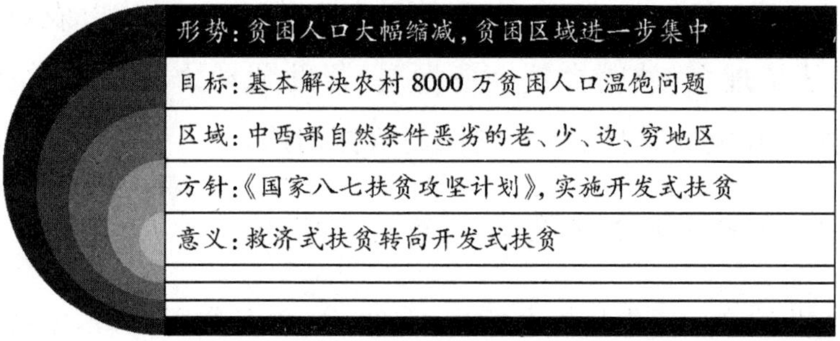

图 6—2　大规模扶贫开发时期的减贫理念

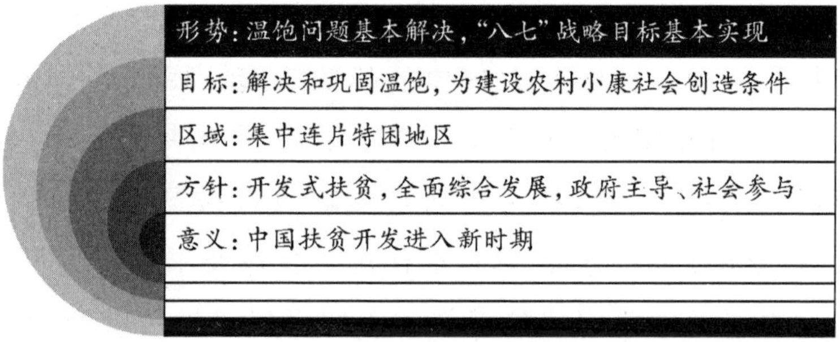

图 6—3　21 世纪初期的减贫理念

《中国农村扶贫开发纲要(2001—2010 年)》肯定了扶贫开发理念的正确性和必要性,提出新时期中国扶贫工作的奋斗目标是:在巩固温饱成果的基础上尽快解决全部地区的温饱问题,提高贫困群众的生活、生产水平,加强贫困乡村的基础设施建设,在区域开发的同时注重生态发展、文化发展。《纲要》进一步调整了“瞄准式”减贫理念,把瞄准目标由地区细化到村到户,瞄准对象开始由贫困县向贫困村转移,并针对贫困现象区域化分布的特点,划分了 14.8 万个贫困村作为重点扶持对象,扶贫资源实行重心下移。在以村为单位的减贫行动中,政府还实施了参与式的村级扶贫规划,确定了以整村推进为主体、以产业扶贫和劳动力转移培训为辅助的“一体两翼”减贫理念;同时对应市场经济的发展趋势,鼓励全社会共同参与贫困地区的开发建设。减贫理念的深化和相应的政策调整在更大程度上调动了贫困地区和贫困群众的脱贫热情，提高了减贫工作的精准度和有效度，促进了减贫路径的创新，更是从全局上推动了减贫事业的进程。

（四）脱贫攻坚新时期的减贫理念

随着减贫实践的深入和社会经济的发展，中国的减贫形势也在发生变化。20 世纪 80 年代中期至 2000 年间，随着“国家八七扶贫攻坚计划”的完成，中国已基本解决了农村贫困人口的温饱问题。这一时期农村贫困问题已经发生明显变化：社会贫富差距、城乡差距显著拉大；贫困表现已经从收入贫困转向多元贫困；单纯经济发展对贫困主体的脱贫弱化。[①] 主要问题在于：一是改革开放以来的大规模拉动经济增长所带来的减贫“滴消效应”呈明显下降趋势，也就说经济增长带动贫困地区发展和贫困人口减贫的作用越来越小；二是开发式扶贫，尤其是以大型项目为主的减贫策略，以拉动区域经济为主要目标，对个别贫困现象的关注度不足；三是以地区和县为单位的减贫模式，在对贫困个体的甄别上精准度较低，贫困家庭和个体的“漏出”现象频发。这些新问题与新挑战，对减贫理念及实践的转变提出了新要求。

为进一步加快贫困地区发展，促进共同富裕，实现到 2020 年全面建成小康社会奋斗目标，2011 年，中共中央、国务院印发了《中国农村扶贫开发纲要（2011－2020 年）》，确立了新阶段减贫的主要目标：到 2020 年，稳定实现扶贫对象不愁吃、不愁穿，保障其义务教育、基本医疗和住房，简称“两不愁，三保障”。为了实现上述目标，中国政府继续坚持开发式扶贫理念，实行扶贫开发和社会保障制度有效衔接，强调“突出重点，分类指导”的行动方针，以科学发展观为指导，兼顾经济、教育、公共文化、生态、制度、理念的共同发展。

---

① 金鑫、韩广福：《当代中国扶贫开发理念的转变》，《兰州学刊》2014 年第 2 期，第 191－193 页。

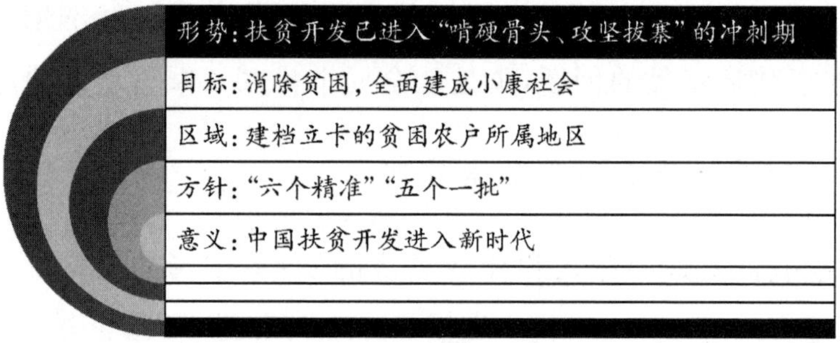

图 6—4　脱贫攻坚新时期的减贫理念

习近平高度重视减贫工作，对中国的贫困地区进行了深入的考察，并深刻分析了中国减贫工作所面临的重大理论和实际问题，提出了一系列符合新时期减贫工作需要的创新性理念。2013 年 11 月，习近平在湖南湘西考察时首次提出"精准扶贫"概念，指出"扶贫要实事求是、因地制宜、分类指导、精准扶贫"[①]。2015 年 6 月，习近平到贵州考察时发表了"6·18"重要讲话，进一步阐明了精准扶贫理念的具体内涵，提出了"四个切实"（切实落实领导责任、切实做到精准扶贫、切实强化社会合力、切实加强基层组织）、"六个精准"（扶持对象精准、项目安排精准、资金使用精准、措施到户精准、因村派人精准、脱贫成效精准）、"四个一批"（扶持生产和就业发展一批、移民搬迁安置一批、低保政策兜底一批、医疗救助扶持一批）等重要思想，将精准扶贫确立为中国减贫新的指导理念，奠定了精准扶贫精准脱贫基本方略和中央脱贫攻坚决策部署的思想基础。2015 年 11 月，习近平在中央扶贫开发工作会议上结合中国减贫理论与实践经验，从战略和全局高度，强调了精准扶贫的必要性，系统分析了当前减贫的形势任务，深刻阐述了完成"六个精准"、实施"五个一批"、解决"四个问题"等重要思想，对精准扶贫的主要目标、理念指导、行动方针、实施路径、基本要求、评估体系等方面进行了全面论述，赋予了中国扶贫思

① 沈传亮著：《全面深化改革：十八大以来中国改革新篇章》，人民出版社 2017 年版，第 126 页。

想以新时代的内涵与特征，为扶贫攻坚的最后胜利和全面建成小康社会指明了方向。

二、中国减贫理念的转变

回顾新中国成立以来的减贫历史，尤其是上世纪 80 年代开始的大规模扶贫开发行动，可以发现，伴随着贫困现象、贫困成因、贫困类型的转变，中国的减贫理念和任务也在不断地调整。减贫理念的转变带动了减贫方式、策略、模式的进化与更新。具体来说，中国减贫理念的转变主要表现在以下三个方面：第一，实现了由救助式（输血）扶贫向开发式（造血）扶贫，再到扶贫开发与社会保障兜底相结合（两轮驱动）的转变；第二，实现了由大水漫灌式扶贫向滴灌式精准扶贫理念的转变；第三，实现了由政府单一主导，向政府、市场与社会多主体共同参与的大扶贫格局的转变（见图 6—5）。

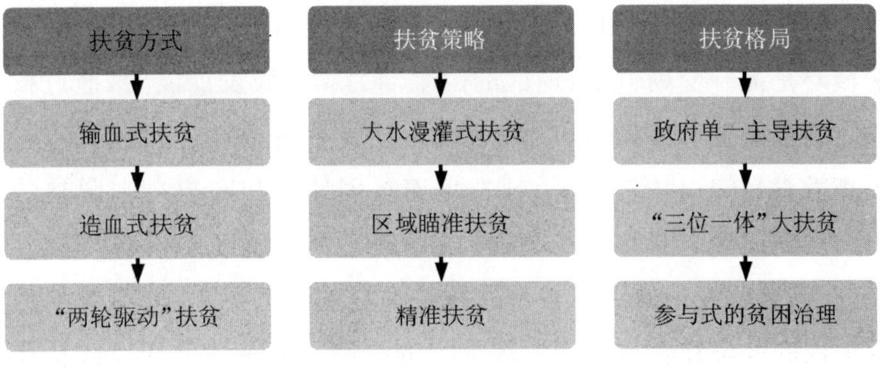

图 6—5　减贫理念的调整与优化

（一）由输血到造血

新中国成立以后，国家通过用工业化和合作化拉动经济发展的方式来缓解国内存在的普遍性贫困问题。同时，以民政系统为依托，国家对困难群众进行短期紧急性救济，对农村各种困难群体提供生活物资等实物性质的生活资料,构建了以"输血"为特征的救济式扶贫体系。"输血式"扶贫的核心理念是以政府为代表的扶贫主体以自上而下的方式,直接向扶贫客体提供维持生产和生活必需的物资或现金资源,帮助受助者解决基本的温饱问题。可见,"输血式"扶贫理念的实现方式是靠各级政府及相关部门出钱物对贫困者直接进行救济,解决短期性问题,其本质上是一种"社会救助"的理念。对贫困地区和贫困群众的"输血式"救济,能在短时间内解群众于危难之中,但也存在着诸多问题:一是侧重物资发放,只能缓解一时之需,无法动摇贫困之根;二是只有被动接受,不利于贫困群众和贫困地区自主发展能力的培养;三是单方面输入,难以调动贫困人口的积极性,容易造成困难群众的惰性和"等、靠、要"等消极思想,不利于从根本上解决贫困地区群众的生产生活问题。[①]

在发现"输血式"扶贫的局限性之后,新的"造血式"扶贫理念应运而生。根据"授人以鱼,不如授人以渔"的古训,只有增强贫困人口的自我发展能力,才可以促使贫困者真正脱贫。"造血式"扶贫理念的核心是提升受助群众、地区的内生动力和自我发展能力,通过投入一定的扶贫资源帮助贫困群众、地区提高生活条件、改善生产环境、提高教育和知识技术水平,开发培养贫困地区和农户自主脱贫的能力。从发展理念看,开发式扶贫通过提高贫困地区的自身"造血"功能,在一定程度上解决了救济式扶贫造成的依赖思想,能有效促进贫困地区的经济社会进步和发展能力的提高。但单纯的开发式扶贫作为一种以区域整体为单位的扶贫模式,有时对个体的贫困现象关注不够,在对贫困地区老、弱、病、残等特殊人群的区别化对应上仍有所欠缺。

① 金鑫、韩广福:《当代中国扶贫开发理念的转变》,《兰州学刊》2014年第2期,第191—193页。

（二）由大水漫灌向精准滴灌

经过多年大规模的区域开发，致贫的共性因素被极大改善。但是到2000年以后，情况开始发生变化，区域性整体扶贫的减贫效果不断减弱，大水漫灌式扶贫的弊端开始显现：一是对贫困县的投入追求平均化，针对性不足；二是这种以区域为单位的减贫资金投放，在落实过程中出现了各种偏差，致使了资金的滥用和浪费；三是大水漫灌式的扶贫，导致资源配置效能低下。对扶贫项目的评估调查发现，一些扶贫项目存在资源发放的错位问题，扶贫资源没有发挥百分百的功效，扶贫资金没有发放到真正需要帮助的困难群众手里，导致资源漏出和资金覆盖不完全问题并存。

在这种状况下，需要在区域开发的基础上，逐村逐户分析致贫原因，开准药方、对症下药，把脱贫攻坚转到精准扶贫的轨道，真正做到扶贫扶到人的身上，脱贫落到人的头上，确保减贫工作的准确性和有效性。

为了解决上述问题，2013年，习近平在湖南省湘西州十八洞村考察时提出了“精准扶贫”的概念，随后，中共中央发布了《关于创新机制扎实推进农村扶贫工作的意见和通知》《关于印发〈建立精准扶贫工作机制实施方案〉的通知》，详细阐释了精准扶贫的定义、目标与任务，标志着中国的减贫事业进入了精准扶贫脱贫的新阶段。“精准扶贫”理念的核心目标是通过对贫困群众的精准甄别、帮扶、管理、考核，在实现资源优化配置的前提下建立长效工作机制，以村、户为单位实行各类精准、有效的针对性扶贫策略，达到稳定的脱贫成果。精准扶贫将扶贫开发的重点从贫困县转向贫困村，在“六个精准”的基础上，遵循“分类施策，精准发力”的理念原则，根据贫困群众不同的致贫原因、经济状况、个体需求等实行区别化、个性化的减贫方针，辅以整村推进、产业化扶贫、劳动力培训转移、教育扶贫、移民搬迁、金融扶贫等具体手段,推动减贫资源的精准投放,确保减贫政策的精准实施,有效解决了大水漫灌式扶贫在实行过程中出现的局限和问题,提高了减贫的科学性和有效性。

(三)由单一主体向多元共治

中国政府有组织的农村减贫行动是在传统的计划经济体制下起步的,具有明显的行政化色彩,各种减贫理念和政策在政府“绝对权威”的主导下自上而下单向传递,而资金则主要依靠中央政府和省级政府的财政扶贫资金投入,企业、社会、个人来源的资金份额所占极少。政府“全局包揽”式的减贫理念,带来了很多问题:一是减贫资源单纯依靠政府投入,政府资金的投入远小于减贫的实际需求,极易导致减贫资金总量投入不足、分配比例不合理、资金对接不畅等问题,其直接的后果就是影响了政府在减贫方面财政资金精准供给的落实。二是资源分配难以达到最优配置,政府主导下的财政资金分配并不是特别规范,分配给地方政府的指标很多都是按统一的标准发放,没有在精准识别的前提下区别分配,造成贫困地区内部的资源失衡。三是政府主导的专项扶贫使得贫困地区的减贫行动始终游离于市场机制之外,特别是一些地方政府,严重缺乏市场化经济思维与观念,工作模式落后,致使脱贫工作实施不彻底,低效率、寻租现象明显,返贫率居高不下,严重禁锢了扶贫理念发展与创新的步伐。

随着减贫实践的推进,构建政府、市场、社会协同的“三位一体”大扶贫格局理念逐渐形成。在“三位一体”大扶贫格局下,专项扶贫与行业扶贫、社会扶贫相结合,整合多种资源,充分调动发挥社会各方面的力量,形成了以政府为主导、部门分管、多种社会力量协同共治的多元扶贫理念。政府在不断扩大中央和省级财政资金投入的基础上,鼓励企业、社会和国际资源进入到扶贫领域中来,积极动员和支持各类民间组织、慈善机构、国际组织参与到农村的扶贫开发建设中，协同发力，并积极推动政府职能的转型，逐渐将政府的治理理念由“包揽、管控”过渡到“引导、合作”。

在减贫进程中，多元共治的理念大大扩展了减贫空间。多元共治理念超越了传统的行政管控，以平等协商的形式引入社会力量协同共治，倡导参与式的方针，推动治理参与主体多元化、过程民主规范化、目标效益最大化。[①] 多元共治的扶贫理念，一方面提高了各个减贫主体的参与空间。政府应在“主导”的前提下摒弃“主人”思维，下放部分职能；市场组织应遵循市场化原则，找到减贫与利益间的平衡；而社会组织则应发挥其群众性、专业性的组织优势。多元共治理念的引入，提高了减贫主体的参与动力，调动了各种社会力量的参与意愿和积极性，同时提高了参与主体之间的信任水平，促进了各主体的平等合作，有利于减贫及社会治理体系的创新。

三、中国减贫理念的创新

中国的减贫政策遵循着一脉相承的减贫理念，在保持持续性的基础上不断完善和创新，推动着中国减贫事业取得了巨大成就。

（一）多层次减贫理念

中国减贫分为三个层次，分别是促进长期发展的开发式扶贫、短期救急的救济式扶贫和“兜底保生存”的保障式扶贫（见图6—6）。三种扶贫理念相互依托，构成了中国现在的扶贫体系。

改革开放以前，中国广大农村地区的贫困现象程度深、范围广、波及人口多，绝对性贫困成为普遍的社会现象。在这种背景下，救济式扶贫通过直接向贫困人群提供生产和生活所需的粮食、衣物等物

① 胡振光、向德平：《参与式治理视角下产业扶贫的发展瓶颈及完善路径》，《学习与实践》2014年第4期，第99—107页。

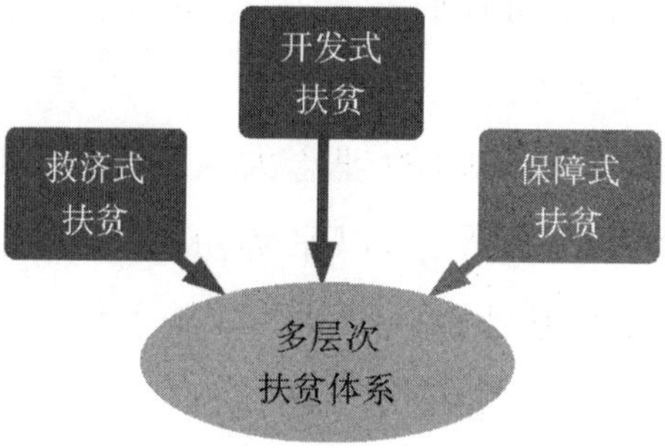

图 6—6　多层次扶贫体系

资或现金,帮助他们解决眼前最迫切的生存问题,扶贫效果快速、直接。但随着扶贫工作的持续开展,救济式扶贫的弊端逐渐显现,这种救济方式单方面依靠扶贫主体的物资输出,贫困人群只是被动接受,随之而来的则是普遍性的"等、靠、要"懒惰思维。"输血式"扶贫带来的依赖思维,限制了贫困群众脱贫的积极性,使扶贫陷入了消极的境地。

而开发式扶贫弥补了救济式扶贫的弊端,其中心理念就是培育贫困地区和贫困群众的"造血功能"。对于有劳动能力的贫困群体、有开发潜力的贫困地区,通过一系列的政策扶持和政策倾斜,为其提供发展所需的资源和条件,依托贫困地区自然资源和人力资源,以基础设施建设和项目开发为基础,实施整村推进、劳动力培训、产业化扶贫、科技扶贫、技术扶贫等措施,有效增强贫困地区的自我发展能力,带动区域经济的整体性发展。开发式扶贫实现了国家输入性的帮扶与贫困地区自我发展的结合,鼓励贫困地区因地制宜发展特色产业,有效实现区域经济的可持续发展。

但是,由于中国很多贫困地区外部自然环境恶劣,发展受到限制,同时,各类自然灾害的发生也会造成各种意外风险,这种情况则需要依靠社会救助,在特殊时刻为贫困群众提供基本的生活保障。另外,有些贫困人口不具备劳动能力,需要通过社会保障来维持其基本生活。因此要根据不同的致贫原因和贫困类型，依照多层次的减贫理念，按照分类指导的原则，构建起一个更具针对性、科学性的多层次、全覆盖的减贫系统，实现开发、救助、保障的有机衔接。多层次的减贫理念是中国减贫政策创新的重要特征之一，也是中国减贫的重要经验。

（二）多主体减贫理念

中国自正式启动大规模、有组织、有计划的农村扶贫开发进程以来，在发挥政府扶贫开发优势和主导性作用的过程中，不断加强对市场、社会参与扶贫开发的重视，强调社会参与扶贫开发的作用和力量，逐渐形成了政府主导、市场参与、社会协同的多主体扶贫格局（见图 6—7）。

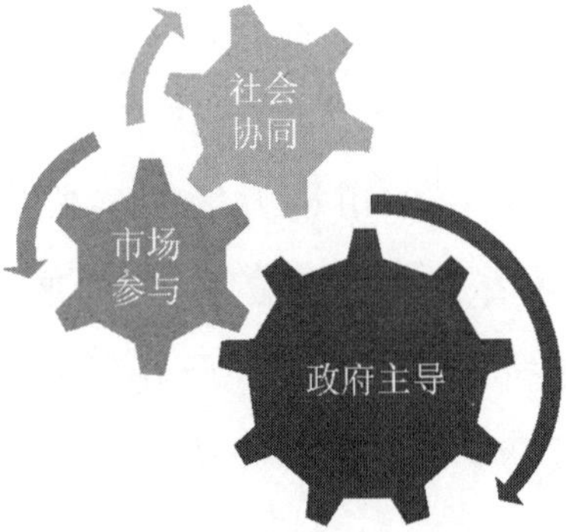

图 6—7　多主体扶贫格局

改革开放以来，伴随市场经济体制的发展完善以及国际组织参与中国减贫的实践，市场组织、社会组织参与减贫逐渐被纳入国家正式的减贫制度安排。1994 年，《国家八七扶贫攻坚计划（1994—2000 年）》明确提出“要实现从封闭式扶贫向开放式扶贫的转变”；“实行政府指导、广泛动员社会参与扶贫，鼓励和动员民间组织参与农村扶贫开发”，为市场、社会力量参与扶贫开发奠定了政策基础。2014 年，国务院办公厅发布了《关于进一步动员社会各方面力量参与扶贫开发的意见》，创新减贫的参与方式、参与理念和参与措施，完善“人人皆愿为、人人皆可为、人人皆能为”的社会扶贫参与机制。

多主体减贫理念的创新之处在于，传统的减贫格局中，政府依靠其强大的政治动员能力和资源整合能力，上至扶贫方针的制定，下至扶贫措施的实行，几乎“包揽”了全部的减贫工作，形成了一个以政府为主导、主要依靠行政组织体系、自上而下的管理型治理结构。但随着贫困问题的复杂化，政府单一主体的减贫方式已无法满足新时期的扶贫要求，传统的“包揽、管制式”的治理和减贫理念亟待更新。在市场经济的发展下，市场主体通过“看不见的手”进行宏观调控和指挥，运用其高效的运营手段，通过经济增长惠及贫困人口脱贫受益，拉动贫困地区的经济发展。市场机制的引入一方面解决了贫困者的依赖性，提高了减贫对象的主动性，调动了其自食其力的积极性；另一方面解决了减贫主体和贫困人口在扶贫开发中的社会地位平等问题，实现了经济利益的双赢。市场力量参与减贫，是“授人以渔”的科学减贫模式。同时，随着社会组织的蓬勃发展和日益成熟，其灵活、专业、高效的优势在对特殊贫困地区及特殊贫困人口的减贫与社会救助等行动中得到了凸显，成为了一支新兴、有力的扶贫力量。[①] 政府、市场、社会力量相互结合、相辅相成，共同促进贫困地区发展以及贫困人口脱贫致富。

（三）组合式减贫理念

贫困问题的复杂性决定了扶贫开发是一个系统性、综合性工程，尤其是伴随着中国贫困现状发生转变，减贫已不再是单纯的收入增

① 凌文豪、刘欣：《中国特色扶贫开发的理念、实践及其世界意义》，《社会主义研究》2016年第4期，第69—75页。

长问题,也与经济社会的整体紧密相连。组合式减贫政策能够最大限度聚合政府、市场和社会的力量,也能在尽可能多的方面介入减贫领域中,实现减贫力量的多元化、减贫领域的分类化和减贫效果的整体提升。

在长期的减贫实践中,为构建更为完善的减贫体系,中国根据组合式减贫理念,逐渐建立了专项扶贫、行业扶贫、社会扶贫结合的多维度的减贫模式(见图 6—8)。通过国家安排专门资金、各级扶贫部门组织实施既定项目的专项扶贫,以及各行业部门履行行业职能的行业扶贫和社会各界参与的社会扶贫,构建立体式的行动体系,充分发挥各部门的专业作用,提高减贫的效率和效果。

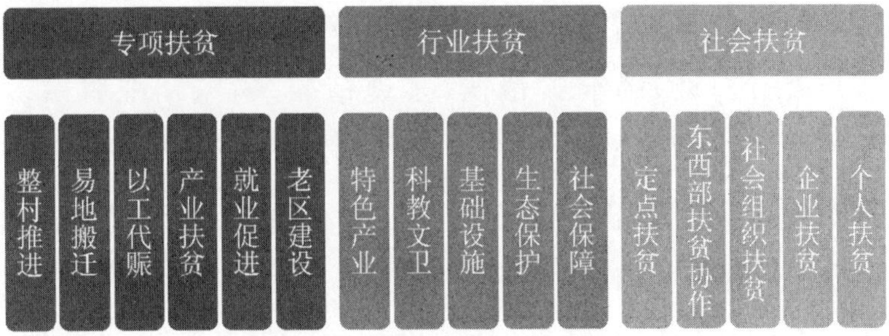

图 6—8　组合式扶贫政策

在组合式减贫理念的指导下,专项扶贫、行业扶贫、社会扶贫三种减贫政策有机结合在一起。专项扶贫方面,重点包括易地扶贫搬迁、整村推进、以工代赈、产业扶贫、就业促进、扶贫试点、老区建设等七个方面的内容。在行业扶贫方面,重点包括发展地方特色产业、完善基础设施建设、发展科技文化事业、改善公共服务、加强生态保护、提高社会保障水平建设等内容。在社会扶贫方面,重点包括进一步推动定点扶贫,加强东西合作扶贫,鼓励社会与企业、社会组织参与扶贫,大力动员社会力量等内容。在"三头并进"的基础上,加强整合各种来源的社会资源,充分调动和发挥政府、行业、群众、社会各方面作用,发挥组合下效能增倍的功效,围绕多维度、组合式理念构建系统化、全面化的减贫战略体系。

(四)精准化减贫理念

近些年来,经济发展带动减贫效果逐步弱化,一些减贫困境尤为凸显,贫困固化趋势增强,现有剩余贫困人口中,存在着贫困程度深、致贫原因复杂、自我发展能力弱、返贫率高等突出问题。打赢脱贫攻坚战是全面建成小康社会的底线任务,需要在解决区域性整体贫困的基础上,确保现行标准下农村贫困人口全部脱贫,贫困县全部摘帽,让每一位贫困群众都享受到减贫的成果。

正是基于此,习近平提出“精准扶贫”的理念,其理念核心就是从实际出发,把准扶贫的客体对象,根据不同的致贫原因,因地制宜,分类施策,开展针对性、瞄准式帮扶,实现精准扶贫、精准脱贫。“精准扶贫”理念指引下的新型扶贫方式,在扶贫机制上由主要依赖经济增长的“涓滴效应”到更加注重“靶向性”对目标人群直接加以减贫干预,并根据工作的进度对相关帮扶措施进行动态调整,在减贫实践中具化为“六个精准”“五个一批”的精准扶贫政策,明确了“扶持谁”“谁来扶”“怎么扶”“如何退”等问题(见图6—9)。

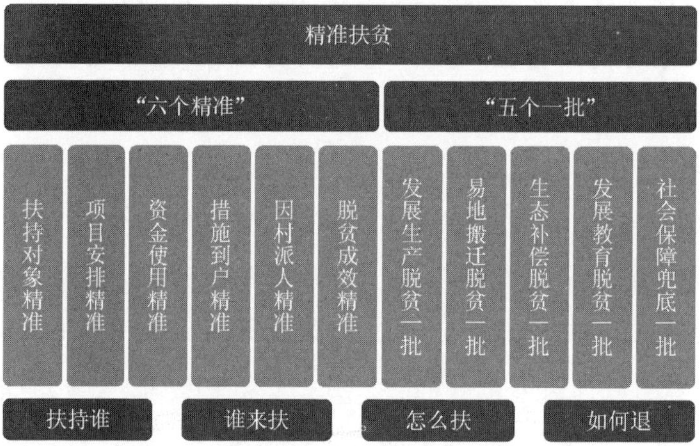

图6—9 精准扶贫政策

党的十九大报告中特别提出,要“坚持精准扶贫、精准脱贫”“坚持大扶贫格局”。精准扶贫理念除了强调扶贫政策落实的精准性、针对性以外,还特别注重扶贫同扶志、扶智相结合,要求深入实施东西部扶贫协作,确保到2020年中国现行标准下农村贫困人口全部脱贫,贫困县全部摘帽,解决区域性整体贫困,做到脱真贫、真脱贫。

在精准扶贫政策体系中,“六个精准”指明了减贫总体方向和主要着力点,“五个一批”指明了减贫的重点任务。精准扶贫为国际减贫提供了具有参考性的理论贡献:一是为发展中国家在减贫发展中遇到的问题提供了综合性的策略回应方向;二是在经济增长带动的减贫效应弱化的大背景下,为政府主导、多主体参与的新型治理模式提供了有效的方案;三是通过自上而下与自下而上结合的贫困识别机制,解决了贫困瞄准的世界难题。

当前中国减贫已进入最后的攻坚决战期,在总结梳理减贫理念、政策、战略、模式的基础上,不断推进减贫理念的创新,持续完善减贫政策,必将推动中国减贫事业取得更大成就,加快全面建成小康社会的步伐。

第七章 中国减贫的政策体系

中国有计划、有组织的减贫工作开始于改革开放初期，从 1978 年到 2018 年，中国减贫工作走过了 40 个年头，初步探索出了一条具有中国特色的社会主义减贫道路，建立起了一套独具特色的减贫政策体系。

一、中国减贫政策的演变

新中国成立伊始，中国政府面对一穷二白、绝大多数人口处于贫困状态的社会现状，为促进生产、提升国力，先后实施了土地改革、改善农村基础设施、基础教育、基本医疗服务条件以及社会保障等政策措施。这一系列政策并非直接瞄准贫困，却在客观上缩小了不同地区和人群之间的收入差距，大面积缓解了农村贫困问题。改革开放之初，以家庭联产承包责任制为中心的农村经营体制改革极大促进了农业产出增长，提高了农民收入，大幅减少了贫困人口的数量。

综合考虑减贫目标、减贫对象、减贫方式、减贫主体等政策要素的特征，改革开放以来中国减贫政策的演变可分为四个阶段。①

（一）体制改革减贫阶段（1978—1985 年）

从 1978 年到 1985 年期间是体制改革减贫阶段。这一阶段中国

① 李培林、魏后凯、吴国宝主编：《扶贫蓝皮书：中国扶贫开发报告（2017）》，社会科学文献出版社 2018 年版，第 69 页。

没有专门的减贫工作计划，也没有专门负责减贫工作的机构。减贫工作主要依赖于体制改革，改革的目标是逐渐解除对农民的各类限制，通过改革，把农民从土地上解放出来，使农民在财富获得方面有更多的空间和选择。这一阶段，减贫政策由过去单纯依靠救济的方式向充分发挥贫困地区自我发展能力的方式转变。中国政府将减贫重点锁定为连片贫困地区，通过因地制宜发展区域经济、加强基础设施建设等手段来提高农民收入，进而解决农民的温饱问题。1982 年第十二届全国人民代表大会上，中国政府明确提出主要通过发展生产来帮助低产和受灾地区的贫困农民增加收入。1982 年 12 月 22 日，国务院成立三西（河西、定西、西海固）地区农业建设领导小组，同年 12 月 30 日和次年 1 月、2 月先后召开领导小组第一会议和第二次扩大会议，将“三西”地区农业建设的目标确定为加快河西商品粮基地建设，促进甘肃中部定西地区和宁夏西海固地区农业建设，明确了把救济同长远建设结合起来的思路，确定就地开发、移民和恢复生态平衡结合以及“统筹兼顾、全面发展和综合治理”的方针，拉开了中国区域开发扶贫的序幕。

1983 年中央“一号文件”强调，为充分发挥边远山区和少数民族地区的资源优势，应放宽各项政策，同时“有效地利用国家财政扶持，开展多种经营，以工代赈”，并辅以“改善交通条件，解决能源困难，防治地方病，办好教育”等措施。党的十三大报告延续了十二大的政策思路，提出“对少数民族地区和贫困地区，要给予必要的支援，进一步研究和制定符合这些地区实际情况的政策，增强它们的发展活力，促进这些地区的经济繁荣”。

中国政府认识到，农村经济管理体制的缺陷是造成产业结构不合理、区域优势不能充分发挥的重要原因。因此，1985 年的“一号文件”以“扩大市场调节，使农业生产适应市场的需求，促进农村产业结构的合理化”为主要抓手，提出了十项活跃农村经济的重要举措。

1984 年,中共中央、国务院发布《关于帮助贫困地区尽快改变面貌的通知》,这是中国扶贫开发历史上一个具有划时代意义的重要文件。针对发展区域经济问题,中央提出三个政策着力点。第一,依靠贫困地区自身力量因地制宜发展生产。鼓励贫困地区根据当地的自然资源条件开展多种经营;扩大农民的经营主动权,包括延长耕地承包期,允许转让承包权,牲畜、草山、草坡分到户等;在发展生产的基础上,帮助山区增加贮藏加工设备,尽量把产品变为商品;改善贫困地区的公路、水路运输条件,加速商品周转。第二,对贫困地区提供必要的财政扶持,但不再采取"撒胡椒面"式的平均做法。第三,放宽对贫困地区的政策,着力增强贫困地区经济的内部活力,具体措施包括:(1)减轻负担。从 1985 年起,贫困地区视贫困程度减免农业税1—5年;同时,在贫困地区整顿其他各种负担和摊派,"该减的减,该免的免,该留的留"。(2)给予税收优惠。"外地到贫困地区兴办开发性企业(林场、畜牧场、电站、采矿、工厂等)五年内免交所得税"。(3)放开购销。农、林、牧、副、土特产品改统购、派购为自由购销,且国营部门和供销合作社积极开展代购代销业务。

(二)多主体参与的大规模扶贫开发阶段(1986—2006 年)

从 1986 年至 2006 年,中国减贫政策发生了较大改变,从没有专门的减贫政策到制定并出台了一系列减贫政策。1986 年 4 月,全国人大六届四次会议将"老、少、边、穷"地区尽快摆脱经济文化落后状况作为一项重要内容,列入国民经济"七五"发展计划,中国由此正式进入大规模的扶贫开发阶段。

这一阶段,扶贫政策的主要出发点是灵活发展商品经济,激发贫困地区内部的经济活力。党的十三大和十四大报告再次重申要加大对少数民族地区、边疆地区、革命老根据地和贫困地区的扶持力度,因地制宜地促进这些地区的发展。基于这个政策方向,《中国农村扶贫开发纲要(2001—2010年)》提出,“把贫困人口集中的中西部少数民族地区、革命老区、边疆地区和特困地区作为扶贫开发的重点”。

同时,中国政府在致力于解决温饱问题的基础上,开始关注城乡二元经济结构与地区收入差距扩大对减贫工作的影响。党的十六大报告指出要“继续大力推进扶贫开发”,通过加快城镇化进程,“促进社会全面进步”,“保证人民共享发展成果”。《中共中央、国务院关于尽快解决农村贫困人口温饱问题的决定》提出,要关注区域经济差异与人均收入差距,正确处理贫困地区“发展地方经济和解决群众温饱、富县与富民的关系”。

与前一阶段相比,这个时期的减贫政策有明显变化,这些变化体现在减贫的对象、方式和主体等方面。在1986年的《国务院贫困地区经济开发领导小组第一次全体会议纪要》、1987年的《国务院关于加强贫困地区经济开发工作的通知》、1996年的《中共中央、国务院关于尽快解决农村贫困人口温饱问题的决定》以及2001年的《中国农村扶贫开发纲要(2001—2010年)》四个文件中能够明显反映出这些变化。

第一,在减贫对象方面,进一步细化减贫对象。《国务院关于加强贫困地区经济开发工作的通知》提出了对扶贫对象进行细化与识别的具体措施,这为后来精准识别机制的建立提供了实践经验。相关政策措施包括:第一,扶贫落实到户,不仅要“摸清底数,明确对象”,而且“要为贫困户建立档案,县建簿、乡造册、户立卡”,“按期检查验收”;第二,“每个贫困县都要组织干部逐乡、逐村、逐户调查”,彻底厘清没有解决温饱的贫困户、五保户以及救济户。

这一阶段的政策在细化减贫对象的基础上,还强调减贫措施的差异性。《国务院贫困地区经济开发领导小组第一次全体会议纪要》提出,解决集中连片的最贫困地区的问题要“按照统一规划、分级负责、分类指导的办法”实行。《国务院关于加强贫困地区经济开发工作的通知》主张扶贫工作要按照先易后难的顺序分批推进，“优先扶持有志气、肯努力的贫困户，先温饱、先脱贫”，“带动其他贫困户，分年分批解决问题”。《中共中央、国务院关于尽快解决农村贫困人口温饱问题的决定》提出了“领导联系到村，帮扶对口到村，计划分解到村，资金安排到村，扶持措施到户，项目覆盖到户，真正使贫困户受益”的原则。在减贫对象方面，依然以县为基本单位，以贫困乡村为基础，强调扶贫开发的首要对象为“贫困地区尚未解决温饱问题的贫困人口”。

第二，在减贫主体方面，在强调国家支持的同时，动员全社会的力量，通过不同的形式共同改变贫困地区的贫困面貌。此特征在这个阶段的各种政策文件中均有体现。《国务院贫困地区经济开发领导小组第一次全体会议纪要》要求各有关部门和单位共同配合，通力协作。《国务院关于加强贫困地区经济开发工作的通知》提出更明确的要求，一是涉及阻碍贫困地区发展的突出问题，例如饮水、农电、公路等，各有关部门要“尽快专门研究，采取有力的措施，协同地方，认真解决”；二是要“充分发挥科研单位、大中专院校、群众团体和民主党派智力扶贫的作用”。《中共中央、国务院关于尽快解决农村贫困人口温饱问题的决定》则进一步强化了党政机关和企事业单位的扶贫责任，要求“凡有条件的单位都要确定自己的帮扶对象，派出定点扶贫工作团组”，“不脱贫不脱钩，并逐步做到制度化、规范化”。

上述中央文件均提到在引入社会扶贫力量的同时，要加强区域协作，形成帮扶长效机制。通过改善投资环境，实施配套的优惠政策，吸引经济发达地区、大中城市通过各种形式参与到贫困地区的发展中来，借由多层次的横向经济联合以及落实对口帮扶任务到县的方式，来打破贫困地区“内向型的低水平自我循环状态”。《中共中央、国务院关于尽快解决农村贫困人口温饱问题的决定》还提出加强扶贫开发领域的国际合作，引入国际组织和非政府组织，这一政策主张在后续的中央文件中被延续和发展。

第三，在减贫方式方面，趋于灵活和多样化，强调根据贫困地区的实际情况，在“个别缺乏基本生产、生活条件的地方”，相继采取移民方式将贫困人口转移；在“人口数量超过资源承载能力的地方”，利用劳动力输出的方式，有效利用贫困地区的剩余劳动力，助其增收。《中国农村扶贫开发纲要（2001—2010 年）》进一步提出要做好移民搬迁与劳动力转移的后续工作，以实现稳定脱贫。具体政策包括：在劳动力转移方面，一方面加强贫困地区劳动力的职业技能培训，另一方面鼓励本地用人单位优先吸纳贫困地区劳动力；在移民搬迁方面，以有利于生态环境保护的原则，“结合退耕还林还草实行搬迁扶贫”。搬迁前要坚持自愿原则，因地制宜；搬迁后要细致做好各项工作，“处理好迁入人口和本地人口的关系，尽快提高迁入人口的收入水平和生活质量”。

《国务院贫困地区经济开发领导小组第一次全体会议纪要》《国务院关于加强贫困地区经济开发工作的通知》及《中共中央、国务院关于尽快解决农村贫困人口温饱问题的决定》均强调支持与重点发展乡镇企业特别是龙头企业，增加贫困农户就业机会，带动地区生产力的发展。《中共中央、国务院关于尽快解决农村贫困人口温饱问题的决定》还要求“把贫困户脱贫致富与发展农业产业化结合起来”。

第四，在组织管理方面，强调分解减贫目标，逐级落实责任，并把扶贫任务完成的好坏作为考核领导干部政绩的重要依据。这一政策倾向在《国务院贫困地区经济开发领导小组第一次全体会议纪要》和《国务院关于加强贫困地区经济开发工作的通知》中均得到体现。《中共中央、国务院关于尽快解决农村贫困人口温饱问题的决定》进一步明确提出“实行党政一把手扶贫工作责任制”，并对建设稳定的扶贫开发队伍作出具体指示，包括加强以村党支部为核心的贫困地区农村基层组织建设、加强和充实各级扶贫开发工作机构、分层强化减贫队伍的培训以及建立明确的奖惩机制。《中国农村扶贫开发纲要(2001—2010年)》提出,按照“扶贫开发工作责任到省、任务到省、资金到省、权力到省的原则”落实减贫工作责任制,实行减贫工作党政“一把手”负责制。

此外,《中国农村扶贫开发纲要(2001—2010年)》特别提出“加强扶贫开发统计监测工作”的举措,要求统计部门“制定科学规范、符合实际的监测方案”,以多种方法采集、整理、反馈和发布减贫信息,强化对贫困人口收入水平、生活质量以及贫困地区经济社会变化情况的动态监测。

第五,在减贫内容方面,这一阶段的政策重点除了发展种养业和加强基础设施建设之外,开始关注基本公共服务和环境保护这两个方面的内容。《中共中央、国务院关于尽快解决农村贫困人口温饱问题的决定》提出,要“改善生产条件和生态环境,实现可持续发展”;同时,要“积极发展合作医疗,逐步建立农村的基本医疗保障制度,减轻农民的医药负担,减少因贫致病、因病致贫返贫的现象”。《中国农村扶贫开发纲要(2001—2010年)》则从社会保障、基础设施、环境保护和公共服务设施等方面提出了更为系统的要求,借此“进一步改善贫困地区的基本生产生活条件,巩固温饱成果,提高贫困人口的生活质量”,为实现小康社会建设目标创造条件。此外,这一阶段的政策在促进区域发展方面也有新的举措。一是探索订单农业、以“公司+农户”的方式,引导农产品加工企业在贫困地区建立加工基地,鼓励这些企业在贫困地区提供产前、产中、产后系列一体化服务;二是“密切结合西部大开发”的要求,推进农业产业化经营,“形成有特色的区域性主导产业”。

第六,在政策工具方面,除了财政转移支付,这个时期的减贫政策从金融、税收、优惠政策等角度进行了多样化的探索。《中国农村扶贫开发纲要(2001—2010年)》提出“要进一步扩大以工代赈规模”，同时“继续安排并增加扶贫贷款”。财政扶贫资金要实行专户管理。《中共中央、国务院关于尽快解决农村贫困人口温饱问题的决定》提出在贫困地区实行税收、优惠政策相结合的多项举措，包括：免除贫困户粮食定购任务；放宽扶贫贷款抵押、担保条件并适当延长使用期限；对尚未解决温饱的贫困户减免农业税和农业特产税，同时“对贫困县新办企业和发达地区到贫困地区兴办的企业，在三年内免征所得税”；“逐步加大对贫困地区转移支付的力度，各有关省、自治区要尽快建立和完善二级转移支付制度，为贫困地区提供更大的财力支持”；“根据谁受益、谁负担的原则，适当提高库区建设基金和库区维护基金标准，专项用于解决水库移民的温饱问题”等。

上述政策文件对扶贫资金的使用与管理进行了规范，相关措施为精准扶贫体系中精准使用资金和精准安排项目奠定了实践基础。(1)在资金分配方面，由过去的“撒胡椒面”式变为统筹规划，合理使用。《国务院关于加强贫困地区经济开发工作的通知》提出，扶贫资金要按使用效益分配，以“扶持的贫困户能不能按期解决温饱问题”和“信贷资金和其他有偿资金能不能如期归还”作为评价标准。《中共中央、国务院关于尽快解决农村贫困人口温饱问题的决定》明确提出，由国务院扶贫开发领导小组统一确定扶贫资金的分配方案，经各资金管理部门一次分配到省（自治区），然后由各省（自治区）统一安排使用，“做到资金到省（自治区），权力到省（自治区），任务到省（自治区），责任到省（自治区）”。(2)在资金使用方面，《国务院关于加强贫困地区经济开发工作的通知》作出指示，要把中央和地方各种扶贫资金有机结合，捆绑使用，以提高资金的整体效益。《中共中央、国务院关于尽快解决农村贫困人口温饱问题的决定》强调了资金使用的规范化，明确突出使用前“要经有关银行事前审查论证”，使用中“要相互结合、配套使用”。(3)在资金监管方面，《国务院关于加强贫困地区经济开发工作的通知》提出在扶贫开发工作中建立定期检查制度。《中共中央、国务院关于尽快解决农村贫困人口温饱问题的决定》更进一步提出了具体的措施，要求各有关部门“进行经常性检查和专门审计”，务必做到各类扶贫专项资金“及时足额到位”，“不准改变资金的用途和使用范围，不准挪用、拖欠和挤占”。若发现问题要问责，“严肃处理，触犯刑律的要绳之以法”。

（三）多维度减贫政策阶段（2006—2013 年）

从 2006 年至 2013 年，中国进入多维度减贫政策阶段。2008 年，中国大幅提高了国家减贫标准，同时允许各省（自治区、直辖市）结合当地实际情况制定高于国家标准的地方减贫标准。

这一阶段，中国减贫政策最明显的变化是提出了“坚持开发式扶贫和农村社会保障两手抓”。党的十七大报告指出，要“加快建立覆盖城乡居民的社会保障体系”，“完善城乡居民最低生活保障制度，逐步提高保障水平”。同时，将扶贫开发与西部大开发结合起来，在重大项目布局上向贫困地区倾斜。2011 年 11 月 29 日召开的中央扶贫开发工作会议，同样强调要实现国家新增社会保障投入向贫困地区倾斜，新型农村社会养老保险全覆盖。会议明确提出，探索“以经济发展为带动力量、以增强扶贫对象自我发展能力为根本途径，政府主导、社会帮扶与农民主体作用相结合，普惠性政策与特惠性政策相配套，扶贫开发与社会保障相衔接的中国特色扶贫开发道路”。党的十八大报告再次强调，“统筹推进城乡社会保障体系建设。完善社会救助体系，健全社会福利制度，支持发展慈善事业，做好优抚安置工作。建立市场配置和政府保障相结合的住房制度，加强保障性住房建设和管理，满足困难家庭基本需求”。

相较于之前两个阶段，这个时期的减贫政策呈现出新的特点：在减贫内容上由侧重种养业、基础设施转向种养业、基础设施、公共服务、社会保障、环境保护并重，在减贫方式上趋于救济、补贴、金融、税收、优惠政策相结合。这些变化在 2011 年印发的《中国农村扶贫开发纲要(2011—2020 年)》中得到了突出体现。

第一,在减贫目标和方针方面,减贫目标由过去一直强调的基本解决温饱问题过渡到“稳定实现扶贫对象不愁吃、不愁穿,保障其义务教育、基本医疗和住房”。减贫方针则在过去坚持开发式扶贫的基础上,实现“扶贫开发和农村最低生活保障制度有效衔接”,构建扶贫开发与推进城镇化、建设社会主义新农村相结合,与生态建设、环境保护相结合的减贫新格局。

第二,在扶持对象方面,确定为“在扶贫标准以下具备劳动能力的农村人口”,即目标瞄准由县、村转变为户。建立和完善减贫对象识别机制,通过为贫困人口建档立卡,实施有进有出的动态管理。

第三,在减贫方式方面,探索有助于发挥专项扶贫、行业扶贫和社会扶贫的综合效益的多样化模式,并有针对性地提出了具体措施。专项扶贫方面,继续实施易地搬迁、劳动力转移,因地制宜探索整村推进、以工代赈、产业扶贫等方式。其中,易地扶贫搬迁进一步强调善后工作;整村推进的政策要点在于自下而上制定规划,分期分批实施连片开发;以工代赈政策实施的着力点在于有效改善贫困地区耕地(草场)质量,稳步增加有效灌溉面积,加强乡村(组)道路和人畜饮水工程建设,开展水土保持、小流域治理和片区综合开发,增强抵御自然灾害能力。产业扶贫则强调要充分发挥贫困地区生态环境和自然资源优势,培植特色支柱产业,同时通过扶贫龙头企业、农民专业合作社和互助资金组织,带动和帮助贫困农户发展生产。行业扶贫方面的重点,一是发展特色产业、各类专业合作组织,完善农村社会化服务体系;二是积极开展科技扶贫,建立并完善贫困地区的新型科技服务体系;三是健全贫困地区基层医疗卫生服务体系,改善医疗与康复服务设施条件,提高新型农村合作医疗和医疗救助保障水平;四是完善社会保障制度,逐步提高农村最低生活保障和五保供养水平、健全自然灾害应急救助体系、加快新型农村社会养老保险制度覆盖进度、加快农村养老机构和服务设施建设、加快贫困地区社区建设、扩大农村危房改造试点以及完善农民工就业、社会保障和户籍制度改革等;五是重视能源和生态环境建设,加快贫困地区可再生能源开发利用、加大农村环境综合整治力度、加强草原保护和建设、加大地质灾害防治力度(特别是灾害易发区内的监测预警、搬迁避让、工程治理等综合防治措施)。社会扶贫方面加强定点扶贫、对口帮扶以及东西部协作等。

第四,在政策工具方面,一是进一步完善农村金融服务体系,包括完善国家扶贫贴息贷款政策、推动贫困地区金融产品和服务方式创新、鼓励开展小额信用贷款、继续实施残疾人康复扶贫贷款项目、尽快实现贫困地区金融服务全覆盖、引导民间借贷规范发展、积极发展农村保险事业、完善中央财政农业保险保费补贴政策等;二是加大对贫困地区(尤其是连片特困地区)的财税支持以及基础设施建设、生态环境和民生工程等的投资。

第五,在组织管理方面,着重探索如何进一步完善扶贫开发工作考核激励机制,建立健全贫困监测制度,继续强化党政"一把手"负总责的责任制、加强基层扶贫组织建设。《中国农村扶贫开发纲要(2011—2020年)》特别提出要加快扶贫立法,使扶贫工作尽快走上法制化轨道。

(四)精准扶贫阶段(2014年至今)

2014年开始,中国进入精准扶贫阶段。这一时期减贫政策的着力点是确保精准扶贫精准脱贫的政策安排。

2015年11月,习近平在中央扶贫开发工作会议上对精准扶贫政策体系进行了全面说明,确立了"十三五"时期脱贫攻坚的主要政策方向。习近平指出,提高脱贫攻坚成效的关键在于"找准路子、构建好的体制机制、在精准推进上下实功、在精准落地上见实效”。习近平强调，要按照贫困地区和贫困人口的具体情况，实施“五个一批”工程解决好“怎么扶”的问题。精准扶贫的目的在于精准脱贫，要加强、改善党的领导，层层签订脱贫攻坚责任书、立下军令状，并把脱贫攻坚实绩作为选拔任用干部的重要依据。同时，建立年度脱贫攻坚报告和督察制度，加强督察问责。习近平指出，扶贫开发投入力度，要与打赢脱贫攻坚战的要求相匹配。在增加投入力度、加大整合力度的同时，要加强扶贫资金阳光化管理，加快农村金融改革创新步伐。习近平强调，脱贫致富终究要靠贫困群众用自己的辛勤劳动来实现，要联合基层干部群众、动员社会力量，激发他们的动力，改变贫困现状和落后面貌。

党的十九大报告重申坚持精准扶贫、精准脱贫，打赢脱贫攻坚战，让贫困人口和贫困地区共享发展成果。报告指出，扶贫开发应坚持中央统筹、省负总责、市县抓落实的工作机制，强化党政一把手负总责的责任制，坚持大扶贫格局，注重扶贫同扶志、扶智相结合，深入实施东西部扶贫协作，重点攻克深度贫困地区脱贫任务，确保到2020年现行标准下农村贫困人口实现脱贫，贫困县全部摘帽，解决区域性整体贫困。

这一阶段的扶贫政策凸显了“精准”二字，体现了扶贫方式由“大水漫灌”向“精准滴灌”转变、开发模式由救济向提升发展能力转变、考核评价由唯地区生产总值向重脱贫成效转变的特征。这些创新，集中体现在《关于创新机制扎实推进农村扶贫开发工作的意见》《中共中央、国务院关于打赢脱贫攻坚战的决定》以及《“十三五”脱贫攻坚规划》等政策文件中。具体而言包括以下几个方面内容：

第一，在对象识别方面，摸索出一套行之有效的精准识别方法，以确保“扶真贫”。《关于创新机制扎实推进农村扶贫开发工作的意见》提出，在国家制定统一的扶贫对象识别办法的基础上，遵循按照县为单位、规模控制、分级负责、精准识别、动态管理的原则，对每个贫困村、贫困户建档立卡，建设全国扶贫信息网络系统。

《中共中央、国务院关于打赢脱贫攻坚战的决定》指出，不仅要对建档立卡贫困村、贫困户和贫困人口定期进行全面核查，建立精准扶贫台账，还要建立贫困户脱贫认定机制及重点县退出机制，实行有进有出的动态管理。《"十三五"脱贫攻坚规划》进一步指出，在完善建档立卡工作的基础上，借助大数据管理，健全贫困人口精准识别与动态调整机制及完善贫困统计与监测机制。

第二，在帮扶措施方面，所有的政策都强调要在深入分析致贫原因和探究制约贫困地区发展瓶颈的基础上，因户施策，因人施策，做到"真扶贫"。《关于创新机制扎实推进农村扶贫开发工作的意见》提出，在落实整村推进、易地扶贫搬迁、以工代赈、就业促进、生态建设等工作的同时，要做好村级道路畅通、饮水安全、农村电力保障、危房改造、特色产业增收、乡村旅游扶贫、教育扶贫、卫生和计划生育、文化建设以及贫困村信息化等工作，共同助力扶贫开发。《中共中央、国务院关于打赢脱贫攻坚战的决定》强调分类扶持，即利用产业扶持、易地搬迁、转移就业、医疗救助、教育支持等方式帮助绝大多数建档立卡贫困人口脱贫，余下完全或部分丧失劳动能力的贫困人口则由社保政策兜底。《"十三五"脱贫攻坚规划》在产业发展脱贫、转移就业脱贫、易地搬迁脱贫、健康扶贫、教育扶贫、生态保护扶贫、社会扶贫、兜底保障、提升贫困地区区域发展能力及保障措施十个方面提出了具体实施措施。从这些举措中可以看出，在精准扶贫政策体系框架下，扶贫的方式更加灵活、多样。《"十三五"脱贫攻坚规划》提出要积极探索贫困人口参与机制，通过提高贫困人口参与市场竞争的自觉意识和能力，建立健全贫困人口利益与需求表达机制，推动扶贫开发模式由"输血"向"造血"转变。

第三，在脱贫成效考核方面，强调精准考核脱贫成效。首先，明确考核指标。《关于创新机制扎实推进农村扶贫开发工作的意见》提出，要改进贫困县考核机制，把提高贫困人口生活水平和减少贫困人口数量作为主要指标。《中共中央、国务院关于打赢脱贫攻坚战的决定》要求，大幅度提高减贫指标在贫困县经济社会发展实绩考核指标中的权重，建立扶贫工作责任清单。其次，完善考核主体。《中共中央、国务院关于打赢脱贫攻坚战的决定》提出，加强对扶贫工作绩效的社会监督，开展贫困地区群众扶贫满意度调查，建立对扶贫政策落实情况和扶贫成效的第三方评估机制。《"十三五"脱贫攻坚规划》延续了这一政策方向，提出坚持全面落实主体责任，创新扶贫考核体系，完善监督考评机制。最后，建立考核的长效机制。在明确脱贫攻坚责任分工的基础上，建立年度扶贫开发工作逐级督查制度，并研究建立重点县退出机制，建立扶贫开发效果评估体系。同时，严格扶贫绩效考核，强化执纪问责。在考核内容上，则强调不仅要看减贫数量，更要注重脱贫质量。

第四，在资金使用方面，《关于创新机制扎实推进农村扶贫开发工作的意见》和《中共中央、国务院关于打赢脱贫攻坚战的决定》提出通过政府与社会资本合作、政府购买服务等多样化模式来拓展资金渠道，同时，建立健全脱贫攻坚多规划衔接、多部门协调长效机制，整合同类的涉农资金，实现资金由多头分散向统筹集中转变。在建立健全监督机制方面，一是充分发挥审计、纪检、监察等多部门的作用；二是逐步引入社会监督力量，多方协作，共同强化对扶贫资金的监督、审计、稽查，并加大对违纪违法行为的惩处力度。同时，相关扶贫政策还提出把资金使用绩效评价结果与资金分配、扶贫开发工作考核结合起来，建立扶贫资金违规使用责任追究制度、探索以奖代补等竞争性分配办法等做法，以强化扶贫资金使用的针对性、实效性和透明度。《中共中央、国务院关于打赢脱贫攻坚战的决定》和《"十三五"脱贫攻坚规划》指出，为做到扶贫资金使用精准，要进一步完善金融服务机制。一方面利用多种货币政策工具，创新农村金融服务产品与模式，包括加快推动农村合作金融发展、完善扶贫贴息贷款政策、推广小额信用贷款等；另一方面，在发挥好政策性金融导向作用基础上，鼓励和引导商业性、政策性、开发性、合作性等各类金融机构加大对扶贫开发的金融支持，通过创新金融产品和服务、延伸金融网点等方法，共同改善农村支付环境。

第五，在组织管理方面，精准扶贫政策体系强调层层落实扶贫目标责任制，进一步加强扶贫队伍建设。《中共中央、国务院关于打赢脱贫攻坚战的决定》提出，为加强基层扶贫队伍建设，要精准选配第一书记，精准选派驻村工作队，在加大基层干部考核力度的同时，完善村级组织运转经费保障机制。同时，视实际需要开展村民自治，组织群众自觉广泛参与扶贫开发。《关于创新机制扎实推进农村扶贫开发工作的意见》围绕健全干部驻村帮扶制度，提出分期分批安排，确保每个贫困村都有驻村工作队（组），每个贫困户都有帮扶责任人，同时完善保障与激励机制。《中共中央、国务院关于打赢脱贫攻坚战的决定》提出各部门之间要加强协作，将部门专项规划与脱贫攻坚规划有效衔接起来。

二、中国减贫政策的内容

改革开放以来，中国政府制定了一系列减贫政策文件，其中重要的文件包括《国家八七扶贫攻坚计划（1994－2000 年）》《中国农村扶贫开发纲要（2001－2010 年）》《中国农村扶贫开发纲要（2011－2020 年）》《中共中央、国务院关于打赢脱贫攻坚战的决定》《关于创新机制扎实推进农村扶贫开发工作的意见》《省级党委和政府开发工作成效考核办法》《关于加大脱贫攻坚力度支持革命老区开发建设的指导意见》《关于建立贫困退出机制的意见》以及其他各部委办的文件。这些文件构成了一个完整、系统的政策体系，推动着中国减贫事业的发展。本节主要介绍《国家八七扶贫攻坚计划（1994—2000年）》《中国农村扶贫开发纲要（2001—2010年）》《中国农村扶贫开发纲要（2011—2020年）》这三个时间相继、内容相承的重要政策文件。

（一）《国家八七扶贫攻坚计划（1994—2000年）》

《国家八七扶贫攻坚计划（1994—2000年）》主要从减贫形势，减贫任务，减贫目标、方针及途径，减贫资金管理使用、政策保障以及部门任务等方面来部署减贫行动。

1.形势与任务

该计划指出，扶持贫困地区尽快改变贫穷落后的面貌，是党中央、国务院的一贯方针。抓紧扶贫开发，尽快解决贫困地区群众的温饱问题，改变经济、文化、社会的落后状态，缓解以至彻底消灭贫困，不仅关系到中西部地区经济的振兴、市场的开拓、资源的开发利用和整个国民经济的持续、快速、健康发展，也关系到社会安定、民族团结、共同富裕，是全国深化改革的必要条件。这是一项具有重大的、深远的经济意义和政治意义的伟大事业。中国扶贫开发的任务十分艰巨，贫困人口主要集中在国家重点扶持的592个贫困县，分别分布在中西部的深山区、石山区、荒漠区、高寒山区、黄土高原区、地方病高发区以及水库库区，而且多为革命老区和少数民族地区。其共同特征是地域偏远，交通不便，生态失调，经济发展缓慢，文化教育落后，人畜饮水困难，生产生活条件极为恶劣。

2.奋斗目标

一是到20世纪末解决贫困人口温饱问题，绝大多数贫困户年人均纯收入达到500元以上（按1990年不变价格），扶持贫困户创造稳定解决温饱的基础条件；巩固和发展现有扶贫成果，减少返贫人口。二是加强基础设施建设。三是改变教育文化卫生的落后状况。

3. 方针与途径

继续坚持开发式扶贫的方针。鼓励贫困地区广大干部、群众发扬自力更生、艰苦奋斗的精神，在国家扶持下，以市场需求为导向，以科学技术为依托，开发利用当地资源，发展商品生产，解决温饱进而脱贫致富。

扶贫开发的基本途径：重点发展投资少、见效快、覆盖广、效益高、有助于直接解决群众温饱问题的种植业、养殖业和相关的加工业、运销业；积极发展能够充分发挥贫困地区资源优势、又能大量安排贫困户劳动力就业的资源开发型和劳动密集型的乡镇企业；通过土地有偿租用、转让使用权等方式，加快荒地、荒山、荒坡、荒滩、荒水的开发利用；有计划有组织地发展劳务输出，积极引导贫困地区劳动力合理、有序地转移；对极少数生存和发展条件特别困难的村庄和农户，实行开发式移民。

扶贫开发的主要形式：依托资源优势，按照市场需求，开发有竞争力的名特稀优产品；实行统一规划，组织千家万户连片发展，通过专业化生产，逐步形成具有一定规模的商品生产基地或区域性的支柱产业；坚持兴办贸工农一体化、产加销一条龙的扶贫经济实体，承包开发项目，外联市场，内联农户，为农民提供产前、产中、产后的系列化服务；引导尚不具备办企业条件的贫困乡村，自愿互利，带资带劳，到投资环境较好的城镇和工业小区进行异地开发试点，兴办二、三产业；扩大贫困地区与发达地区的干部交流和经济技术合作；在优先解决群众温饱问题的同时，帮助贫困县兴办骨干企业，改变县级财政的困难状况，增强自我发展能力；在发展公有制经济的同时，放手发展个体经济、私营经济和股份合作制经济；对贫困残疾人开展康复扶贫。

(二)《中国农村扶贫开发纲要(2001—2010年)》

《中国农村扶贫开发纲要(2001—2010年)》指出,中国2001—2010年扶贫开发的奋斗目标是:尽快解决少数贫困人口温饱问题,进一步改善贫困地区的基本生产生活条件,巩固温饱成果,提高贫困人口的生活质量和综合素质,加强贫困乡村的基础设施建设,改善生态环境,逐步改变贫困地区经济、社会、文化的落后状况,为达到小康水平创造条件。

1.基本方针

坚持开发式扶贫方针;坚持综合开发、全面发展;坚持可持续发展;坚持自力更生、艰苦奋斗;坚持政府主导、全社会共同参与。

2.内容和途径

一是继续把发展种养业作为扶贫开发的重点。因地制宜发展种养业,是贫困地区增加收入、脱贫致富最有效、最可靠的途径。要集中力量帮助贫困群众发展有特色、有市场的种养业项目。二是积极推进农业产业化经营。对具有资源优势和市场需求的农产品生产项目,要按照产业化发展方向,连片规划建设,形成有特色的区域性主导产业;积极发展"公司加农户"和订单农业的模式;引导和鼓励具有市场开拓能力的大中型农产品加工企业,到贫困地区建立原料生产基地,实行产业化经营;加强贫困地区农产品批发市场建设,进一步搞活流通,逐步形成规模化、专业化的生产格局。三是进一步改善贫困地区的基本生产生活条件。以贫困乡、村为单位,加强基本农田、基础设施、环境改造和公共服务设施建设。四是加大科技扶贫力度。在扶贫开发过程中,必须把科学技术的推广和应用作为一项重要内容,不断提高科技扶贫水平。五是努力提高贫困地区群众的科技文化素质。提高群众的综合素质特别是科技文化素质,是增加贫困人口经济收入的重要措施,也是促进贫困地区脱贫致富的根本途径。

六是积极稳妥地扩大贫困地区劳务输出。加强贫困地区劳动力的职业技能培训,组织和引导劳动力健康有序流动。七是稳步推进自愿移民搬迁。对目前极少数居住在生存条件恶劣、自然资源贫乏地区的特困人口,要结合退耕还林还草实行搬迁扶贫。八是鼓励多种所有制经济组织参与扶贫开发。地方各级政府要创造良好的政策环境和投资条件,吸引多种所有制经济组织参与贫困地区的经济开发。

(三)《中国农村扶贫开发纲要(2011—2020年)》

《中国农村扶贫开发纲要(2011—2020年)》总结和分析了扶贫开发工作取得的成绩和经验,分析了新时期扶贫开发的形势和任务,对新时期扶贫开发的指导思想、方针原则、主要任务、对象范围、专项扶贫、行业扶贫、社会扶贫、国际合作、政策保障、组织领导等进行了全面的部署。《纲要》指出,扶贫开发已经从以解决温饱为主要任务的阶段,转向巩固温饱成果、加快脱贫致富、改善生态环境、提高发展能力、缩小发展差距的新阶段。《纲要》确定了扶贫开发的总体目标:到2020年,稳定实现扶贫对象不愁吃、不愁穿,保障其义务教育、基本医疗和住房;贫困地区农民人均纯收入增长幅度高于全国平均水平,基本公共服务主要领域指标接近全国平均水平,扭转发展差距扩大趋势。《纲要》确定了新阶段扶贫开发的基本原则:政府主导,分级负责;突出重点,分类指导;部门协作,艰苦奋斗;社会帮扶,共同致富;统筹兼顾,科学发展;改革创新;扩大开放。

《纲要》对新时期减贫的主要方法作出了明确、具体的规划:

1. 专项扶贫

一是坚持自愿原则,实行易地扶贫搬迁。二是结合社会主义新农村建设,自下而上制定整村推进规划,分期分批实施。三是大力实施以工代赈,有效改善贫困地区各项工程建设。四是充分发挥贫困地区生态环境和自然资源优势,调整产业结构,发展特色产业,带动贫困农户增收。五是加大对贫困学生的基础教育和职业教育培训的补贴力度以及对农村贫困残疾人就业的扶持力度。六是创新扶贫开发机制，积极开展边境地区扶贫、地方病防治、灾后恢复重建以及其他特困区域和群体扶贫试点，扩大互助资金、连片开发、彩票公益金扶贫、科技扶贫等试点。七是革命老区建设，对贫困地区的革命老区县给予重点扶持。

2.行业扶贫

一是明确部门职责。各行业部门要把改善贫困地区发展环境和条件作为本行业发展规划的重要内容，在资金、项目等方面向贫困地区倾斜，并完成国家确定的扶贫任务。二是发展特色产业。加强农、林、牧、渔产业指导，发展各类专业合作组织，完善农村社会化服务体系。三是开展科技扶贫。积极推广良种良法，加大特色产业科技攻关和科技成果转化力度，推动产业升级和结构优化。四是完善各项基础设施建设。五是发展教育文化事业，培育基层文化队伍。六是改善公共卫生和人口服务管理。七是完善社会保障制度。推进社会救助政策和保障政策的改革。八是重视能源和生态环境建设。加快贫困地区可再生能源开发利用，提高城镇生活污水和垃圾无害化处理率，加大农村环境综合整治力度。加强对各种自然灾害的防治措施。

3.社会扶贫

一是加强定点扶贫。发挥各类机关部门、团体的扶贫能动性。二是推进东西部扶贫协作。实现东西协作帮扶工作的顺利推进。三是发挥军队和武警部队的作用。坚持把地方扶贫开发所需与部队所能结合起来。四是动员企业和社会各界参与扶贫。大力倡导企业社会责任，加强规划引导，鼓励社会组织和个人等主体参与扶贫。

三、中国减贫政策的特点

改革开放以来,特别是党的十八大以来,中国政府不断完善减贫政策,通过政策引领,构建多元主体参与格局、提升贫困人口内生动力、丰富贫困治理治贫路径、建立扶贫工作机制、确立科学考核指标、完善监督与评估体系等方式,逐步探索形成符合中国实际、具有中国特色的减贫发展道路,这对于确保2020年实现全面建成小康社会的宏伟目标具有重大意义。

(一)构建多元主体参与格局

传统的减贫政策大多将政府视为治理贫困的唯一有效主体,缺乏社会力量参与减贫的机制与保障。在长期的扶贫实践中,政府一直在唱“独角戏”,社会力量参与贫困治理的行动力较弱。改革开放以来,特别是党的十八大以来,中国政府注重调动市场、社会力量参与贫困治理,并从政策上提供了相应保障。2014年12月4日,国务院办公厅发布《关于进一步动员社会各方面力量参与扶贫开发的意见》,提出要大力倡导民营企业参与扶贫、积极引导社会组织扶贫、广泛动员个人扶贫、深化定点扶贫工作、强化东西部扶贫协作,创新完善社会扶贫参与机制,形成政府、市场、社会协同推进的大扶贫格局。2017年6月27日,民政部、财政部、国务院扶贫办联合发布《关于支持社会工作专业力量参与脱贫攻坚的指导意见》,提出打赢脱贫攻坚战需要社会各方面力量的参与,社会工作专业人才是为贫困群众提供心理疏导、精神关爱、关系调适、能力提升等社会服务的新兴力量,在帮助贫困群众转变思想观念、树立自我脱贫信心、拓宽致富路径、提升自我脱贫能力等方面可以发挥积极作用。2017年12月5日,国务院扶贫开发领导小组发布《关于广泛引导和动员社会组织参与脱贫攻坚的通知》，提出社会组织是动员组织社会力量参与脱贫攻坚的重要载体，社会组织要发挥自身专长和优势，在承担公共服务、提供智力支持、实施帮扶项目、协助科学决策等方面主动作为。中国政府积极调动市场、社会力量参与贫困治理，壮大减贫队伍，优化资源配置，提升贫困治理效率，为贫困治理注入了新的活力。

（二）提升贫困人口内生动力

改革开放以前，中国的扶贫模式是以救济为主的输血式扶贫。1986 年，中国开始在全国农村范围内开展有组织、有计划、大规模的扶贫开发工作，传统"输血式"的扶贫逐渐转向"造血式"扶贫。2011 年 12 月，《中国农村扶贫开发纲要（2011—2020 年）》的颁布，标志着中国扶贫开发进入"两轮驱动"的新阶段。中国政府强调教育扶贫的作用，坚持扶贫扶志（智）相结合、物质资本积累与人力资本提升相结合、公共基础设施与个人经济机会相结合，以提升贫困人口、贫困农户、贫困社区摆脱贫困的内生动力和发展能力，帮助贫困群体彻底摆脱穷根，切断贫困的代际传递。2013 年 7 月 29 日，国务院办公厅转发教育部、发展改革委、财政部等七部门联合发布的《关于实施教育扶贫工程的意见》，要求把教育扶贫作为扶贫攻坚的优先任务，以提高人民群众基本文化素质和劳动者技术技能为重点，推进教育强民、技能富民、就业安民，为全面建成小康社会奠定坚实基础。2015 年 11 月 29 日，《中共中央、国务院关于打赢脱贫攻坚战的决定》指出，要加快实施教育扶贫工程，让贫困家庭子女都能接受公平有质量的教育，阻断贫困代际传递。2016 年 12 月 16 日，教育部、发展改革委、民政部等六部门印发《教育脱贫攻坚"十三五"规划》，要求"采取超常规政策举措，精确瞄准教育最薄弱领域和最贫困群体，实现'人人有学上、个个有技能、家家有希望、县县有帮扶'，促进教育强民、技能富民、就业安民，坚决打赢教育脱贫攻坚战。"中国政府高度重视教育在贫困治理中的作用,切实保障贫困人口受教育的权利,提升贫困人口的内生动力,确保贫困人口从根本上摆脱贫困。

(三)创新减贫路径

与传统的通过发展经济减少贫困人口数量、依靠物质帮扶缓解贫困状况的路径不同,改革开放以来,党和政府出台了一系列减贫政策,丰富、创新了减贫路径。2016 年 2 月 10 日,《国务院关于进一步健全特困人员救助供养制度的意见》提出,要在全国建立起城乡统筹、政策衔接、运行规范、与经济社会发展水平相适应的特困人员救助供养制度,将符合条件的特困人员全部纳入救助供养范围,切实维护他们的基本生活权益。2016 年 3 月 23 日,国家发改委、国务院扶贫办、国家能源局等五部门发布《关于实施光伏发电扶贫工作的意见》,提出光伏扶贫是资产收益扶贫的重要方式,应在光照资源条件较好的地区因地制宜开展光伏扶贫。2016 年 5 月 26 日,中国保监会、国务院扶贫办《关于做好保险业助推脱贫攻坚工作的意见》提出,要充分发挥保险行业体制机制优势,全面加强和提升保险业助推脱贫攻坚能力。2016 年 9 月 8 日,中国证监会《关于发挥资本市场作用服务国家脱贫攻坚战略的意见》指出,要积极探索资本市场的普惠金融功能与机制,发挥证券期货行业优势,助力脱贫攻坚。2016 年 10 月 18 日,国务院办公厅发布《贫困地区水电矿产资源开发资产收益扶贫改革试点方案》,提出探索资产收益扶持制度。2016 年 10 月 17 日,科技部、教育部、中国社科院等七部门联合发布的《科技扶贫行动方案》提出,要着力开展创业扶贫,充分发挥科技创新在精准扶贫精准脱贫中的支撑引领作用。2016 年 10 月 27 日,中央网信办、国家发改委、国务院扶贫办联合发布的《网络扶贫行动计划》指出,要充分发挥互联网在助推脱贫攻坚、推进精准扶贫精准脱贫中的重要作用,2016 年 11 月 23 日,国务院印发并实施《"十三五"脱贫攻坚规划》,明确了产业发展扶贫、转移就业脱贫、易地搬迁扶贫、教育扶贫、健康扶贫、生态保护扶贫、兜底保障、社会扶贫的具体要求和内容。中国政府通过多种措施，提高贫困人口的收入，保障贫困人口享受教育、养老、医疗等公共服务的权利，为贫困人口增权赋能。各部门充分发挥专业优势，为贫困地区提供资金支持和技术支撑，拓宽贫困地区的收益渠道。这一系列尝试，有效缓解了贫困状况，巩固了脱贫成效，是贫困治理路径的重大创新。

（四）建立减贫工作机制

中国政府逐步重视减贫工作的规范管理，不断完善减贫工作机制。2014 年 5 月 12 日，国务院扶贫办、中央农办、民政部等七部门联合印发《建立精准扶贫工作机制实施方案》，提出要通过对贫困户和贫困村精准识别、精准帮扶、精准管理和精准考核，引导各类扶贫资源优化配置，实现扶贫到村到户，逐步构建精准扶贫工作长效机制，为科学扶贫奠定坚实基础。2014 年 8 月 8 日，国务院扶贫开发领导小组印发《关于改革财政专项扶贫资金管理机制的意见》，提出要从资金投入、资金拨付、资金监管、资金使用成效等方面评价财政专项扶贫资金绩效，进一步加强财政专项资金管理，充分发挥资金使用效益。2016 年 4 月 23 日，中共中央办公厅、国务院办公厅印发《关于建立贫困退出机制的意见》，提出要杜绝贫困县为获取政策“好处”而不愿“摘帽”的现象，及时退出稳定达到脱贫标准要求的贫困县，及时将新增贫困人口或返贫人口纳入扶贫范围。这一系列政策的实施，有助于建立全方位、立体化的精准扶贫工作机制，确保能科学有效地识别贫困群体，因地制宜配置扶贫资源，强化扶贫开发责任落实，实现真扶贫、扶真贫。

（五）确立科学考核指标

长期以来，中国没有建立专门的贫困县考核机制。[①] 以 GDP 为导向的干部绩效考核制度没有考虑贫困县发展水平和发展目标方面的特点，在很大程度上弱化和虚化了中央的扶贫目标。[②] 2013 年 12 月 18 日，中共中央办公厅、国务院办公厅印发了《关于创新机制扎实推进农村扶贫开发工作的意见》，明确要求改进贫困县考核机制，由主要考核地区生产总值向主要考核扶贫开发工作成效转变，把提高贫困人口生活水平和减少贫困人口数量作为主要指标。2014 年 12 月 17 日，中共中央组织部、国务院扶贫办《关于改进贫困县党政领导班子和领导干部经济社会发展实绩考核工作的意见》指出，要从贫困县实际出发考核发展实绩，突出发展导向，合理设置经济发展的考核指标，把扶贫开发作为经济社会发展考核实绩的主要内容，改进考核评价方法，强化考核结果运用，引导贫困县党政领导班子和领导干部树立正确的政绩观，促进贫困县转变发展方式，加快减贫脱贫步伐，提高科学发展水平。2015 年 11 月 29 日，中共中央、国务院印发《关于打赢脱贫攻坚战的决定》，提出要加快出台对贫困县扶贫绩效考核办法，大幅度提高减贫指标在贫困县经济社会发展实绩考核指标中的权重，建立扶贫工作责任清单；加快落实对限制开发区域和生态脆弱的贫困县取消地区生产总值考核的要求。中国政府通过上述一系列政策，确立了科学的考核理念，构建了科学的考核指标，对于规正地方领导干部的工作指向、推动地方政府行为与中央扶贫开发目标保持一致、提升贫困地区治理水平与效果具有重要的作用。

---

① 王国勇、邢溦：《我国精准扶贫工作机制问题探析》，《农村经济》2015 年第 9 期，第 46—50 页。

② 万君、张琦：《制度设计及影响：贫困县考核机制效果评估——基于贵州省的实证研究》，《贵州社会科学》2016 年第 2 期，第 5—10 页。

（六）完善监督与评估体系

改革开放以来，特别是党的十八大以来，中国共产党和中国政府出台了一系列政策，建立完善的监督与评估机制，督查各减贫主体的工作落实情况。2016 年 2 月，中共中央办公厅、国务院办公厅印发了《省级党委和政府扶贫开发工作成效考核办法》，考核中西部 22 个省（自治区、直辖市）党委和政府扶贫开发工作成效，对农村扶贫动态数据监测、第三方评估、财政专项扶贫资金的数据汇总提出了明确要求。2016 年 7 月 17 日，中共中央办公厅、国务院办公厅印发了《脱贫攻坚督查巡查工作办法》，要求督查组对各有关地区和单位脱贫攻坚工作情况进行综合督查，督查的重点内容包括脱贫攻坚责任落实情况，专项规划和重大政策措施落实情况，减贫任务完成情况以及特困群体脱贫情况，精准识别、精准退出情况，行业扶贫、专项扶贫、东西部扶贫协作、定点扶贫、重点扶贫项目实施、财政涉农资金整合等情况。2017 年 8 月 11 日，国务院扶贫开发领导小组印发《中央单位定点扶贫工作考核办法（试行）》，明确提出从帮扶成效、组织领导、选派干部、督促检查、基层满意情况、工作创新等方面考核中央单位定点扶贫工作，进一步压实中央单位的帮扶责任。2017 年 8 月 11 日，国务院扶贫开发领导小组印发《东西部扶贫协作考核办法（试行）》，考核东部帮扶省的帮扶情况以及西部被帮扶省份工作落实情况。这一系列政策措施强化对各类扶贫主体的监督检查，完善第三方评估机制，科学评估扶贫效果，保障扶贫资源能够有效传递、合理分配，确保完成脱贫攻坚各项目标任务。

四、中国减贫政策的走向

中国减贫政策为减贫事业提供了方向指导和政策保障。中国减贫政策具有以下特点：一是注重体制机制的创新，不断提升精准扶贫、精准脱贫能力；二是注重调动多元主体参与减贫，为减贫注入新生力量和丰富资源；三是注重培育贫困地区、贫困人口的内生动力，促进可持续减贫；四是丰富和创新减贫方式和减贫路径，减少多维贫困；五是积极探索特困人员、残疾人等弱势群体减贫的方法与路径，切实改善民生、实现共享发展；六是落实减贫责任、完善成效考核机制、加强减贫资金管理，确保减贫政策的有效落实。

梳理中国减贫行动的历程，可以发现，改革开放 40 年来，中国的减贫政策实现了从“政府包揽”到“多元共治”、从“救济式扶贫”到“开发式扶贫”、从“物质帮扶”到“扶志扶智”、从“区域瞄准”到“个体瞄准”、从“大水漫灌”到“精准滴灌”的转变。

（一）从“政府包揽”到“多元共治”

改革开放初期，中国政府基本上承担了全国范围内全部的减贫工作，市场力量、社会力量较少地参与到扶贫当中。1994 年，国务院发布《国家八七扶贫攻坚计划（1994－2000 年）》，明确规定了各部门在减贫中的任务，积极动员各民主党派、工商联、各级工会、共青团、妇联、基金会、科研机构等社会力量参与减贫。2001 年，中共中央、国务院印发《中国农村扶贫开发纲要（2001－2010 年）》，将“坚持政府主导、全社会共同参与”作为这一时期减贫的基本方针，从战略高度确定了社会参与在减贫中的作用。2011 年，中共中央、国务院印发《中国农村扶贫开发纲要（2011－2020 年）》，系统规划了专项扶贫、行业扶贫、社会扶贫的帮扶内容与帮扶方式。2015 年，《中共中央、国务院关于打赢脱贫攻坚战的决定》进一步指出，加大东西部扶贫协作力度，加强和改进定点扶贫工作，鼓励支持民营企业、社会组织、个人参与扶贫开发……构建专项扶贫、行业扶贫、社会扶贫互为补充的大扶贫格局。从“政府包揽”到“多元共治”，体现了中国的减贫行动不断地在吸纳社会资源、社会力量，推动贫困治理向专业化、精准化的方向发展。

（二）从“救济式扶贫”到“开发式扶贫”

改革开放初期，中国主要通过体制改革缓解贫困，并通过投入财政资金的方式解决“老、少、边、穷”地区的贫困问题。1986 年，国务院贫困地区经济开发领导小组成立，在全国范围内开展有组织、有计划、大规模的减贫工作，实现了从救济式扶贫向开发式扶贫的转变。1994 年，国务院发布《国家八七扶贫攻坚计划（1994－2000 年）》，提出要继续坚持开发式扶贫的方针，明确了减贫的基本途径和主要形式。进入新世纪，中国大力推进产业化扶贫和劳动力转移培训，引导贫困农民通过产业发展、技能提升实现脱贫致富。2011 年，中共中央、国务院印发《中国农村扶贫开发纲要（2011—2020 年）》指出：“坚持开发式扶贫方针，实行扶贫开发和农村最低生活保障制度有效衔接。”党的十八大以来，中国一直坚持扶贫开发与经济社会发展相互促进，坚持扶贫开发与生态保护并重，坚持扶贫开发与社会保障有效衔接。从“救济式扶贫”到“开发式扶贫”，体现了中国在扶贫开发中，注重将脱贫致富与发展地方经济、提升个人能力相结合，帮助贫困地区、贫困人口实现发展。

（三）从“物质帮扶”到“扶志扶智”

改革开放初期，中国为贫困地区提供扶贫资金，解决贫困地区群众的温饱问题。1986 年，中国进入大规模扶贫开发阶段，开始采用产业发展、信贷扶贫、以工代赈等措施，提升贫困地区的整体发展水平。2001 年，中国减贫进入综合扶贫阶段，这一阶段注重通过劳动力转移培训和产业化扶贫，提升贫困人口的人力资本，标志着中国的扶贫开发工作由以自然资源开发为主的阶段，发展到自然资源开发与人力资源开发并举的新阶段。[①] 2011 年以来，中国在减贫中注重发展贫困地区的教育文化事业，注重为农村贫困劳动力开展实用技术培训，进一步加强贫困人口的能力建设。党的十八大以来，习近平多次强调“扶贫先扶志、扶贫必扶智”，将“扶志扶智”摆到至关重要的位置，通过政策宣传、思想教育，改变贫困人口“等、靠、要”的观念，提升贫困人口脱贫致富、实现自我发展的志气和信心；大力发展贫困地区的教育事业，配套实施一系列教育优惠政策，保障贫困地区的孩子们接受良好教育，从而拔断穷根，切断贫困的代际传递。从“物质帮扶”到“扶志扶智”，体现了中国减贫越来越注重从根本上解决问题，注重提升贫困人口的内生动力，促进贫困人口参与到经济社会的发展中，最终实现可持续减贫。

（四）从“区域瞄准”到“个体瞄准”

改革开放之初，中国减贫政策将具有普遍性贫困特征的农村地区，以及极端贫困集中的连片贫困区作为帮扶对象。1986 年，中国划分了 18 个集中连片贫困地区。1986－1989 年间，中国又确立了 331 个国家重点扶持贫困县、370 个省级贫困县。1994 年，中国政府重新确定了选择贫困县的标准，并按新的标准在全国确定了 592 个贫困县。2001 年，中国对国家重点扶持的贫困县进行第二次调整，贫困县改称为国家扶贫开发工作重点县，调整后的国家扶贫开发工作重点县在数量上仍是 592 个。2001 年，中共中央、国务院印发《中国农村扶贫开发纲要（2001－2010 年）》，对扶贫瞄准对象和重点进行了重大调整，将 14.8 万个贫困村作为扶贫开发的重点，瞄准对象开始由贫困县向贫困村转移。2011 年，中共中央、国务院印发《中国农村扶贫开发纲要（2011－2020 年）》，将连片特困地区、重点县和贫

---

① 左常升主编：《国际减贫理论与前沿问题 2016》，中国农业出版社 2016 年版，第 12 页。

困村，以及在扶贫标准以下具备劳动能力的农村人口作为减贫工作的主要帮扶对象。党的十八大以来，中国政府将建档立卡的贫困人口作为减贫的首要对象。从“区域瞄准”到“个体瞄准”，体现了中国减贫取得了巨大成就，多数地区已经脱贫，更体现了中国政府不断聚焦减贫对象，提升减贫的针对性与科学性。

（五）从“大水漫灌”到“精准滴灌”

改革开放初期，中国主要通过制度变革以及区域扶贫缓解贫困问题。1986年，中国开始进入大规模开发式扶贫阶段，通过安排专项扶贫资金、实施优惠政策，推动贫困地区脱贫致富。1994年，国务院制定并发布《国家八七扶贫攻坚计划（1994－2000年）》，提出了财政支持、产业发展、劳务输出、生态移民、政策保障等多元化的帮扶措施。新世纪以来，中国减贫的重点向贫困村转移，综合运用产业扶贫、科技扶贫、易地搬迁扶贫、整村推进、以工代赈、就业促进等方式，解决贫困问题。经过多年大规模的减贫，致贫的共性因素得到极大改善，要提高减贫的有效性和针对性，必须注重解决致贫的个体因素。精准扶贫战略实施以来，中国更加注重将区域开发与每家每户脱贫实际结合起来，根据贫困农户不同的致贫原因、不同的贫困特征进行帮扶，做到“因人因地施策、因贫困原因施策、因贫困类型施策”。从“大水漫灌”到“精准滴灌”，体现了中国政府减贫工作方式的转变，提升了减贫资源的配置效率，确保每个贫困人口都能得到有效帮扶。

第八章 中国减贫的方式选择

中国的减贫实践是在不断探索中前行的。从新中国成立初期的救济式扶贫到经济体制改革时期的制度性扶贫，从经济高速增长期的区域性开发扶贫到全面建设小康社会时期的参与式扶贫，直至党的十八大以来所确立的精准扶贫精准脱贫，体现出在不同的经济和社会发展阶段选择的不同减贫方式。

一、中国减贫方式的演化

（一）新中国成立初期（1949—1978年）：救济式扶贫

1949年的中国是当时世界上最贫穷的国家之一。据联合国“亚洲及太平洋经济社会委员会”的统计，当年中国人均国民收入为27美元，不足整个亚洲平均44美元的2/3，不足印度57美元的1/2。[①]这一时期的中国普遍存在绝对贫困现象。新中国成立后，中国政府举全国之力发展经济，力图早日改变普遍贫困的状态。当时减贫的主要方式有：

1. 发展生产力

在经济发展水平十分低下的情况下，首要任务是发展生产力，振兴农村经济。在发展农村生产力方面，当时采取的主要举措包括：一

① 常红、张志达：《对全球减贫贡献超过70% “中国奇迹”普惠世界》，2015年10月16日人民网。

是在全国范围内开展大规模的基础设施建设；二是建立农村科技服务网络；三是建立全国性的农村信用合作体系，改善农村金融服务。经过努力，中国的农业总产值指数在1952—1958年期间呈现出连续上升的态势。[①]

2. 平均分配

中国主要采取平均分配与社会救济相结合的减贫模式，即通过社会主义改造，建立人民公社集体经济体制，实行计划经济平均主义分配原则，来保障人民群众生产生活需要。在农村，平均分配主要是通过重新分配土地等生产资料、实行农业合作化、建立合作医疗制度等手段实现。这种“一大二公”的农村经济制度具有双重经济效应。一方面保障了农村有限社会财富的高度平均分配，消灭了由经济制度不平等产生的阶层性贫困。但另一方面，扼制了农村生产力的发展。[②]

3. 社会救济

社会救济是政府对生活极其困难的贫困人口给予直接的款物接济和帮助，具体包括失业救济、灾害救济和孤寡病残幼救济等。同时，政府向边远落后地区输送物资，给予外部支援和财政补贴；初步建立以社区“五保”制度和农村特困人口救济为主的农村社会基本保障体系，为农村人口中没有劳动能力和无法解决最低生存需要的特困人口提供基本的社会保障和最低水平的生活保障；发展农村基础教育和农村基本医疗卫生事业等。这些措施保证了农村人口的基本生存需要，实现了中国历史上第一次大规模的减贫。

① 张磊主编：《中国扶贫开发政策演变（1949—2005年）》，中国财政经济出版社2007年版，第3—4页。

② 林乘东：《中国扶贫战略的演变与反思》，《中央民族大学学报》1998年第5期，第55—56页。

(二)经济体制改革时期(1978—1985年):制度性减贫

1978年,中国农村经济体制改革拉开序幕。同年召开的党的十一届三中全会作出了"把党和国家工作重心转移到经济建设上来,实行改革开放"的重要决定。会议进一步推动了对内改革,鼓励农村发展多种形式的责任制。1984年,以家庭联产承包经营为基础的双层经营体制改革在全国范围推开。

1. 制度变革扶贫

这一阶段,中国主要通过制度变革来减贫。首先是土地制度改革,即以家庭联产承包经营制度取代人民公社式的集体制度。土地制度改革极大地激发了农民的劳动积极性,解放了农业生产力,提高了土地产出率,增加了农民的收入。其次是市场体系的完善,投资环境的宽松和土地流转政策的实施。逐步放开了农产品价格,农产品市场体系得以重建;放开了工商业投资开发,乡镇企业迅速崛起;重建了地权和土地流动制度,土地得以充分开发利用。这些变革,使得国民经济迅速发展,并通过农产品价格的提升、农业产业结构向附加值更高的产业转化以及农村劳动力在非农领域就业三个方面的渠道,将利益传递到贫困人口,使贫困农民得以脱贫致富。[①] 这一时期的体制变革大幅度提高了农业土地产出率,大幅度缓解了农村贫困状况,贫困人口从2.5亿人下降到1.25亿人,平均每年减少1786万人。贫困发生率从30.7%下降到14.8%。[②] 在中国的贫困发生率大幅度下降的同时,贫困人口的绝对数量仍旧很大,不过这时的贫困相对地集中于一定的社会群体,中国的社会贫困由普遍性贫困开始转

① 向德平:《包容性增长视角下中国扶贫政策的变迁与走向》,《华中师范大学学报(人文社会科学版)》2011年第4期,第2—3页。

② 刘娟:《我国农村扶贫开发的回顾、成效与创新》,《探索》2009年第4期,第87—88页。

变为局部贫困。[1]

2.区域性扶贫

这一阶段的减贫政策聚焦于具有普遍性贫困特征的农村地区，以及极端贫困集中的连片贫困区，具有明显的区域性特征。减贫目标主要关注“老、少、边、穷”地区的贫困问题，将其作为各级政府工作的重点，政府采取了一系列减贫措施，包括：1980 年，中央财政设立的“支援经济不发达地区发展资金”；1982 年，将全国最为贫困的甘肃定西、河西和宁夏西海固的集中连片地区作为“三西”专项建设列入国家计划，进行区域性的专项扶贫工作；1984 年，出台实施《关于帮助贫困地区尽快改变面貌的通知》，进一步明确解决贫困地区的问题要突出重点，集中力量解决十几个连片贫困地区的问题。

3.“输血式”救济扶贫

1978 年，国家民政部成立，其主要职责之一就是组织社会救济。这一时期针对特定贫困群体的扶贫措施，主要是直接转移资金扶贫。例如专门支持老革命根据地、少数民族地区、边远地区和贫困地区发展的“支援经济不发达地区发展资金”，当年的资金规模为 5 亿元，之后逐渐发展成为财政发展资金；每年投入资金 2 亿元，用于“三西”扶贫开发建设。[2] 对于那些自然条件、地理环境以及基础设施都处于劣势地位的农村地区而言，“输血式”扶贫手段只能“救急不救穷”，并不能从根本上帮助他们摆脱贫困落后的状态。于是，政府救济的形式开始从以无偿救济为主转向部分实行有偿救济，并在贫困程度特别严重的“三西”地区开始了区域开发试验，这为“七五”时期开展的大规模开发式扶贫积累了经验，指明了发展方向。[3]

---

① 林乘东：《中国扶贫战略的演变与反思》，《中央民族大学学报》1998 年第 5 期，第 57 页。

② 张磊著：《中国扶贫开发政策演变（1949－2005 年）》，中国财政经济出版社 2007 年版，第 5－6 页。

③ 林乘东：《中国扶贫战略的演变与反思》，《中央民族大学学报》1998 年第 5 期，第 57 页。

（三）经济高速增长期（1986—2000年）：区域性开发

随着农村经济体制改革红利的充分释放，农村改革的边际效益逐渐递减，农村区域发展不平衡问题凸显，贫困人口向“老、少、边、穷”地区集中。基于这种形势，1986年，中国政府成立了专门的扶贫机构——国务院贫困地区经济开发领导小组（即国务院扶贫开发领导小组的前身），对传统单一的救济式减贫手段进行彻底改革，确立了开发式扶贫的方针，实施有组织、有计划、大规模的扶贫开发。

1. 区域性扶贫

为帮助贫困地区从根本上摆脱贫困，中国推行了区域性扶贫战略，瞄准包括18个集中连片贫困带和一批国家级、省级贫困县在内的贫困地区。政府安排专项扶贫资金，制定了放宽地区间农民迁移的限制、支持劳动密集型产业发展、鼓励并促进贫困地区和贫困农民参与全国经济发展，以及确定和调整国定贫困县扶贫援助等政策。通过基础设施建设和特色产业培育，增强其自我发展能力，建立“造血”机制。从1986年到1993年，592个国家重点贫困县的农民人均纯收入从206元提高到483.7元，年增长率在13%左右；[①]农村绝对贫困人口由1.25亿人下降到8000万人，年均递减6.2%；农村贫困发生率由14.8%进一步下降到8.7%。[②]

2. 开发式扶贫

1994年，中国出台《国家八七扶贫攻坚计划（1994－2000年）》。该计划明确要求集中人力、物力、财力，用7年左右的时间，基本解决8000万农村贫困人口的温饱问题。由此，中国扶贫开发工作开始由道义性扶贫向制度性扶贫转变，由救济性扶贫向开发性扶贫转变，由

① 刘娟：《我国农村扶贫开发的回顾、成效与创新》，《探索》第2009年第4期，第88页。

② 王朝明：《中国农村30年开发式扶贫：政策实践与理论反思》，《贵州财经学院学报》2008年第6期，第80－81页。

扶持贫困地区(主要是贫困县)向扶持贫困村、贫困户(主要是贫困人口)转变。[①]

中国政府明确提出加快中西部地区的经济发展计划,将扶贫到户与促进中西部地区经济发展的宏观政策相结合,大幅度增加扶贫开发投入,有效缓解了农村贫困问题。到1999年底,中国农村贫困人口已降至3400万人,贫困发生率也由8.7%下降到3.7%。[②]到2000年,农村贫困人口下降到3200万人,贫困发生率下降到3%左右,中国政府宣布"八七扶贫攻坚计划"确定的战略目标基本实现,全国农村贫困人口的温饱问题基本解决。经过7年的努力,贫困问题从普遍性、区域性、绝对性向点、片、线分布和相对贫困演变。

(四)全面建设小康社会时期(2001—2010年):参与式扶贫

"八七扶贫攻坚计划"完成之后,农村贫困人口的空间分布呈现出从区域集中型向点状分散型转变的特征,贫困人口大多分布在生存环境与生产条件十分恶劣的高寒山区、大石山区、缺水干旱区以及边疆少数民族聚居区,有的贫困人口还是丧失劳动力或没有劳动能力的残疾人员、孤老、孤儿等,依靠开发式扶贫很难帮助这些贫困群体脱贫。如果继续以贫困县作为扶贫开发的基本单位,就意味着有将近一半的农村贫困人口不能从中央政府的扶贫投资中受益。[③] 在此形势下,2001年6月,国务院出台了《中国农村扶贫开发纲要(2001—2010年)》。

由此,减贫工作重点与瞄准对象进行了重大调整,扶贫开发的重点从贫困县转向贫困村。减贫方式发生了重大变化,强调参与式扶

①② 王朝明:《中国农村30年开发式扶贫:政策实践与理论反思》,《贵州财经学院学报》2008年第6期,第80页。

③ 中国发展研究基金会编:《中国发展报告2007:在发展中消除贫困》,中国发展出版社2007年版,第95页。

贫,即用参与式方法自下而上地制定和实施扶贫开发规划,鼓励群众积极参与减贫的全过程。减贫手段更加多样化:以村为单位进行综合开发和整村推进;通过移民扶贫搬迁,改善农村贫困人口的生存发展环境,促进人口流动和转移就业;注重赋权提能,采取劳动力培训、小额贷款、发展贫困地区的科技教育和医疗卫生事业等手段,提升贫困地区和贫困人口抵御贫困和进一步发展的能力。

(五)确保全面小康的脱贫攻坚时期(2011年至今):精准扶贫

2011年,中共中央、国务院印发实施《中国农村扶贫开发纲要(2011—2020年)》。党的十八大以来,中国政府对脱贫攻坚作出新的部署,提出了精准扶贫、精准脱贫的全新扶贫方略。

精准扶贫一改过去"大水漫灌"的粗放式扶贫方式,强调"精准滴灌"的精细化扶贫,将扶贫政策和措施下沉到村到户,实现精准脱贫。精准扶贫包括精准识别、精准帮扶、精准管理和精准考核等内容,要求做到因户施策、因人施策,确保脱贫效果,做到"扶真贫、真扶贫"。

中国脱贫攻坚目前已取得显著成绩。据统计,2013年至2017年,中国农村贫困人口每年都减少超过1000万人;贫困发生率从2012年底的10.2%下降到2017年底的3.1%;贫困地区农村居民收入增幅高于全国平均水平,贫困群众生活水平明显提高,贫困地区面貌明显改善。

二、中国减贫的主要方式

(一)产业扶贫

1.产业扶贫的主要内涵

产业扶贫以市场为导向、经济效益为中心、产业集聚为依托、资源开发为基础，对贫困地区的经济实行区域化布局、工业化生产、一体化经营、专门化服务，形成一种利益共同体的经营机制，把贫困地区产业的产前、产中、产后各个环节统一为产业链体系，通过产业链建设来推动区域扶贫。[①] 产业扶贫将扶贫资源、资金主要用于发展投资和产业，从本质上实现了减贫政策从“输血”到“造血”的转变。

产业扶贫承担着贫困户的“造血”功能，成为减贫的核心，是减贫的主要手段。中央政府在《中国农村扶贫开发纲要（2011—2020年）》中明确提出，产业扶贫是扶贫开发工作的重点。[②] 产业扶贫引导贫困地区发挥自身的资源优势，发展特色产业，助力贫困地区优化经济结构，增加生产性就业机会，增加贫困地区居民收入，帮助贫困人口增收脱贫。它强调贫困户、企业、合作社等多元主体共同参与，通过发挥各方优势，使得产业扶贫利益最大化，促成贫困户、企业等多方共赢。

2.产业扶贫的方式

首先，加大产业扶贫政策支持力度。政策支持是产业扶贫的有效保障。一是建立从中央到地方各级政府的协作机制，将各贫困地区的产业发展纳入统一规划，依托资源禀赋和现有产业基础，整合资源优势。二是将产业分布量化到每个具体的贫困区域，落到实处，做好产业布局，避免重复建设、重复投资现象发生。三是对于跨区域的连片特困地区建立省级政策协同机制，进一步完善减税、免税、延期纳税、再投资退税等优惠政策，为片区产业快速发展营造政策环境。四是出台对口支援政策，鼓励更多区域外有实力的企业进驻贫困地区，通过做大做强特色产业带动贫困人口脱贫致富。五是根据每个贫困地区贫困维度和产业发展状况出台不同类型的政策，以“攻难

① 徐翔、刘尔思：《产业扶贫融资模式创新研究》，《经济纵横》2011年第7期，第85－88页。

② 刘建生、陈鑫、曹佳慧：《产业精准扶贫作用机制研究》，《中国人口·资源与环境》2017年第6期，第127－135页。

点”“补短板”的差异化政策来提升产业发展质量，增强带动力。

其次，加强贫困地区的基础设施建设。基础设施建设是贫困地区产业发展的硬环境，也是脱贫的关键要素。由于历史和自然原因，贫困地区交通、信息等基础设施欠账多，直接影响了产业发展。中国政府在连片特困地区设立“片区县域发展基金”，用于交通设施改善和信息化建设。在公共交通建设方面，实现国道、省道、县道联网，使之成为连接省内与周边省份经济交流的门户。在信息化建设方面，加大财政投入，加快电网、电信宽带网络、移动通讯扩容，扩大程控电话和移动电话网络的覆盖面，培养和引进信息人才，缩短与经济发达地区在信息技术上的差距，减少片区信息贫穷，让信息成为带动致富的引擎。

再次，依托区域资源禀赋和周边区域优势，建设产业扶贫示范区。发展特色产业是增强贫困地区发展内生动力的重中之重。为此，中国政府颁布连片特困块区《区域发展与扶贫攻坚规划（2011－2020年）》，基于区域内的资源禀赋、生态环境和国家主体功能区的定位，要求积极培植壮大特色产业，形成具有区域特色的支柱产业和产业体系，为区域发展和贫困人口脱贫致富奠定基础。连片特困地区多跨省、市、区，面积广，优势各异，要发展产业，就必须实行差异化战略，摒弃狭隘思想，最大限度地发挥各自优势，合力把区域内的产业做大、做强，充分发挥聚集带动作用，加快脱贫步伐。

最后，大力扶持龙头企业，强化产业扶贫引领作用。一是要加大对国家扶贫龙头企业的政策扶持。二是要加大对扶贫龙头企业的资金支持。三是要构建“龙头企业＋专业经济合作组织＋基地＋农户”的农业产业链条，增强龙头企业的竞争能力和带动能力，助推农业产业化、规模化、现代化发展。四是要充分发挥龙头企业在全民创新创业中的引领作用，增强企业协作，保证产业的可持续发展。[①]

3. 产业扶贫的减贫效用

产业扶贫方式的最大效用在于其"造血功能"，即能够调整贫困地区经济结构，增强贫困地区"造血机能"，为贫困人口提供长效、稳定、可持续的增收机制，促进贫困地区脱贫，实现贫困地区经济的内源式发展。产业扶贫最显著的效应是拉动贫困地区的经济发展，促进经济增长，具体体现在对贫困地区的 GDP、财政税收、贫困人口收入、区域的产业结构等都有显著的正向影响，[②]进而实现精准扶贫、精准脱贫的目的。

2016 年是开启打赢脱贫攻坚战的首战之年，产业扶贫在小额信贷扶贫和乡村光伏、旅游、电商等多种减贫方式上取得了积极成效。小额信贷扶贫方面，2014 年底，国务院扶贫办、财政部、中国人民银行、银监会和保监会携手，为建档立卡贫困人口量身定制了扶贫小额信贷。到 2016 年底，全国累计发放扶贫小额信贷 2833 亿元，全国共有 740 万贫困户受益。光伏扶贫方面，国务院扶贫办、国家能源局联合在河北、安徽、山西等 6 省份的 30 个县开展光伏扶贫试点。2016 年，在总结试点经验的基础上，将村级光伏电站确定为光伏扶贫的主推方式。利用村集体的闲置土地，投资建设 100 千瓦—300 千瓦的小型电站，设立村内公益岗位，为部分贫困户提供就业，既可用于村内小型公益事业，也可对贫困人口进行补助。光伏扶贫发电，既发展了新能源，又实现了脱贫增收。截至 2017 年 2 月 24 日，国家发改委、国务院扶贫办、国家能源局已下达 516 万千瓦的光伏扶贫项目建设计划。旅游扶贫方面，"十三五"期间，国务院扶贫办和国家旅游局在

① 王志章著：《连片特困地区包容性增长的扶贫开发模式研究》，人民出版社 2016 年版，第 304—305 页。

② 王春萍、郑烨：《21 世纪以来中国产业扶贫研究脉络与主题谱系》，《中国人口·资源与环境》2017 年第 6 期，第 151 页。

全国2.26万个贫困村开展乡村旅游扶贫，做到景区带动贫困村、能人带动贫困户，让旅游发展惠及更多贫困群众。电商扶贫方面，全国428个贫困县开展了电商扶贫试点，贫困地区的特色优质农产品借助互联网走向全国市场。

4.产业扶贫的经验启示

首先，政府引导是前提。贫困县大多基础差，底子薄，如果没有政府的统一规划、政策倾斜和引导，产业发展很难发挥规模效应。第二，资金投入是保障。资金到位是基础设施建设、开工设厂、规模生产的前提。第三，规模经营是基础。只有产业经济达到一定的规模时，才能显现优势和效益。第四，特色产业是核心。只有因地制宜地发展特色产业，才能盘活地区经济，发挥比较优势。第五，技能培训是根本。“授之以鱼，不如授之以渔”。授人以鱼只救一时之急，授人以渔则解一生之需。通过技术培训，贫困户的生产经营水平得到提高，创新创业能力不断提升。[①]

发展产业扶贫，应注意以下问题。首先要防范市场风险。既要遵循市场规律，充分发挥市场的主体作用，又要充分评估市场的风险性和不确定性，做到积极应对。尽量避免盲目跟风、求快贪功的心态，确保风险可控，收益稳定。二是要确保监管到位。要对扶贫资金的流向、使用明细实行全程监管，确保款项用在减贫“刀刃”上，避免扶贫资金变相挪用，偏离产业扶贫的初衷。三是防止减贫效益偏移。由于产业扶贫需要规模性的产业培育和发展，贫困户和非贫困户往往会一起参与，但由于非贫困户一般具有更强的产业经营能力，原本作用于贫困户的减贫效益外溢，从而降低了精准扶贫的效果。

① 中央党校经济学教研部编：《中国扶贫开发调查》，中共中央党校出版社2013年版，第137－139页。

（二）易地搬迁扶贫

1.易地搬迁扶贫的内涵

易地搬迁是帮助连片特困地区、偏远山区贫困人口减贫脱贫的治本之策，是指将生活在缺乏生存条件地区的贫困人口搬迁安置到其他地区，并通过改善安置区的生产生活条件、调整经济结构和拓展增收渠道，帮助搬迁人口逐步脱贫致富。易地搬迁扶贫的对象主要是居住在深山、石山、高寒、荒漠化、地方病多发等生存环境差、不具备基本发展条件，以及生态环境脆弱、限制或禁止开发地区的农村建档立卡贫困人口，优先安排位于地震活跃带及受泥石流、滑坡等地质灾害威胁的建档立卡贫困人口。

2.易地搬迁扶贫的方式

2016 年 9 月 20 日，国家发改委印发《全国“十三五”易地扶贫搬迁规划》（以下简称《规划》），计划五年内对近 1000 万建档立卡贫困人口实施易地扶贫搬迁。

《规划》指出，搬迁对象主要是“一方水土养不起一方人”地区经扶贫开发建档立卡信息系统核实的建档立卡贫困人口，约 981 万人。迁出区域范围涉及 22 个省的约 1400 个县。从政策区域看，搬迁对象主要集中在国家和省级扶贫开发工作重点地区。其中，集中连片特困地区县和国家扶贫开发工作重点县内需要搬迁的农村人口占 72％；省级扶贫开发工作重点县内需要搬迁的农村人口占 12％；其他地区占 16％。此外，还有部分生活在同一迁出地的非建档立卡人口需要实施同步搬迁，各地结合自身实际计划安排实施同步搬迁人口 600 多万人。同步搬迁人口可与建档立卡人口共享安置区基础设施和基本公共服务设施，但不享受中央相关住房建设补助资金。《规划》还明确规定了配套基础设施、公共服务设施等建设项目，包括建设安置区道路约 11 万公里、铺设饮水管网约 14 万公里、供配电网约

12万公里，学校及幼儿园约1600万平方米、卫生室约570万平方米、其他村级服务设施约2500万平方米等。

在搬迁人口安置上，统筹考虑水土资源条件、城镇化进程及搬迁对象意愿，采取集中与分散相结合的安置方式。其中，集中安置主要包括行政村内就近集中安置、建设移民新村集中安置、依托小城镇或工业园区安置、依托乡村旅游安置等。行政村内就近集中安置是指依托靠近交通要道的中心村，引导本行政村内居住在生存条件恶劣地区的搬迁对象就近集中安置。建设移民新村集中安置是指依托新开垦或调整使用的耕地，在周边县、乡镇或行政村规划建设移民新村，引导居住在生存条件恶劣地区的搬迁对象就近集中安置。依托小城镇或工业园区安置是指结合新型城镇化建设，在县城小城镇或工业区附近建设集中安置区。安置区周边不具备基本生存条件的地区，搬迁对象适度集中居住并发展乡村旅游。分散安置则主要包括插花安置、投亲靠友等。插花安置是指依托安置区已有基础设施、公共服务设施以及土地、空置房屋等资源，由当地政府回购空置房屋、配置相应耕地资源安置部分搬迁对象。此外，引导搬迁对象通过进城务工、投亲靠友等方式自行安置，除享受易地扶贫搬迁补助政策外，迁出地和迁入地政府应在户籍转移、社会保障、就业培训、公共服务等方面给予支持。上述安置方式中，集中安置人口占搬迁人口总规模的76.4%，分散安置人数占搬迁人口总规模的23.6%。

搬迁是手段，脱贫是目的。根据搬迁对象的实际情况，通过统筹整合财政专项扶贫资金和相关涉农资金，支持发展特色农牧业、劳务经济、现代服务业等，探索资产收益扶贫等方式，确保贫困人口有业可就、实现稳定脱贫。促进搬迁人口脱贫的路径，一是发展特色农林业脱贫一批。通过发展特色种植、高效养殖、林下经济、设施农业、休闲农业等产业脱贫。二是发展劳务经济脱贫一批。将发展劳务经济作为持续增加收入的主要途径，加强搬迁人口就业技能培训，加强就业指导和劳务输出工作，努力拓宽搬迁人口的就业创业渠道，促进搬迁就业脱贫。三是发展现代服务业脱贫一批。扶持搬迁贫困人口从事农副产品营销、餐饮、家政、仓储、配送等服务业，多渠道增收促进脱贫。四是资产收益扶贫脱贫一批。探索“易地扶贫搬迁配套设施资产变股权、搬迁对象变股民”的方式，通过将资产量化到贫困人口，增加其财产性收入，带动脱贫。五是社会保障兜底脱贫一批。对符合相关条件的搬迁对象纳入社会保障兜底脱贫范围，通过政策兜底脱贫。

3.易地搬迁扶贫的效果

易地搬迁扶贫的最大特点是手段直接、见效快且成效明显，能够在较短时间内帮助移民改善生存、生产和生活环境，增加就业机会，提高社会公共服务水平，从而较快实现减贫脱贫的目标。

国家发改委自2001年开始组织实施易地扶贫搬迁试点工程，到2015年累计安排中央补助投资363亿元，搬迁贫困人口680多万人，建设了一大批安置住房和安置区水、电、路、气、网等基础设施，以及教育、卫生、文化等公共服务设施，大幅改善了贫困地区生产生活条件，有力推动了贫困地区人口脱贫、产业集聚和城镇化进程，产生了良好的经济、社会和生态效益。2016年9月，国家发改委对外发布《全国“十三五”易地扶贫搬迁规划》，计划五年内对近1000万建档立卡贫困人口实施易地扶贫搬迁。2016年易地扶贫搬迁249万人所需193.6亿元中央预算内投资已全部下达完毕，22个省已将中央预算内投资全部分解下达到项目县。下达专项建设基金规模500亿元，2016年贴息贷款规模828.46亿元。各地已为搬迁对象累计开展就业技能培训57万人次，落实就业岗位40万个，组织劳务输出约40万人。[①]

① 李慧、冯蕾：《〈全国“十三五”易地扶贫搬迁规划〉出台》，《光明日报》2016年9月23日。

4.易地搬迁扶贫的经验启示

首先,分类施策是前提。要摸清贫困户“家底”,因人因地施策,分析其贫困原因,确定适宜的搬迁模式,提前谋划好搬迁后的脱贫路径。其次,多方融资是保障。易地搬迁的资金需求大,不仅需要政府加大投入力度,还需要创新投融资模式,多方筹集资金来源。第三,可持续发展是目标。搬迁不是目的,搬迁后的减贫脱贫才是目的。移民搬迁后的适应、融入、生产和发展,需要政府完善相关后续扶持政策,通过产业扶持、劳动力转移培训、配套公共服务等,帮助他们及时解决难题,尽快减贫脱贫,实现增收致富。

此外,由于易地搬迁贫困人口的构成复杂,要在分类施策的基础上,搞好配套建设,用发展的办法推进易地扶贫搬迁,精准选择安置方式,保障产业发展对易地扶贫搬迁贫困户的带动效应,并以公共服务供给为切入点,构建易地扶贫搬迁贫困户的社会支持系统。①

(三)生态扶贫

1.生态扶贫的内涵

生态扶贫是指从改变贫困地区的生态环境入手,通过加强基础设施建设,从而改变贫困地区的生产生活环境,使贫困地区实现可持续发展的一种新的扶贫方式。② 生态扶贫是兼顾生态和减贫双重目标的一种扶贫方式,充分利用生态资源和价值,在保证生态可持续发展的前提下追求减贫效益的最大化。它充分体现了“既要绿水青山,也要金山银山。宁要绿水青山,不要金山银山。绿水青山就是金山银山”的绿色发展理念,把生态文明建设有机融入到减贫实践中。

生态扶贫丰富了减贫的内涵,为减贫提供了切实可行且有效的

① 邹英、向德平:《易地扶贫搬迁贫困户市民化困境及其路径选择》,《江苏行政学院学报》2017年第2期,第78—79页。

② 罗侠、杨波、庞革平:《新词·新概念:生态扶贫》,《人民日报》2002年10月28日。

减贫手段和方式。《中共中央、国务院关于打赢脱贫攻坚战的决定》提出，要把生态保护放在扶贫开发的优先位置，实施“依靠生态保护脱贫一批”、“依靠生态补偿脱贫一批”的减贫策略，让贫困人口从生态建设与保护中得到更多实惠，使生态扶贫成为中国特色扶贫开发道路的重要内容。党的十八届五中全会指出，“十三五”时期的一项重要任务是实施精准扶贫、精准脱贫，解决区域性整体贫困，总体改善生态环境质量，对贫困人口实行资产收益扶持制度的探索。可见，生态扶贫是一种新的可持续发展方式与减贫方式，是“五大发展理念”在生态保护与减贫领域的具体体现。

2. 生态扶贫的方式

生态扶贫的方式主要有生态产业扶贫、生态移民扶贫、生态补偿扶贫等。生态产业扶贫是指发展生态农业、生态林业、生态旅游业等绿色产业。生态移民扶贫是对那些生存在“一方水土不能养活一方人口”地区的贫困人口，实施生态移民，改善其生存条件。生态补偿扶贫的具体做法，第一，通过财政资金的转移支付，补偿因环境保护而受到的经济损失，如实施退耕还林、退牧还草等大型生态保护项目；第二，通过市场机制，如流域的生态补偿、碳汇交易的试点等，让生态环境的受益者或消费者向生态环境的保护者和生态产品的生产者支付报酬；第三，通过社会动员，使更多的人参与环境保护，并向生态脆弱地区的贫困人口提供支持，提高贫困人口的教育、卫生条件。①

生态扶贫内容复杂，既有项目实施和资源自用为主的基础性扶贫，也有生态实物产品的市场化开发所形成的产业扶贫，更包括非实物产品的服务消费扶贫，以全方位适应贫困地区的扶贫需求。

生态扶贫的目的是提升贫困人口可持续生计能力，只有贫困人口持续发展能力提升了，生态扶贫的目标才能实现。人是减贫工作

① 王晓毅：《绿色减贫变绿水青山为金山银山》，来源：2016 年 10 月 17 日新华网。

的主体，人的发展能力提升是解决贫困问题的基础。无论是生态建设型减贫、生态产业发展型减贫、生态服务消费减贫还是制度保障型减贫，都需要贫困人口的参与。人的发展能力不足是造成贫困的根本原因，因此，要在生态建设项目、生态产业发展等方面融入贫困人口发展能力建设的内容。

同时，需要进行生态扶贫意识的培育。贫困地区特殊的地理、人文环境和较弱的经济基础，决定了生态扶贫的艰巨性和复杂性。一方面，要加强政府部门对生态扶贫的理解和认识，将促进绿色发展作为地区发展的基本职能之一，不断提高制度保障能力，努力提升生态扶贫管理能力；另一方面，要加强对贫困地区居民的宣传培训，调动当地居民发展绿色产业的积极性。

3.生态扶贫的作用

1994 年，国务院制定了《国家八七扶贫攻坚计划（1994－2000 年）》，在“形势与任务”中提出贫困县的共同特征是生态失调，这是国家层面首次将贫困与生态一并提出。2001 年《中国的农村扶贫开发》白皮书在“内容与途径”中提出，扶贫开发要与水土保持、环境保护、生态建设相结合。此后《中国农村扶贫开发纲要（2001－2010 年）》《中国农村扶贫开发纲要（2011－2020 年）》《关于创新机制扎实推进农村扶贫开发工作的意见》都高度重视贫困地区的生态脆弱和生态破坏问题，提出利用生态补偿制度和生态建设等方式改善生态环境，消除贫困。

生态扶贫的主要作用是改善和修复生态功能，用可持续发展理念指导扶贫，谋求减贫发展与生态环境的和谐统一。

首先，生态扶贫使保护生态和减贫脱贫双赢成为可能。发展符合贫困地区资源条件、有利于环境保护的特色产业，帮助生态移民搬迁，有助于贫困人口打破生态恶化、生活贫困恶性循环的贫困陷阱。[①] 其次，生态扶贫有利于培养贫困人口的可持续发展能力。通过生态保护与扶贫开发的同步发展，实现贫困地区人口与资源、环境的协调发展。生态优先是前提，资源持续利用是手段，生态环境是基础，贫困人口能力建设是归宿，生态建设是载体，生态服务消费市场是动力。生态扶贫不仅关注生态建设，更关注项目参与群体的可持续生计能力，将提升贫困人口发展能力融入到生态建设项目和生态资源利用过程中。第三，生态扶贫可以切实解决部分生态环境较好地区贫困人口的生存和发展问题。通过对贫困地区生态产品价值进行补偿，可以直接使这些地区的居民获得收益，缓解生存压力，并形成部分原始积累。第四，生态扶贫可以促进贫困地区的生态文明建设。通过生态产品价值补偿机制，调动贫困地区和贫困人口节约资源、保护环境的积极性。同时，还能促进生态补偿机制的建设，完善生态文明制度体系。第五，生态扶贫可以加强对国家生态安全战略的支持。消除贫困、实现区域协调发展、绿色发展是生态安全战略格局构建的基本内核，实现生态建设与扶贫开发的融合协调发展是生态扶贫的重要目标。

4.生态扶贫的经验启示

第一，减贫不能以牺牲生态环境为代价，只有保护生态环境，才可能实现环境、经济、社会效益的最大化。第二，要切实推进生态保护和减贫的良性互动。加大生态保护力度，通过改善生态环境吸引投资，使“绿水青山”真正变成“金山银山”，将生态价值转化为经济优势，加快减贫脱贫步伐。第三，引导贫困人口发展生态产业，不仅有利于改善其生活条件，也有利于改善生态环境，实现保护生态、改善民生的双赢。

---

① 李佐军：《以生态扶贫探索精准扶贫新路》，来源：2016年10月10日人民政协网。

在生态扶贫实践中,依然存在着一些不容忽视的问题。第一,贫困人口的生态保护意识不强。贫困人口是生态扶贫的主体参与者,其生态意识和观念直接关乎生态扶贫的实效。因此,需要进一步引导贫困人口尊重自然、保护自然,养成与自然和谐相处的生产、生活方式。第二,生态扶贫同质化趋势明显。以生态旅游为例,多地发展生态旅游项目,但由于定位不清,特色不明,导致重复建设、同质化竞争问题突出,项目的竞争力和吸引力不强,生态扶贫效益弱化。第三,减贫发展与生态保护的矛盾依然存在。大部分贫困地区位于山区,在贫困问题突出和生态基础薄弱的双重压力之下,不当的开发行为会加剧生态环境的破坏。要实现经济与生态效益兼顾,或者在两者不能兼顾的情况下,如何优先保护生态,再开展减贫脱贫,这些难题仍有待进一步破解。

(四)教育扶贫

1.教育扶贫的内涵

"扶贫先扶智"。教育扶贫是指通过教育来提升贫困人口的综合素质,使其掌握脱贫致富本领,从而实现减贫脱贫,阻止贫困代际传递的减贫方式。教育扶贫首先意味着"扶教育之贫",即通过政策倾斜、加大投入、调整结构等各种手段及方式以最终实现教育领域的减贫与脱贫。教育扶贫同时还意味着"依靠教育减贫",即将教育作为扶贫的手段、工具、途径或方式,通过发展教育来带动贫困地区及贫困人口的脱贫致富。教育在扶贫过程中兼具目标与手段、任务与工具的双重属性,两种属性互相依存、密不可分。一方面,教育扶贫功能的有效发挥奠基于不断发展的教育事业;另一方面,教育领域的扶贫开发也隐含着对教育扶贫功能的预设和期待,其关系可概括为:通过扶教育之贫以实现依靠教育来扶贫,发挥教育的扶贫功能以证实扶教育之贫政策的有效性。[①]

2.教育扶贫的方式

教育扶贫瞄准贫困人口对接受各类教育最迫切、最关键、最突出的问题，采取特殊措施、精准发力，着力做好教育扶贫的顶层设计，通过扩大农村教育资源，普及贫困地区学前教育，推动义务教育优质均衡发展，推动普通高中教育特色发展，依托职业教育拔除穷根，努力提高教育贡献率，提升贫困地区教师整体水平，加大对革命老区和民族地区教育特殊支持，畅通贫困学子纵向流动渠道，扩大资助帮扶政策覆盖面，保障留守儿童健康成长等多方面举措，实施“由点到面”的一揽子支持计划，确保教育减贫惠及广大贫困人口，整体提升贫困地区教育发展水平。[②]

党的十八大以来，中国政府全面落实精准扶贫、精准脱贫的基本方略，采取超常规政策举措，精准聚焦贫困地区的每一所学校、每一名教师、每一个孩子，启动实施教育扶贫全覆盖行动，先后组织实施了 20 项教育惠民政策措施，实现了贫困地区义务教育普及、学校基础设施建设、学生资助体系、教师队伍建设、民族教育发展、职业教育提升等领域的教育扶贫全方位覆盖。主要包括以下几个方面。

贫困地区教育的普及和基础设施建设方面，中央财政投入 700 多亿元，实行学前教育三年行动计划，推动贫困地区学前教育的发展，并对学龄前儿童提供相应资助政策。从 2011 年起，地方政府对普惠性幼儿园在园家庭经济困难儿童、孤儿和残疾儿童予以资助，中央财政予以奖补。2014 年，各级政府资助幼儿 382 万人，资助资金 51 亿元。同时，全面改善贫困地区义务教育薄弱学校基本办学条件，加强学校硬件设施，保障学生的学习环境和人身安全。截至 2015

① 刘军豪、许锋华：《教育扶贫：从“扶教育之贫”到“依靠教育扶贫”》，《中国人民大学教育学刊》2016 年第 2 期，第 44—53 页。

② 王嘉毅、封清云、张金：《教育与精准扶贫精准脱贫》，《教育研究》2016 年第 7 期，第 12 页。

年,中央财政安排补助资金640亿元,惠及3000多万农村贫困学生。

学生资助方面,义务教育阶段实行"两免一补"(免学杂费、免教科书费、寄宿生生活补助)。城乡义务教育阶段,所有学生免除学杂费。对义务教育阶段所有农村学生和城市低保家庭学生免费提供教科书,对农村学生免费配发汉语字典。对义务教育阶段农村和城市家庭经济困难寄宿生发放生活补助。高中阶段,实行普通高中国家助学金政策,中等职业教育免学费、补助生活费政策。从2012年秋季学期起,按照每生每年2000元的标准对中等职业学校全日制正式学籍在校生中所有农村(含县镇)学生、城市涉农专业学生和家庭经济困难学生免除学费,并给予全日制正式学籍一、二年级在校涉农专业学生和非涉农专业家庭经济困难学生每生每年2000元的国家助学金资助。这一政策已对连片特困地区农村学生实现了100%全覆盖。高等教育阶段,已经建立起国家奖学金、国家励志奖学金、国家助学金、国家助学贷款、师范生免费教育、勤工助学、学费减免、"绿色通道"等多种方式并举的资助体系。

教师队伍建设方面,国务院办公厅于2016年颁布了《乡村教师支持计划(2015—2020年)》,通过拓展乡村教师补充渠道、提高乡村教师生活待遇等关键举措,造就一支素质优良、甘于奉献、扎根乡村的教师队伍,让每个乡村孩子都能接受公平、有质量的教育,帮助乡村孩子学习成才,阻止贫困现象代际传递。

民族教育发展方面,在西藏和新疆南疆四地州分别实行15年免费教育和14年免费教育。西藏的"三包"政策(包吃、包住、包学习费用)覆盖了从学前至高中阶段所有农牧民子女和城镇困难家庭子女,年受益学生达52.5万人,资助金额达15亿元。新疆南疆四地州实现了14年免费教育,覆盖了学前两年教育、义务教育和高中阶段教育,年受益人数190万人,资助金额超过50亿元。此外,还实行了教育援藏和援疆、新疆与内地省市中小学"千校手拉手"、四川藏区"9+

3”免费教育计划、内地民族班政策、少数民族预科班和少数民族高层次骨干人才培养计划等民族教育相关举措。

职业教育提升方面，国家大力重视贫困地区职业教育发展，2012年开始，东部地区10个职业教育集团与滇西10市州签署战略合作协议，对口帮扶滇西职业学校发展，并协助对口合作市州制定重点产业发展规划、打造高端技术技能人才队伍等。2014年，建立了17个东中部职教集团与西藏和四省藏区17个地州的职业教育对口帮扶机制。

在新时期精准扶贫战略下，教育也要实现精准扶贫，即采取特殊措施、精准发力，着力扩大农村教育资源，在贫困地区普及学前教育，推动义务教育优质均衡发展，推动普通高中教育特色发展，依托职业教育拔除穷根，努力提高高等教育贡献率，提升贫困地区教师整体水平，加大对革命老区和民族地区教育特殊支持，畅通贫困学子纵向流动渠道，扩大资助帮扶政策覆盖面，保障留守儿童健康成长。教育精准扶贫须坚持改革创新、突出重点、确保精准，各项支持政策既要有利于贫困家庭子女自强自立，还要保护其自尊心和自信心。[①]

3.教育扶贫的作用

相对于产业扶贫、易地搬迁扶贫和生态扶贫等手段而言，教育扶贫直指导致贫困的根源，因而在诸多减贫手段中，其功效也更为持久。实施精准扶贫，精准脱贫，迫切需要发挥教育在减贫脱贫中的基础性作用。国际食物政策研究所(IFPRI)生产与环境部高级研究员樊胜根发现，每增加1万元的教育投资，就可使9个人脱贫，比科研投资的扶贫效果高出30%。[②] 首先，教育扶贫是提升贫困人口造血能力的重要途径。只有通过教育，才能提高贫困地区人口的文化素

① 王嘉毅、封清云、张金：《教育与精准扶贫精准脱贫》，《教育研究》2016年第7期，第12—21页。

② 祝玉峰、赵茂林：《论“十一五”中国西部农村“教育反贫困”战略》，《特区经济》2006年第10期，第286—287页。

质、科学素质、思想素质等综合素质,增强其造血功能。其次,教育扶贫是精准脱贫的治本之道。“挪穷窝”“拔穷根”“摘穷帽”的关键,在于贫困人口产生穷则思变的内生动力,教育可以引领其了解自身所处环境资源特色与优势,并有足够的欲望与能力去开发利用,使之走出贫困。[①] 第三,教育扶贫是阻止贫困代际传递的根本手段。教育可以直接增强贫困家庭孩子获得发展资源的能力,增加其参与公共事务的机会,从而避免陷入贫困陷阱,打破代际传递。第四,教育通过开发人力资本、提升人口素质、改变贫困人口传统理念、扭转落后的贫困文化等多种方式,全面提升了贫困人口的精神文化素养,改善了贫困地区的整体风貌,具有可持续性的减贫脱贫的功效。

4.教育扶贫的经验启示

教育扶贫,一是要注重提升贫困人口的脱贫能力。运用优势视角加强贫困人口自身能力建设,赋予其自我发展的权利,强化其自身的造血功能。二是要重视职业教育在减贫中的重要作用。职业教育或职业培训可以在较短的时间内,帮助贫困人口掌握相关技术技能,直接达到稳定就业、提高收入、摆脱贫困的目的。三是要积极培育就业创业典型。要善于发掘和培养创业致富带头人,充分发挥其引领示范作用,带动更多的贫困人口减贫脱贫。四是要创新教育扶贫形式。要建立企业、政府和社会等多主体参与教育扶贫的机制,拓展教育扶贫的渠道,加强产业扶贫和教育扶贫之间的联系,提高教育扶贫的效果。

要进一步加大教育扶贫力度,充分发挥人才的作用,在为贫困地区培养人才的同时,还要通过各种激励措施吸引人才、留住人才。要进一步改革创新贫困地区的教育体制机制。要发挥学前教育、义务

---

① 傅佑全:《教育扶贫是实施精准扶贫国家战略的根本保障》,《内江师范学院学报》2016年第5期,第81页。

教育、职业教育、高等教育等不同层次的教育在减贫中的作用。教育扶贫的重心不应只停留在改善办学条件和资助学生上，而要深挖致贫的原因，通过教育供给侧的结构性改革为“寒门出贵子”创造有利条件。[①]

（五）兜底保障扶贫

1.兜底保障扶贫的方式

兜底保障扶贫，是指对于完全或部分丧失劳动能力，确实无法依靠自身力量摆脱贫困的贫困人口，实行社保政策兜底脱贫的减贫方式。农村最低生活保障制度（简称“低保”）在中国扶贫攻坚战略中发挥着重要的作用。“通过社会保障兜底一批”是精准扶贫方略中“五个一批”的重要内容，社保兜底特别是低保兜底成为新时期精准扶贫和精准脱贫的重要手段。

《中共中央、国务院关于打赢脱贫攻坚战的决定》明确提出，通过实行农村最低生活保障制度，对无法依靠产业扶持和就业帮助脱贫的家庭实行政策性保障兜底。对农村低保申请家庭经济状况进行核查，将所有符合条件的贫困家庭纳入低保范围，做到应保尽保。加大临时救助制度在贫困地区落实力度。提高农村特困人员供养水平，改善供养条件。加快完善城乡居民基本养老保险制度，适时提高基础养老金标准，引导农村贫困人口积极参保续保，逐步提高保障水平。有条件、有需求的地区可以实施“以粮济贫”。通过实施最低生活保障、医疗救助、新型农村合作医疗、大病保险、代缴基本养老保险等政策措施，实现“社会保障兜底一批”的工作目标。[②]

---

① 孟照海：《教育扶贫政策的理论依据及实现条件——国际经验与本土思考》，《教育研究》2016年第11期，第47—53页。

② 《中共中央、国务院关于打赢脱贫攻坚战的决定》，来源：2015年11月29日新华网。

2.兜底保障扶贫的效果

兜底保障的直接目标是确保实现贫困人口全部脱贫。贫困人口中,确实存在一部分无法凭借自身力量减贫脱贫的老弱病残群体,对其进行托底救急、兜底保障是确保“不让一户贫困,不让一人掉队”的必要举措,也是使发展成果更多更公平惠及人民的主要方式。据国家扶贫办预测,通过开发式扶贫,如果到2020年所有中部县贫困发生率降到2%以下,西部降到3%以下,全国仍将剩下800万左右贫困人口,这部分人口就需要通过低保、医保、农村五保和养老保险等措施来“兜底”,确保他们到2020年收入都达到国家扶贫标准以上,实现“两不愁、三保障”的生活水平。①

3.兜底保障扶贫的经验启示

第一,建档立卡是基础。只有摸清贫困人口底数,并建档立卡,分类管理,才能提升兜底保障的准确性和针对性。第二,规范管理是重点。应严格按照规范流程阳光操作,确保宣传到位、审核到位、公示到位、发放到位。第三,按标施保是保障。要明确兜底保障对象标准,严格做到应保尽保,按标施保。

三、中国减贫方式的变迁

中国减贫进程经历了由救济式扶贫到开发式扶贫,再到能力扶贫的转变。救济式扶贫和开发式扶贫依赖外部条件,由政府和其他外部主体开展援助式开发,属“外源式扶贫”。外源式扶贫具有独特优势,能够集中力量迅速改变贫困地区的面貌,但难以提高贫困人口的自我发展能力。内源式扶贫注重发挥贫困人口的主体作用,调动贫困人口的内生动力。中国减贫方式经历了由外源式扶贫为主向注

---

① 国务院新闻办公室:《关于建立贫困退出机制的意见》,来源:2016年4月28日新华网。

重内源式扶贫的转变。

贫困地区的发展动力主要来自两个方面，一是地区内部要素作用的结果，二是依靠外来要素推动。前者被称为内源式发展，后者被称为外源式发展。对于一个相对落后的贫困地区而言，内部发展动力不足，缺乏经济发展的要素条件和活力，是致贫的根本原因。[①] 对于一些特殊贫困地区而言，通过多种资源输入，嫁接或移植先进地区的现代化发展模式，助推本地区在较短的时间内实现外源式发展，是必不可少的方法。但是，激发贫困地区和贫困人口的内在发展动力和活力，推动其实现内源式发展，有助于保持减贫效用的可持续性。

中国开展的救济式扶贫和开发式扶贫都属于外源式扶贫，即主要依赖外部条件，由外部力量来推动贫困地区的发展。然而，外源式扶贫和内源式扶贫并不是孤立的存在，而是相互联系的。一方面，在贫困地区和扶贫对象内生发展动力不足的情况下，内源式扶贫中的外部支持和拉动显得尤为重要；另一方面，在参与式扶贫实践中，外源式扶贫和内源式扶贫往往会同时开展，既为贫困农户提供外源式的发展资源和机会，也为其提高自主脱贫能力提供可行路径，通过内因、外因的交互作用，推动其减贫脱贫。

(一)外源式扶贫

1.外源式扶贫的方式

针对中国贫困人口主要集中在发展相对落后的区县和部分生产生活条件十分恶劣的连片特困地区这一状况，中国政府强调突出扶贫重点，聚焦贫困县和连片特困地区，举全国之力，助推其尽快实现减贫脱贫的目标。目前，已建成全方位、多层面、系统性的外源式扶贫体系。在跨省级行政区域层面，建立了以 14 个连片特困地区为对

---

① 赵强社:《扶贫模式演进与新时期扶贫对策探析》,《西部学刊》2013 年第 2 期，第 19—24 页。

象、以片区县为基本单位、以加强片区内外经济联动为目的的地区外源式发展体系。在县域层面,形成了中央和地方(省级)两级扶贫开发工作重点县的资金政策扶持体系。

中国政府在《中国农村扶贫开发纲要(2000-2010年)》实施期间,确定了592个国家扶贫开发工作重点县(简称"扶贫重点县")享受经济扶持政策。2012年,在保持扶贫重点县总数不变的情况下,调出38个县,调入38个县,形成新的592个扶贫重点县。扶贫开发工作重点县确定的依据是:贫困人口数量、农民收入水平、基本生产生活条件以及扶贫开发工作情况,适当兼顾人均国内生产总值、人均财政收入等综合指标。国家下达的各项扶贫资金,主要用于重点县的贫困乡村;优先考虑重点县的发展,各部门安排的项目、资金、物资、技术推广等向重点县倾斜;广泛动员和组织社会各界参与和支持重点县的扶贫开发;党政机关、企事业单位定点扶贫和东西扶贫协作向重点县集中,确保每个重点县都有帮扶单位。

2011年颁布实施的《中国农村扶贫开发纲要(2011—2020年)》将已划分的11个连片特困地区和已经实施特殊扶持政策的西藏、四省藏区、新疆南疆三地州作为扶贫攻坚的主战场,在民生保障、特色优势产业培育、基础设施建设、生态建设和环境保护等方面明确了相应的政策倾斜。《中国农村扶贫开发纲要(2011-2020年)》明确要求,国务院各部门、地方各级政府要加大统筹协调力度,在连片特困地区集中实施一批教育、卫生、文化、就业、社会保障等民生工程,大力改善生产生活条件,培育壮大一批特色优势产业,加快区域性重要基础设施建设步伐,加强生态建设和文化保护,着力解决制约发展的瓶颈问题,促进基本公共服务均等化,从根本上改变连片特困地区面貌。

2.外源式扶贫的效果

第一,扶贫重点县和连片特困地区的农村贫困人口持续减少。

2012 年至 2014 年，扶贫重点县农村贫困人口累计减少 2463 万人。扶贫重点县农村贫困人口由 2011 年的 6112 万人下降至 2014 年的 3649 万人，三年累计减少 2463 万人，年均减少 821 万人。三年来扶贫重点县农村贫困人口累计减少规模占同期全国农村贫困人口累计减少规模的 47.2%。

第二，扶贫重点县和连片特困地区的农村居民收入持续增长。2012 年至 2014 年，扶贫重点县农村居民人均收入年均实际增长 13%，农村居民人均收入累计增长 54.6%，年均增长 15.6%，扣除价格因素，年均实际增长 13%，增速比全国农村平均水平高 3.3 个百分点。扶贫重点县农村居民收入与全国农村平均水平的差距不断缩小。2012 年至 2014 年，贫困地区农村居民人均收入实际增速比全国农村平均水平高 2.1 个百分点。2014 年，14 个连片特困地区农村居民人均收入较 2011 年增长 50%，年均名义增长 14.4%，扣除价格因素，年均实际增长 11.8%。贫困地区农村居民收入与全国农村居民平均水平的差距持续缩小。

第三，扶贫重点县和连片特困地区的基础设施明显提升。2012—2014 年，扶贫重点县通宽带的自然村比重明显提高，2014 年达到 46.9%，比 2012 年提高 9 个百分点；通有线电视的自然村比重提高 5.6 个百分点，2014 年达到 74.6%。道路通达情况继续改善，2014 年主干道路经过硬化的自然村比重为 63.5%，比上年提高 4.8 个百分点；通客运班车的自然村为 42%，比上年提高 4.4 个百分点。2012—2014 年，连片特困地区通宽带的自然村比重明显提高，2014 年达到 44.4%，较 2012 年提高 8 个百分点；通有线电视的自然村比重提高 6.2 个百分点，2014 年达到 72.6%。道路通达情况继续改善，2014 年主干道路经过硬化的自然村比重为 62.8%，比上年提高 4.9 个百分点;通客运班车的自然村为42%,比上年提高4.2个百分点。[①]

3.外源式扶贫的意义与局限

外源式扶贫是中国政府根据全面建设小康社会总体目标和扶贫开发面临的形势及任务作出的重大决策,是在短期内快速解决区域性整体贫困的有效举措。外源式扶贫主要针对贫困地区优先进行政策倾斜和资源配置,以连片特困地区为主战场,以592个扶贫重点县为根据地,集中力量组织扶贫攻坚。这有利于从根本上促进国家基本公共服务均等化,有效改变连片特困地区的落后面貌。

但是,以外部力量推动发展的外源式扶贫也有一定的局限性。一是群众的主动性和创造性以及贫困地区的内在活力未得到全面激发。由于贫困农户在外源式扶贫环境中往往处于被边缘化的地位,其主体的需求和地位被弱化。在外部资源的大量输入和外部力量的强力帮扶下,贫困农户只有被动接受权或被动参与权,发展缺乏可持续动力。二是外源式扶贫输送的资源难以得到有效利用。扶贫资源一般自上而下进行输送,并未充分考虑群众的实际需求,缺乏针对性的扶贫资源,不能解决不同贫困农户的不同需求,减贫实践中可能出现形式主义。三是外源式的帮扶资源分配过程中存在主观性过强导致的分配不公。外源式扶贫资源是自上而下分配的,贫困村或贫困农户一般对资源如何分配缺乏知情权和监督权。当贫困村和贫困农户发现被分配的扶贫资源存在差距时,容易导致不满和不信任,进而引发社会矛盾。

(二)内源式扶贫

1.内源式扶贫的方式

内源式扶贫是继救济式扶贫和开发式扶贫之后形成的一种注重

---

① 国家统计局住户调查办公室编:《2015中国农村贫困监测报告》,中国统计出版社2015年版,第39—48页。

开发减贫对象自身减贫脱贫能力的减贫理念和手段，强调以人为中心，推动贫困地区、贫困人口内生动力和发展能力。内源式扶贫包含了三个方面的含义：一是强调资源开发与环境保护相结合；二是发挥地方性知识和本地社区、人群的主体地位，重视外部的支持和拉动作用，贫困地区和贫困人口的内生动力在内外合作中得以培育和不断发展；三是推动贫困地区、贫困人口的内生发展动力和自我发展能力来实现本地经济发展和扶贫对象脱贫目标。因而，内源式扶贫注重的是可持续性的发展过程。①

内源式扶贫的方式主要有社区和个体两个层面。社区层面的内源式扶贫主要包括参与式扶贫、资产收益扶贫、贫困村互助资金、贫困社区主导型发展、农村基层组织建设等。

一是参与式扶贫。参与式扶贫注重贫困村全面、综合性发展，改变了以往自上而下的决策治理方式，建立起重视农户意愿、利益和需求的自下而上的参与式决策机制，即形成了一整套参与式村级扶贫规划方法。另外，参与式理念也贯穿于项目执行过程中，例如在社区的基础设施、产业发展等方面，都需要村民的参与。

二是资产收益扶贫。资产收益扶贫以农村旅游、农业、工业等相关产业作为农村基础发展平台，将农村自然资源、农民自有资源以及扶贫资金加以资产化，折算为农民所拥有的股份，成立农村专业合作社、股份公司等经济实体并进行市场化经营和运作，将股利收益精准持续分配给每个贫困农户，从而达到贫困人口持久脱贫的目标。资产收益扶贫是精准扶贫的重大创新，为农村特困户脱贫提供了既"授之以鱼"也"授之以渔"的发展途径，实现了农村"资源变股权、资金变股金、农民变股民"的转变，为贫困人口和贫困地区实现内源式发展，

① 黄承伟、覃志敏：《我国内源式扶贫：理论基础与实施机制》，《中国农村研究》2015 年第 1 期，第 129—146 页。

实现精准脱贫的目标提供了有力保障。

三是贫困村互助资金。贫困村互助资金是由政府安排一定数量的财政扶贫资金,在贫困村内建立互助社,村民以借用方式周转使用互助资金用来发展生产。资金主要来源是政府专项扶贫投入和村内农户自有资金入股。资金由村民民主管理、共同参与,实行村内互助、有借有还、周转使用、滚动发展的运作方式。贫困村互助资金机制蕴含了两个不同层面的功能:一是在一定程度上解决农民发展经济所面临的资金短缺问题;二是强调农民的自主合作、自我管理和民主监督,为农民提供了一条自我教育和自主整合的途径,推动农民能力建设,提高农民组织化水平,激发贫困社区和农民自我发展的内生动力。

四是贫困社区主导型发展。社区主导型发展(Community-Driven Development,CDD)是将社区和穷人视为发展主体、倡导社区群体自我赋权的一种发展理念。该理念由世界银行等机构于20世纪90年代提出,其理念核心在于将资源和决策的控制权完全交由社区,实现农民自我组织、自主管理、自我监督和自我服务,依靠社区居民推动社区发展。实践表明,社区主导型发展能增强农民和基层社区的发展意识和减贫能力,同时也有利于提高外部资源的使用效率。

五是农村基层组织建设。农村基层组织是中国共产党农村工作和战斗力的堡垒和基础。加强农村基层党组织建设是一项系统工程,重点是抓好以村党组织为核心的村级组织配套建设,领导和支持村委会、集体经济组织、共青团、妇女代表大会、民兵等组织依照法律法规和章程开展工作。要抓好农村党支部建设,发挥农村党支部在村委会等自治组织和妇女、青年、民兵等群众组织中的领导核心作用,促进农村扶贫开发和其他各项工作的顺利开展。

个体层面的内源式扶贫主要包括劳动力转移培训、小额信贷扶贫、干部驻村帮扶等减贫方式。

劳动力技能培训是从人力资本层面提升减贫对象自我发展能力的内源式扶贫方式。“雨露计划”是直接面向减贫对象“直补到户，作用到人”的典型内源式扶贫方式，它以提高扶贫对象自我发展能力、促进就业为核心，以政府财政扶贫资金扶持为主、动员社会力量参与，通过资助、引导农村贫困家庭劳动力接受职业教育和各类技能培训、培养贫困村产业发展带头人等途径，扶持和帮助贫困人口增加就业发展机会和提高劳动收入。

小额信贷扶贫是指向中低收入阶层提供小额度、持续性的贷款服务活动，为低收入（包括贫困）人口提供金融服务，并保证小额信贷自身的生存与发展的减贫方式。作为个体层面内源式扶贫方式，小额信贷扶贫成功地解决了正规金融为贫困户提供贷款的困难和信贷机构自身持续发展的困境。无抵押担保、帮助弱势群体是小额信贷扶贫的一个显著特征。小额信贷（特别是乡村发展协会等NGO小额信贷）在为贫困户提供信贷服务和技术服务的同时，还在促进贫困人口之间的合作、制定和实施社区发展计划等方面产生积极影响。

干部驻村帮扶是指省、市、县、乡下派党员干部到农村社区（以贫困村为主）挂职和生活一段时间，参与村庄治理工作，帮扶村民发展致富的减贫方式。党员干部驻村是中国共产党开展农村工作的传统方式之一。近年来，国家提出精准扶贫方略后，干部驻村帮扶机制成为精准扶贫工作的重要组成部分，驻村干部在精准识别、精准帮扶、精准管理等各环节发挥了不可或缺的作用。干部驻村帮扶工作强调每个贫困村都有驻村帮扶工作队，每个贫困户都有帮扶责任人，在落实责任帮扶上强调分析致贫因素、制定帮扶计划，帮助贫困户、贫困村脱贫致富，不脱贫不脱钩。

2. 内源式扶贫的效果

一是有助于改变外源式扶贫效应递减的状况。通过强调包容性的发展道路，倡导多元化的发展方式，建立基于贫困地区和贫困群体自身资源的可持续发展机制,有利于挖掘农村独特的内在优势,形成内生发展的动力,是打破农村扶贫“路径依赖”,实现政策与资源叠加效益最大化的最佳路径。[①]

二是促进了贫困地区和贫困人口的脱贫致富。在内源式扶贫方式的推动下,贫困地区经济社会发展成绩斐然,经济实力显著提高、地方财政能力大幅增强、居民收入水平和消费支出获得较大提高、贫困人口持续减少。

三是激发了贫困地区和贫困群体的内生动力。参与式整村推进、贫困村互助资金、贫困社区主导型发展等多种方式激发了贫困地区和贫困人口的积极性。劳动力技能培训、小额信贷扶贫、驻村帮扶等帮扶手段,提高了贫困地区和贫困人口的自我发展能力。这种内源式扶贫既重视从外部扶持发力以克服贫困地区、贫困人口自我发展能力弱和竞争能力差的不足,也注重从贫困地区、贫困人口内部发力,强调减贫脱贫的目标群体在实践过程的参与和主导作用,注重增强其内在的发展源动力。[②]

3.内源式扶贫的经验启示

内源式扶贫的核心内涵是以人为中心,强调自力更生,依靠贫困人口的内生动力和贫困地区的内部力量来积极主动地推动发展,解决贫困问题。首先,内源式扶贫需要政府转变职能,不仅要在了解当地发展情况的基础上制定正确且适合当地发展的扶助政策,还需要引导当地贫困群众主动参与到政策制定和减贫脱贫实践中来。[③] 其次,内源式扶贫需要转变贫困群体的思想观念。单纯的救济式扶贫

① 曾明、曾薇:《内源式扶贫中的乡村精英参与——以广西自治区 W 市相关实践为例》,《理论导刊》2017 第 1 期,第 92—95 页。

② 黄承伟、覃志敏:《我国内源式扶贫:理论基础与实施机制》,《中国农村研究》2015 年第 1 期,第 129—146 页。

③ 乔煜、李琴:《“一带一路”背景下西部民族地区内源式扶贫推进机制研究》,《生产力研究》2017 年第 7 期,第 107—111 页。

治标不治本，只能在一定基础和一定时间段上解决贫困的状况，并不能从本质上根除贫困。内源式扶贫以人自身的发展为中心，让贫困群体意识到自己才是减贫工作中的主体，认识和发挥自身的能动作用，从思想上转变对贫困的看法。再次，内源式扶贫需要培养贫困人口脱贫致富的能力。扶贫先扶智，帮助贫困人口转变观念、树立信心是前提，但有计划、有针对性地组织贫困群体学习，帮助他们掌握脱贫致富的技能才是关键。只有贫困人口真正掌握了创造财富的能力，才能在外源式帮扶的基础上实现自身能力的提升，通过自身努力实现脱贫致富。

四、新时期减贫方式的创新

（一）新时期减贫的挑战

新时期中国的减贫事业进入到啃硬骨头、攻坚拔寨的冲刺期，农村贫困问题呈现出复杂化、多元化、动态化等全新的结构特点，亟待实施精准的扶贫政策，采取高效的减贫手段。

1.贫困形势日益严峻

贫困问题是中国经济社会发展中最突出的“短板”，脱贫攻坚形势复杂严峻。从贫困现状看，截至2015年底，中国还有5630万农村建档立卡贫困人口。多数西部省份的贫困发生率在10%以上，民族八省区贫困发生率达12.1%。[①] 从贫困人口分布看，经过多轮扶贫攻坚，目前的贫困人口大多分布在深山区、石山区、高寒山区、偏远山区等，且呈现出分散性、脆弱性和动态性特征，要在2020年前确保全部贫困人口如期脱贫，时间紧迫，任务繁重。

① 国务院：《国务院关于印发“十三五”脱贫攻坚规划的通知》，来源：2016年12月3日国务院扶贫开发领导小组办公室网站。

2. 致贫因素更加复杂

新时期农村贫困人口的致贫因素不再局限于自然因素或经济因素，还可能受制度、文化、风险、资本、能力等多重因素的影响，这些因素会交互发生作用，导致贫困问题不断变化加剧。“一刀切”、“大而全”、粗放型的减贫手段，已不能解决复杂多样的贫困问题。

3. 减贫诉求日益多样

贫困人口的诉求呈现多样化特征。一方面，中国减贫开发已经从“以解决温饱为主要任务”的阶段转入“巩固温饱成果、加快脱贫致富、改善生态环境、提高发展能力、缩小发展差距的新阶段”；另一方面，贫困人口有不同的需求，需要给予个性化、差别化的帮扶。

4. 减贫边际效益递减

随着发展成本不断提高，减贫边际效益逐渐递减。“大水漫灌”的减贫方式，使得资金和政策已经很难渗透到贫困人口，贫困户由于其个人能力和环境条件等限制很难得到真正帮扶，造成扶贫开发的投入越来越大，但成效越来越低。[①]

（二）新时期减贫方式：精准扶贫

1. 精准扶贫的主要内涵

精准扶贫是指扶贫政策和措施要针对真正的贫困家庭和人口，通过对贫困人口有针对性的帮扶，从根本上消除导致贫困的各种因素和障碍，达到可持续脱贫的目标。

精准扶贫政策的核心要义在于“扶真贫、真扶贫”，改变过去“大水漫灌”粗放式扶贫方式，将扶贫政策和措施下沉到村到户，通过对贫困家庭和贫困人口的精准帮扶，从根本上解决导致贫困发生的各

① 王介勇、陈玉福、严茂超：《我国精准扶贫政策及其创新路径研究》，《中国科学院院刊》2016 年第 3 期，第 290 页。

种因素和障碍，从而拔出“穷根”，实现真正意义上的脱贫致富。

2.精准扶贫的方式

精准扶贫包括精准识别、精准帮扶、精准管理和精准考核。第一，精准识别是实施精准扶贫政策的基本前提。一般通过申请评议、公示公告、抽检核查、信息录入等步骤，将贫困户、贫困村有效识别出来，并建立贫困户和贫困人口档案卡，摸清致贫原因和帮扶需求。在贫困户精准识别时，一些地方通过实践总结出了“一看房，二看粮，三看劳动力强不强，四看家中有没有读书郎”等极具比较性和操作性的办法。第二，精准帮扶是精准扶贫政策的核心。在贫困户和贫困人口精准识别的基础上，根据贫困的成因采取针对性的措施进行有效帮扶。因贫施策、精准到户到人是精准帮扶的关键，具体帮扶手段包括发展生产脱贫一批、易地搬迁脱贫一批、生态补偿脱贫一批、发展教育脱贫一批、社会保障兜底一批。第三，精准管理是实施精准扶贫政策的重要保障，其重点在于扶贫对象精准、项目安排精准、资金使用精准、措施到户精准、因村派人精准、脱贫成效精准。第四，精准考核是提升精准扶贫工作成效的重要手段。针对贫困户和贫困村脱贫成效，建立贫困人口脱贫退出和返贫再入机制，完善贫困县考核与退出机制，加强对贫困县扶贫工作情况的量化考核，强化精准扶贫政策实施的效果。①

3.精准扶贫的作用

精准扶贫适应了中国贫困治理形势的新变化，实现了扶贫对象瞄准化、帮扶措施具体化、管理过程规范化、考核目标去 GDP 化，对新时期确保脱贫攻坚取得决战决胜具有决定性作用。精准识别、精准帮扶、精准管理和精准考核这四大措施环环相扣，切中了减贫过程

① 王介勇、陈玉福、严茂超：《我国精准扶贫政策及其创新路径研究》，《中国科学院院刊》2016 年第 3 期，第 289－295 页。

中的核心问题,在逻辑上和方法上高度符合减贫发展过程和规律,蕴含了严密的科学性,是确保到2020年实现7000万贫困人口如期脱贫的科学指针。

首先,精准识别解决了扶持谁的问题,即扶贫靶向失准问题。精准识别步骤为申请评议、公示公告、抽检核查、信息录入等。四个步骤环环相扣,后一步骤是对前面步骤的进一步加强和监督,这些步骤从程序上能防止非贫困户混进贫困行列,确保将真正的贫困户和贫困村有效识别出来,并建档立卡,这就从根本上解决了扶持谁的问题。

其次,精准帮扶解决了"大水漫灌"的问题。通过深入分析贫困户和贫困村的致贫原因,逐村逐户制定帮扶计划,落实帮扶责任人,集中力量予以扶持。程序环环相扣,能够有效解决减贫中"乱放炮""打哑炮空炮"和"大炮打蚊子"等问题。

再次,精准管理和精准考核解决了如何保证扶持效果的问题。精准管理重点是建立全国扶贫信息网络系统,对扶贫对象进行全方位、全过程的监测,实时掌握帮扶情况,实现扶贫对象动态管理,通过监测记录保证扶持效果。精准考核对贫困户和贫困村识别、帮扶、管理的成效以及对贫困县开展情况进行的量化考核,奖优罚劣,保证各项扶贫政策落到实处,确保精准扶贫达到预期的目的效果。[①]

4.精准扶贫的意义

(1)精准扶贫是实现精准脱贫的有效方法。精准扶贫实现了扶持方式由"漫灌"向"滴灌"的转变,扶持方案由"千篇一律"向"个性定制"的转变,因地制宜、因村施策、因户施法,保证扶贫资金和项目投入到最需要的地方,确保扶贫资源的有效利用,实现减贫效益的最大化,帮助贫困人口尽早摆脱贫困。精准扶贫是实现精准脱贫的方法,

① 尧水根:《习近平总书记精准扶贫思想研究》,《农业考古》2017年第4期,第257页。

精准脱贫是实施精准扶贫的目标。

(2)精准扶贫是兑现“中国承诺”的必要途径。2012年,党的十八大明确提出,到2020年实现第一个“百年奋斗目标”,即全面建成小康社会。这是中国共产党向全世界和全国人民做出的庄严承诺。此承诺意味着“农村贫困人口如期脱贫、贫困县全部摘帽、解决区域性整体贫困”成为全面建成小康社会的底线任务。精准扶贫将靶向瞄准到户到人,通过精准扶贫实现精准脱贫,确保“共同富裕路上,一个不能掉队”。

(3)精准扶贫是实现包容性增长的“中国方案”。包容性增长的核心内容是公平合理地分享经济增长成果,促进发展的协调与均衡。[①] 多元化的精准扶贫手段,有助于为贫困地区、贫困人口创造有利的发展环境与平等的竞争机会,帮助其实现公平、高效、可持续的发展。通过精准扶贫缩小贫富差距、补齐发展短板,其本质意义更在于体现社会主义的本质要求,彰显社会主义制度的优越性,使发展成果更多更公平地惠及全体人民,最终实现共同富裕。

(4)精准扶贫是贡献给世界减贫事业的“中国智慧”。减贫与发展是反映经济转型、社会进步的一面镜子。中国走出了一条适合中国国情、有中国特色的减贫道路,取得了巨大的减贫成就,得到了国际社会的一致认可。新时期的精准扶贫,将丰富和发展世界减贫理论和实践,为世界减贫发展贡献中国经验与中国智慧。

(三)新时期减贫方式的特点

中国吹响了打赢脱贫攻坚战的号角,在精准扶贫精准脱贫方略指导下,创新减贫理念和方法,探索具有中国特色的减贫之路。新时

---

① 向德平:《包容性增长视角下中国扶贫政策的变迁与走向》,《华中师范大学学报(人文社会科学版)》2011年第4期,第1页。

期中国减贫方式具有以下特点:

1.精准化定制

新时期的贫困问题复杂多元,传统的减贫方式面临着挑战。精准化、定制式、多元化,成为新时期减贫目标对减贫方式的基本要求,也成为新时期减贫方式的基本特征。其中,精准是新时期减贫方式区别于以往粗放型减贫方式的本质特征,也是成功实现精准脱贫目标的关键所在。

2.多维度参与

贫困是一种经济社会文化层面的社会排斥。贫困人口作为社会弱势群体,在获取劳动生活资料的过程中,因获取资源的能力低下或遭遇到不公正对待,从而导致贫困。要解决贫困问题,首先就要解决贫困人口的社会排斥问题,因此,需要动员尽可能多的扶贫主体,建立广泛的社会支持网络,最大化地整合利用社会资源,赋予贫困弱势群体以权利,给予其社会支持,促进其发展。中国已将每年的10月17日设为“扶贫日”,“1017”谐音为“邀您一起”,意在最广泛地动员更多的力量投入到减贫实践中。目前,中国已形成由政府、社会、市场等多主体协同推进,专项扶贫、行业扶贫、社会扶贫等多方力量组合,跨地区、跨部门、跨单位、全社会共同参与的大扶贫格局。从单一到多元,从分散到整合,从单向到联动,从点线面到多维,成为精准扶贫的重要特征。精准扶贫开创了多维联动的大扶贫新格局。

3.内生性动力

新时期减贫方式的核心内涵是强调贫困地区和贫困人口的内生动力,倡导以自力更生为主,外部力量帮扶为辅,变传统的输血模式为造血模式。一方面,重视内生动力。强调贫困地区和贫困人口依靠自身努力,立足自身实际,利用本地特色资源,形成并发挥自身的发展优势,促进可持续发展,实现减贫脱贫。另一方面,创新多元化的减贫方法。减贫实践中,既要运用“短平快”的方式,又要兼顾“长特优”的方法，根据贫困地区和贫困人口自然条件、要素禀赋、经济水平等方面的差异以及市场变化特色，积极创新运用多元化的减贫方法，内外结合形成减贫行动的合力，彻底打赢这场扶贫攻坚战。[①]

4. 包容性增长

包容性增长包括四个层面的基本要义：经济增长、权利获得、机会平等、福利普惠。[②] 其核心内容是公平合理地分享经济增长，促进发展的协调与均衡。[③] 中国新时期的减贫方式，充分体现出包容性增长的理念和特点。例如，产业扶贫注重在推动经济增长的过程中为贫困人口提供更多的就业机会；易地搬迁扶贫是为了给原本处于不适宜生存发展环境中的贫困人口赋予更多的发展权利，提供更多的发展机会；生态扶贫致力于兼顾生态环境保护与经济发展；教育扶贫强调帮助贫困人口获得更多的摆脱贫困的能力和机遇，打破贫困代际传递的魔咒；兜底保障扶贫具有让发展成果惠及更多人的福利普惠特征。

5. 可持续发展

中国新时期的精准扶贫，在立足解决经济社会转型期矛盾问题的同时，更加注重经济社会的可持续发展。产业扶贫、生态扶贫、教育扶贫等主要扶贫方式均代表了中国政府消除贫困的主要方向，而且会推动贫困人口就业、城镇化、绿色经济等多个可持续发展目标的实现。[④] 习近平指出，要“守住发展与生态两条底线，培植后发优势，奋力后发赶超，闯出一条跨越式发展的路子来”。沿着可持续发展的路径，精准扶贫可能成为经济新常态下新的经济增长点。

---

① 刘春怡：《新时期精准扶贫四个要点》，《人民论坛》2017 年第 10 期，第 60—61 页。

② 杜志雄、肖卫东、詹琳：《包容性发展的理论脉络、要义与政策内涵》，《中国农村经济》2010 年第 11 期，第 46—49 页。

③ 向德平：《包容性增长视角下中国扶贫政策的变迁与走向》，《华中师范大学学报（人文社会科学版）》2011 年第 4 期，第 1 页。

④ 罗世礼：《中国精准扶贫推动可持续发展》，《人民日报》2016 年 10 月 26 日。

综上所述,新时期减贫以精准化定制的方式,构建了政府、市场和社会等多元主体共同参与、多维联动的大扶贫新格局,在注重培育贫困地区和贫困人口内生动力的同时,提升减贫方式的益贫性,在减贫脱贫和全面建设小康社会的实践进程中,确保全体社会成员公平合理地分享经济增长成果,实现包容性增长和可持续发展。

第九章　中国减贫的模式探索

改革开放40年来，中国逐步建立了专项扶贫、行业扶贫与社会扶贫相结合的“三位一体”大扶贫格局。专项扶贫、行业扶贫和社会扶贫互为支撑，相互呼应，构建了国家扶贫战略的完整体系，促进了贫困地区发展，推动了贫困人口脱贫致富。

一、专项扶贫

（一）专项扶贫的发展历程

中国的减贫成就，一方面得益于持续稳定的经济增长、不断突破创新的体制改革，以及一系列促进社会公平发展的政策，另一方面，专项扶贫也发挥了至关重要的作用。专项扶贫是指国家的“政策扶贫”，即国家实行专项减贫政策所开展的全部减贫工作。通过专项扶贫实施减贫，是中国减贫的重要特点。

20世纪80年代中期，在农村改革的推动下，中国农村大部分地区凭借着自身优势，经济得到较快发展，但一些地区由于经济、社会、历史、自然和地理等方面的制约，发展相对滞后。贫困地区与其他地区特别是与东部沿海发达地区在经济、社会和文化等方面的差距逐步扩大。区域性贫困问题逐渐凸显，区域发展差距拉大，是国家提出大规模开发式扶贫战略的历史背景。为了解决特殊贫困地区的贫困问题，中国政府在继续推动农村改革的同时，针对贫困地区，成立专门机构、安排专项资金、制定有针对性的特惠政策,不断推动贫困地区的减贫与发展。中国对既往单纯的救济式扶贫方式进行了改革,确定了开发式扶贫的基本方针,开始在全国范围内开展有计划、有组织和大规模的扶贫开发工作。

中国政府 1994 年制定、颁布《国家八七扶贫攻坚计划(1994—2000 年)》,明确提出要集中人力、物力、财力等资源,动员社会各界的力量,力争用 7 年左右的时间,到 2000 年底解决 8000 万贫困人口的温饱问题。围绕这一基本目标,中国政府调整中央专项扶贫资金投放的结构,将用于沿海经济比较发达省份的中央扶贫信贷资金调整出来,集中投向中西部贫困状况严重的省和自治区。

"八七扶贫攻坚计划"的实施,基本解决了农村贫困人口的温饱问题。21 世纪初期,中国政府从加快推进社会主义现代化建设步伐、全面建设小康社会着眼,决定从 2001 年到 2010 年,集中力量加快贫困地区脱贫致富的进程,把扶贫开发事业推向一个新阶段,制定并颁布实施了《中国农村扶贫开发纲要(2001—2010 年)》。

这一时期,农村贫困人口呈现出"大分散、小集中"的分布状态,并主要集中在中西部少数民族地区、革命老区、边疆地区和特困地区的贫困农村。这些地区自然条件恶劣、交通闭塞、经济社会发展严重滞后,农户的基本生活条件较差,自身综合能力较低。中国政府调整了专项扶贫政策,以解决温饱和巩固温饱为首要目标,在关注贫困人口收入的同时,更加注重贫困地区和贫困人口的发展问题,强调人力资源的开发。区域瞄准的范围由贫困县向贫困村转移,扶贫投资覆盖全国 14.8 万个贫困村,让最贫困的人口直接受益。这一时期的专项扶贫模式不断成熟,形成了整村推进、连片开发、产业扶贫、雨露计划、移民搬迁等多个行之有效的专项扶贫手段。

随着第一个十年农村扶贫开发规划纲要的实施,中国贫困农村的面貌有了很大程度的改变。新时期,中国绝对贫困人口主要分布在连片特困地区。连片特困地区不仅贫困范围广、程度深、扶贫开发工作难度巨大，而且还面临着既有减贫模式效力递减的困境。为应对减贫形势的变化，完成2020年全面建成小康社会的宏伟目标，中国政府2011年颁布了《中国农村扶贫开发规划纲要（2011－2020年）》。新十年的中国农村扶贫开发纲要，将扶贫开发工作的重点转移到连片特困地区。中国政府的专项扶贫工作是连片特困地区扶贫开发的重点，通过开展专项扶贫工作，调动行业扶贫和社会扶贫的力量，对连片特困地区进行综合治理，推动连片特困地区经济、社会、文化、生态的全面发展。

（二）专项扶贫的手段

专项扶贫模式包括了易地扶贫搬迁、整村推进、以工代赈、产业扶贫、就业促进、扶贫试点、革命老区建设等方式。

易地搬迁是以减贫为目的，将居住于生态环境恶劣、自然灾害频发地区贫困人口迁向自然条件较好地区，并在此基础上进行的社会经济系统重建活动。[①] 易地搬迁的对象主要是“一方水土养不起一方人”地区的建档立卡贫困人口。1983年“三西”扶贫工作中的易地搬迁，20世纪80年代到90年代中期粤北、广西部分地区扶贫工作中的易地搬迁，21世纪初的易地扶贫搬迁，不断拓展易地搬迁专项扶贫的形式和内容。从2001年开始，国家发展和改革委员会安排专项资金，在全国范围内组织开展易地扶贫搬迁试点工程。《中国农村扶贫开发纲要（2001－2010年）》提出，稳步推进自愿移民搬迁。对极少数居住在生存条件恶劣、自然资源贫乏地区的特困人口，要结合退耕还林还草实行搬迁扶贫。要十分细致地做好搬迁后的各项工作，确

① 参见郑瑞强、王英、张春美：《扶贫移民适应期生计风险、扶持资源承接与政策优化》，《华中农业大学学报（社会科学版）》2015年第4期；许源源、熊瑛：《易地扶贫搬迁研究述评》，《西北农林科技大学学报（社会科学版）》2018年第3期。

保搬得出来、稳得下来、富得起来。《中国农村扶贫开发纲要(2011—2020年)》提出,坚持自愿原则,对生存条件恶劣地区扶贫对象实行易地扶贫搬迁。引导其他移民搬迁项目优先在符合条件的贫困地区实施,加强与易地扶贫搬迁项目的衔接,共同促进改善贫困群众的生产生活环境。充分考虑资源条件,因地制宜,有序搬迁,改善生存与发展条件,着力培育和发展后续产业。有条件的地方引导向中小城镇、工业园区移民,创造就业机会,提高就业能力。加强统筹协调,切实解决搬迁群众在生产生活等方面的困难和问题,确保搬得出、稳得住、能发展、可致富。2015年,习近平在“减贫与发展高层论坛”上,明确了易地扶贫搬迁的重要地位。2016年9月22日,国家发展与改革委员会发布《全国“十三五”易地扶贫搬迁规划》。《规划》以精准扶贫、精准脱贫为统领,坚持搬迁与脱贫“两手抓”,明确了“十三五”时期推进易地扶贫搬迁的指导思想、目标任务、资金来源、资金运作模式、保障措施等,是各地推进易地扶贫搬迁工作的行动纲领。《规划》坚持把贫困搬迁户的脱贫工作贯穿于规划选址、搬迁安置、后续发展全过程,立足于安置区资源禀赋,依据不同搬迁安置模式,支持发展特色农牧业、劳务经济、现代服务业以及探索资产收益扶贫等方式,确保搬迁群众实现稳定脱贫。

整村推进是以扶贫开发工作重点村为对象,以增加贫困群众收入为核心,以完善基础设施建设、发展社会公益事业、改善群众生产生活条件为重点,以促进经济社会文化全面发展为目标,整合资源、科学规划、集中投入、规范运作、分批实施、逐村验收的扶贫开发工作方式。整村推进着力夯实两个基础,一是改善基本生产生活条件,提高抵御自然灾害的能力,夯实贫困村经济发展基础;二是进行结构调整,开发优势产业,夯实贫困农民增收基础。“八七扶贫攻坚计划”实施的后期,甘肃等地探索性地实施参与式整村推进扶贫模式,突出了以人为本、以村为单位的特点,推动贫困户全程参与项目的选择、实施、管理和监督。政府以政策引导和技术支持为主。进入 21 世纪，贫困村整村推进工作在全国范围内展开。整村推进扶贫工作的目标是全面完成全国 14.8 万个贫困村扶贫规划的实施，稳定解决贫困人口温饱，促进贫困村经济社会全面发展，夯实贫困村协调发展的基础，建立和完善贫困村可持续发展的长效机制，增强贫困村自我发展的能力，为全面建设小康社会创造条件。整村推进扶贫工作具有综合性特点，以村级社会、经济、文化的全面发展为目标，坚持开发与发展并举，一次规划，分步实施，突出重点，整体推进。

以工代赈是指政府投资建设基础设施工程，受赈济者参加工程建设获得劳务报酬，以此取代直接救济的一种扶持政策。以工代赈是一项重要的扶贫政策。国家安排以工代赈投入建设农村小型基础设施工程，贫困农民参加以工代赈工程建设，获得劳务报酬，直接增加收入。2005 年 12 月国家发展和改革委员会发布《国家以工代赈管理办法》，明确规定，以工代赈是指政府投资建设基础设施工程，受赈济者参加工程建设获得劳务报酬，以此取代直接救济的一种扶持政策。以工代赈投入分为实物投入和资金投入。实物投入以实物折资形式核算。国家以工代赈投入纳入中央财政预算，地方各级以工代赈配套投入纳入地方本级财政预算。以工代赈投入可以通过市场机制引导社会投入，共同支持贫困地区发展。以工代赈投入用于国家确定的扶持地区，并向贫困人口多、脱贫难度大、基础设施薄弱的革命老区、少数民族地区、边疆地区和特困地区倾斜。其他有关地区的以工代赈投入，按照国家有关要求安排。以工代赈投入重点建设与贫困地区经济发展和农民脱贫致富相关的农村小型基础设施工程。建设内容是县乡村公路、农田水利、人畜饮水、基本农田、草场建设、小流域治理，以及根据国家要求安排的其他工程。实施以工代赈政策的目标有三个：一是通过组织赈济对象参加工程建设，使赈济对象得到必要的收入和最基本的生活保障，达到赈济的目的。二是在政策实施地区形成一批公共工程和基础设施，支持当地经济社会的发展。三是可在一定程度上缓解政策实施地区农村劳动力剩余问题，有利于社会稳定。同时，还可以激发群众自力更生、艰苦奋斗的精神，摆脱“等、靠、要”等消极意识。

产业扶贫作为专项扶贫模式中的手段之一，在中国减贫行动中发挥了至关重要的作用。产业扶贫是指以市场为导向、以经济效益为中心、以产业发展为杠杆的扶贫开发过程，是促进贫困地区发展、增加贫困农户收入的有效途径，是扶贫开发的战略重点和主要任务。产业扶贫的主要内容是：在县域范围，培育主导产业，发展县域经济，增加资本积累能力；在村镇范围，增加公共投资，改善基础设施，培育产业环境；在贫困户层面，提供就业岗位，提升人力资本，积极参与产业价值链的各个环节。产业扶贫是扶贫开发工作从“输血”向“造血”转变的重要举措，被列为精准脱贫“五个一批”工程的首要任务。产业扶贫通常是扶持和发展贫困地区的特色产业，借助特色产业的发展来提高贫困地区和贫困人口自身的发展能力。进入 21 世纪，中国扶贫资源投入主要用于发展产业，因此开发式扶贫往往被称为“产业扶贫”[①]。2016 年 11 月 23 日，国务院发布《关于印发“十三五”脱贫攻坚规划的通知》。《通知》明确指出，农林产业扶贫、旅游扶贫、电商扶贫、资产收益扶贫、科技扶贫是产业发展脱贫的重要内容。《通知》还提出了农林种养产业扶贫工程、农村一二三产业融合发展试点示范工程、贫困地区培训工程、旅游基础设施提升工程、乡村旅游产品建设工程、休闲农业和乡村旅游提升工程、森林旅游扶贫工程、乡村旅游后备箱工程、乡村旅游扶贫培训宣传工程、光伏扶贫工程、水库移民脱贫工程、农村小水电扶贫工程等“十三五”期间重点实施的产

① 王春萍、郑烨：《21 世纪以来中国产业扶贫研究脉络与主题谱系》，《中国人口·资源与环境》2017 年第 6 期。

业扶贫工程。

就业促进是政府通过提供专项的资源支持，给贫困地区的贫困人口提供免费的就业技能培训，促进贫困人口就业。为提高贫困人口素质，增加贫困人口收入，国务院扶贫开发领导小组办公室决定在贫困地区实施“雨露计划”。“雨露计划”以政府主导、社会参与为特色，以提高素质、增强就业和创业能力为宗旨，以中职（中技）学历职业教育、劳动力转移培训、创业培训、农业实用技术培训、政策业务培训为手段，以促成转移就业、自主创业为途径，帮助贫困地区青壮年解决在就业、创业中遇到的实际困难，以发展生产、增加收入，最终促进贫困地区经济发展。《中国农村扶贫开发纲要（2011－2020 年）》要求，完善“雨露计划”，以促进扶贫对象稳定就业为核心，对农村贫困家庭未继续升学的应届初、高中毕业生参加劳动预备制培训，给予一定的生活费补贴；对农村贫困家庭新成长劳动力接受中等职业教育给予生活费、交通费等特殊补贴；对农村贫困劳动力开展实用技术培训；加大对农村贫困残疾人就业的扶持力度。

《中国农村扶贫开发纲要（2011－2020 年）》提出，创新扶贫开发机制，针对特殊情况和问题，积极开展边境地区扶贫、地方病防治与扶贫开发结合、灾后恢复重建以及其他特困区域和群体扶贫试点，扩大互助资金、连片开发、彩票公益金扶贫、科技扶贫等试点。

国家对贫困地区的革命老区县给予重点扶持。2016 年 2 月 1 日，中共中央办公厅、国务院办公厅印发《关于加大脱贫攻坚力度支持革命老区开发建设的指导意见》，要求以改变老区发展面貌为目标，以贫困老区为重点，进一步加大扶持力度，实施精准扶贫、精准脱贫，着力破解区域发展瓶颈制约，着力解决民生领域突出困难和问题，着力增强自我发展能力，着力提升对内对外开放水平，推动老区全面建成小康社会，让老区人民共享改革发展成果。目标是到 2020 年，老区基础设施建设取得积极进展，特色优势产业发展壮大，生态环境质量明显改善,城乡居民人均可支配收入增长幅度高于全国平均水平,基本公共服务主要领域指标接近全国平均水平。

(三)专项扶贫的特点

回顾中国既往减贫历程可以发现,中国政府主导的专项扶贫模式呈现以下两个方面的特点。

1. 瞄准机制不断精准

在改革开放之初,国家实施的多是普遍性的农村改革政策。1982年,国家启动“三西”地区扶贫开发计划,首开政府推动区域发展和减贫的先河。“三西”地区的扶贫开发,拉开了中国区域性扶贫开发的大幕,为后来政府的专项扶贫积累了宝贵经验。1985年,为了进一步提高扶贫开发工作效率,中国政府以县为单位作为专项扶贫计划的基本瞄准单元,确立国定贫困县。1994年,随着减贫形势的变化,国家调整了国定贫困县标准,强调将扶贫开发的工作重心下沉到县一级,强化县级的扶贫责任。进入新世纪,随着经济社会发展,尤其是贫困县县域经济的变化,以及贫困人口分布特征的转变,以县为单位的贫困瞄准机制暴露出一定的问题,中国开始创新贫困瞄准机制。2001年重新调整了国家重点扶持县的名单,将以往国家重点扶持的贫困县改为国家扶贫开发工作重点县,进一步凸显和强化县级的贫困治理能力与责任;将扶贫开发的具体实施落实到村,以村为单位组织贫困村扶贫规划的编制工作;实行贫困人口建档立卡,推动扶贫到户,精准到人,促进政策资源与贫困人口的需求直接对接,确保真扶贫、扶真贫。

2. 专项扶贫模式逐渐成熟

从救济式扶贫到开发式扶贫,从笼统的扶贫开发到六大专项扶贫方式,中国的专项扶贫模式逐渐成熟。由于一般性经济增长和救济式扶贫的效果出现边际递减的现象,原有的扶贫模式无法有效解决深度贫困地区的贫困问题，开发式扶贫开发战略应运而生。开发式扶贫以贫困地区自身资源优势为基础，调动贫困村和贫困户广泛参与，发展市场经济，增强贫困地区的贫困户自我积累与自我发展能力。在开发式扶贫过程中，根据贫困的类型和特点，以专项化管理的办法开展有针对性的减贫，形成了易地扶贫搬迁、整村推进、以工代赈、产业扶贫、就业促进、扶贫试点、革命老区建设六大专项扶贫工作方式。

（四）专项扶贫的经验与成就

1. 专项扶贫的经验

在长期的实践中，中国专项扶贫工作模式不断创新，积累了宝贵的经验。

（1）政府主导的开发式扶贫。坚持政府主导的开发式扶贫，是中国减贫道路的基本经验。这一战略的选择，是对中国减贫总体形势发展和减贫规律科学认识的结果。中国社会转型具有自身的特点。一方面，中国社会转型过程中，各区域的发展具有非同步、不均衡的特点。区域间的发展差距，使得相对富裕的地区与中西部落后地区并存，落后地区自然地理条件复杂，各项基础设施建设滞后，经济社会发展水平较低，通过自身投入或通过市场机制实现发展的能力薄弱。因此，需要政府加大资源投入，形成有利于贫困地区和贫困人口的资源配置格局。另一方面，救济式扶贫只能保障贫困群体的基本生活，难以提升其能力，贫困地区的资源优势难以转换为经济优势。开发式扶贫能够改善贫困地区发展的软硬环境，激活贫困地区的内部动力，从而实行可持续减贫。

（2）针对性的专项扶贫方式。中国贫困地区类型复杂，致贫原因多元，因而，在选择减贫方式时必须具有针对性。六大专项扶贫方式，有效回应了片区性贫困治理、社区性贫困治理、产业发展、技能养成等问题,收到了良好的减贫效果。专项扶贫方式还有针对性地回应了城乡关系、工农关系等重大课题,将农村的减贫和发展融入国家宏观发展的大局之中。

2. 专项扶贫的成效

(1)专项扶贫资金投放日渐精准。专项扶贫克服了“撒胡椒面”方式的不足,形成有针对性的资金投放方式。专项扶贫资金的安排更加贴近贫困地区和贫困人口的实际需求,强调精准使用。同时,增加资金投放力度,注重扶贫资金使用的协同度和长效性,通过配套资金的投放缩小央、地资金投放的差距,确保了项目的持续开展。

(2)专项扶贫手段更加灵活。易地扶贫搬迁、整村推进、以工代赈、产业扶贫、就业促进、扶贫试点、革命老区建设等手段相互配合,形成了专项扶贫工作的协调联动机制,体现了专项扶贫手段的灵活性。

(3)专项扶贫效应不断扩散。政府主导是中国减贫的最大特点。有研究表明,财政专项投入每增长1%,农村贫困发生率会降低0.63%,[①]专项扶贫发挥了显著的减贫效应,并呈现持续稳定的趋势。中央或地方政府的支持,增强了贫困地区和贫困户的发展能力;同时,调动了贫困人口的积极性,提升了贫困人口的内生动力。

二、行业扶贫

20世纪80年代中期,为加快推进扶贫开发进程,解决扶贫领域的新问题,结合当时中国农村减贫形势要求,党中央、国务院做出了组织中央和国家机关、企事业单位开展扶贫工作的重大决策。行业扶贫现已成为中国特色扶贫开发模式的重要内容,在减贫治理中扮

① 周艳、侯石安、胡联:《财政专项扶贫的减贫效应分析——基于农村居民收入分组数据的实证检验》,《财贸研究》2018年第7期。

演着极其重要的角色。

（一）行业扶贫的内容

行业在人才、资金、技术、项目多方面都有一定优势，各行业部门发挥自身的优势，积极参与减贫事业，推进减贫事业发展。《中国农村扶贫开发纲要（2011—2020年）》指出，各行业部门要把改善贫困地区发展环境和条件作为本行业发展规划的重要内容，在资金、项目等方面向贫困地区倾斜，并完成本行业国家确定的扶贫任务。行业扶贫的主要内容包括明确部门职责、发展特色产业、开展科技扶贫、完善基础设施、发展教育文化事业、改善公共卫生和人口服务管理、完善社会保障制度、重视能源和生态环境建设等。

（二）行业扶贫的方式

1.科技扶贫

《中国农村扶贫开发纲要（2001—2010年）》提出，在扶贫开发过程中，必须把科学技术的推广和应用作为一项重要内容，不断提高科技扶贫水平。无论是种植业、养殖业、加工业，都必须有先进实用的科学技术作为支持和保障。要充分利用科技资源和科技进步的成果，调动广大科技人员的积极性，鼓励他们到贫困地区创业，加速科技成果转化。要采取更积极的措施鼓励民间科研机构、各类农村合作组织和各类科研组织直接参加项目，在扶贫开发中发挥更重要的作用，并在科学技术推广工作中提高自身的水平，拓展更广阔的发展空间。《中国农村扶贫开发纲要（2011—2020年）》提出，围绕特色产业发展，加大科技攻关和科技成果转化力度，推动产业升级和结构优化。培育一批科技型扶贫龙头企业。建立完善符合贫困地区实际的新型科技服务体系，加快科技扶贫示范村和示范户建设。继续选派科技扶贫团、科技副县（市）长和科技副乡（镇）长、科技特派员到重点县工作。

1986年,科技部开始参与扶贫工作,向井冈山、陕北等贫困山区选派科技扶贫团,围绕解决贫困群众温饱问题、瞄准地方特色主导产业、有针对性地开展科技成果转移转化、加强农民技能培训等目标开展科技扶贫。在扶贫过程中,坚持群众路线,深入贫困乡村,发挥部门优势,宣传科学发展理念,落实创新驱动战略,贯彻科学发展方针,传播先进科技成果,培育创新创业环境,服务科技创业扶贫,推动科技创新,为贫困县减贫提供了有力的科技支撑。

2016年,科技部在"精准扶贫、智力扶贫、创业扶贫、协同扶贫"原则指导下开展扶贫工作,创新工作机制,选派优秀干部,开展创业扶贫,搭建产业平台,加大对定点扶贫县的资金投入,每年支持每个定点扶贫县1000万元用于科技扶贫项目,共实施科技扶贫项目16项,精准带动建档立卡贫困人口9280人脱贫致富。[①]

2.教育扶贫

教育扶贫是具有根本性、基础性和可持续性的扶贫举措。中国政府高度重视教育扶贫,1985年以来发布与教育扶贫相关的法规政策就有7部法律、34项国家政策、137份重大行动计划。[②]

《中国农村扶贫开发纲要(2001—2010年)》提出,努力提高贫困地区群众的科技文化素质。提高群众的综合素质特别是科技文化素质,是增加贫困人口经济收入的重要措施,也是促进贫困地区脱贫致富的根本途径,必须把农民科技文化素质培训作为扶贫开发的重要工作。切实加强基础教育,普遍提高贫困人口受教育的程度。实行农科教结合,普通教育、职业教育、成人教育统筹,有针对性地通过各类职业技术学校和各种不同类型的短期培训,增强农民掌握先进实

① 资料来源:《科技部2016年定点扶贫工作报告》。

② 资料来源:中国减贫与发展研究数据库,https://www.jianpincn.com/skwx_jp/Datadetail.aspx? ID=538952&isBranchLogin=true.

用技术的能力。反对封建迷信,引导群众自觉移风易俗,革除落后生活习俗,不断发展社会主义精神文明。《中国农村扶贫开发纲要(2011—2020年)》提出,推进边远贫困地区适当集中办学,加快寄宿制学校建设,加大对边远贫困地区学前教育的扶持力度,逐步提高农村义务教育家庭经济困难寄宿生生活补助标准。免除中等职业教育学校家庭经济困难学生和涉农专业学生学费,继续落实国家助学金政策。在民族地区全面推广国家通用语言文字。推动农村中小学生营养改善工作。关心特殊教育,加大对各级各类残疾学生扶助力度。继续实施东部地区对口支援中西部地区高等学校计划和招生协作计划。贫困地区劳动力进城务工,输出地和输入地要积极开展就业培训。继续推进广播电视村村通、农村电影放映、文化信息资源共享和农家书屋等重大文化惠民工程建设。加强基层文化队伍建设。

3. 基础设施建设

中国政府高度重视贫困地区的基础设施建设。《中国农村扶贫开发纲要(2001—2010年)》提出,进一步改善贫困地区的基本生产生活条件。以贫困乡、村为单位,加强基本农田、基础设施、环境改造和公共服务设施建设。2010年前,基本解决贫困地区人畜饮水困难,力争做到绝大多数行政村通电、通路、通邮、通电话、通广播电视。《中国农村扶贫开发纲要(2011—2020年)》提出,推进贫困地区土地整治,加快中低产田改造,开展土地平整,提高耕地质量。推进大中型灌区续建配套与节水改造和小型农田水利建设,发展高效节水灌溉,扶持修建小微型水利设施,抓好病险水库(闸)除险加固工程和灌溉排水泵站更新改造,加强中小河流治理、山洪地质灾害防治及水土流失综合治理。积极实施农村饮水安全工程。加大牧区游牧民定居工程实施力度。加快贫困地区通乡、通村道路建设,积极发展农村配送物流。继续推进水电新农村电气化、小水电代燃料工程建设和农村电网改造升级,实现城乡用电同网同价。普及信息服务,优先实施重点县村村通有线电视、电话、互联网工程。加快农村邮政网络建设，推进电信网、广电网、互联网三网融合。

政府各部门积极参与贫困地区基础设施建设。水利部响应中央号召，全力扶持重庆市丰都、开县、云阳、城口、巫溪、武隆等6个国家扶贫开发工作重点县的水利发展。“十二五”期间，水利部在重庆、湖北、贵州、云南、广西的13个县开展定点扶贫工作，并对青海贵德、江西宁都、河北阜平、安徽金寨、甘肃临夏等贫困地区进行对口支援，累计解决284.45万农村人口和学校师生的饮水安全问题，新增、恢复和改善灌溉面积84.38万亩，定点扶贫县贫困人口由2010年底的163.8万人减少到2015年的84.1万人，下降了48.7%。对口支援地区水利建设全面提速，经济社会发展面貌明显改善。1995年，原电力工业部按照国务院部署，承担湖北省秭归县、长阳土家族自治县、巴东县、神农架林区“三县一区”的定点扶贫任务。国家电网公司组建后，继续承担湖北“三县一区”定点扶贫任务。2011年开始，国家电网公司新增青海省果洛州玛多县为定点扶贫县。1995年至2016年，国家电网公司累计在五县区投入建设资金1.944亿元，实施扶贫项目421个，在帮助贫困地区通电、通路、通水，改善医疗、卫生、教育条件，帮助产业发展等方面取得显著成效。国家电网公司结合企业发展战略，谋划脱贫攻坚，制定了“因地制宜、立足长远、精准施策、注重实效”的原则，坚持“输血”与“造血”并重。交通运输行业深入实施交通精准扶贫战略，进一步加强贫困地区交通基础设施建设，提升运输服务能力和水平。2016年第，全国贫困的地区完成公路水路交通固定资产投资6697亿元，占全国的33.7%。其中集中连片特困地区完成3611.6亿元。2016年年末，全国贫困地区公路总里程226.72万公里，占全国公路里程的53.6%。[①] 2017年中国实现新改建农村

① 数据来源：2017年9月21日中国经济网。

公路28.5万里。[①]

4.健康扶贫

健康扶贫既是攻坚战，也是持久战。健康扶贫的目标是提供健康保障，全面提高贫困人口健康水平。

《中国农村扶贫开发纲要(2011—2020年)》提出，提高新型农村合作医疗和医疗救助保障水平。进一步健全贫困地区基层医疗卫生服务体系，改善医疗与康复服务设施条件。加强妇幼保健机构能力建设。加大重大疾病和地方病防控力度。继续实施万名医师支援农村卫生工程，组织城市医务人员在农村开展诊疗服务、临床教学、技术培训等多种形式的帮扶活动，提高县医院和乡镇卫生院的技术水平和服务能力。加强贫困地区人口和计划生育工作，进一步完善农村计划生育家庭奖励扶助制度、“少生快富”工程和计划生育家庭特别扶助制度，加大对计划生育扶贫对象的扶持力度，加强流动人口计划生育服务管理。

中国打好健康扶贫组合拳，构建以新农合为基础、以大病统筹为保障、以大病救助为补充、以补充保险为托底的“四位一体”的兜底保障机制，医疗卫生健康扶贫取得积极成效。其一，农村贫困人口基本医疗体系逐步健全。新型农村合作医疗人均补助标准得以提高，政策范围内的门诊、住院费用等报销比例不断增加，疾病应急救助、重特大疾病医疗救助全面展开。其二，贫困地区医疗卫生事业建设不断加快。贫困地区的医疗卫生计生等机构基础设施的建设面积逐渐扩大，服务条件有所改善，西部等贫困地区在医疗卫生计生等方面的培训力度加大。其三，医疗卫生机构对口支援工作逐步深入。全国性的对口援助工作已经产生良好效应，对口支援关系不断完善。

---

① 数据来源：2017年12月26日国务院扶贫开发领导小组办公室网站。

5.生态扶贫

生态扶贫是将生态建设和保护与扶贫开发有机结合，实现生态改善和减贫共赢的扶贫方式。根据国家环保局2008年9月发布的《全国生态脆弱区保护规划纲要》，全国80％以上国家扶贫重点县和95％的绝对贫困人口分布在生态环境脆弱地区。中国政府将生态建设和减贫行动结合起来，实现生态与减贫的协调推进。其一，开展环境友好型产业发展扶贫，其中包括了林果种植、养殖、生态旅游等既体现生态保护又提高贫困人口收入的方式，还包括生态旅游扶贫等方式。其二，推进生态修复扶贫。中国重视贫困地区的生态修复和建设。20世纪90年代末期以来，通过实施三北等防护林体系建设工程、天然林资源保护、退耕还林工程，逐渐缓解了贫困地区的生态问题。其三，加强生态保护扶贫。2005年10月，中国共产党第十六届五中全会公报提出“按照谁开发谁保护、谁受益谁补偿的原则，加快建立生态补偿机制”。2006年，生态补偿作为重要内容被纳入国家“十一五”规划。2016年国务院办公厅发布《关于健全生态保护补偿机制的意见》，中国逐步建立了生态保护补偿机制。其四，推动生态移民工作。2001年，国家发改委安排专项资金，在全国范围内陆续开展以生态移民为主的易地扶贫搬迁工程，强调脱贫致富与生态保护并重。《中国农村扶贫开发纲要（2011—2020年）》提出，加快贫困地区可再生能源开发利用，因地制宜发展小水电、太阳能、风能、生物质能，推广应用沼气、节能灶、固体成型燃料、秸秆气化集中供气站等生态能源建设项目，带动改水、改厨、改厕、改圈和秸秆综合利用。提高城镇生活污水和垃圾无害化处理率，加大农村环境综合整治力度。加强草原保护和建设，加强自然保护区建设和管理，大力支持退牧还草工程。采取禁牧、休牧、轮牧等措施，恢复天然草原植被和生态功能。加大泥石流、山体滑坡、崩塌等地质灾害防治力度，重点抓好灾害易发区内的监测预警、搬迁避让、工程治理等综合防治措施。

（三）行业扶贫的经验

1.各行业部门高度重视

各行业、各部门出台扶贫政策文件，确保行业、部门扶贫工作顺利展开。为提高教育水平，降低文盲数量，中国残联、教育部、农业部、共青团中央、全国妇联印发《“十三五”残疾人青壮年文盲扫盲行动方案》，广泛动员政府部门、企事业单位、社会团体和人民群众展开多种方式的扫盲工作；中国科协、农业部、国务院扶贫办联合印发《科技助力精准扶贫工程实施方案》，以实现 2020 年科技扶贫目标；《中国残联、财政部、中国人民银行、国务院扶贫办关于加强康复扶贫贷款、扶贫小额信贷和财政贴息工作的通知》要求加大对农村贫困残疾人金融信贷和财政贴息的扶持；《中国银监会关于银行业金融机构积极投入脱贫攻坚战的指导意见》要求各银监局、各政策性银行、大型银行等金融机构齐心协力打赢脱贫攻坚战。

2.各行业部门有效联动

中央要求各行业部门把改善贫困地区的发展环境和条件作为本行业发展规划的重要内容，在资金、项目等方面向贫困地区倾斜。各有关行业部门迅速制定相应政策，调动社会各行业力量，汇聚社会各部门资源，共同参与扶贫攻坚，取得了良好的减贫效果。各行业、各部门加强协调和联动，形成减贫合力，体现了行业扶贫的优势。

3.各类减贫方式共同发力

各行业部门从政策、人员、资金等方面展开减贫工作，加强顶层设计，形成完善的制度安排。充分发挥政府部门资源多元化的优势，找准贫困县需求与政府部门优势的结合点，在教育扶贫、产业扶贫、咨政扶贫、医疗卫生扶贫等方面探索扶贫开发多样化的路子。各行业、各部门各负其责、各擅其长，形成教育扶贫、文化扶贫、金融扶贫、健康扶贫等齐头并进的局面。

（四）行业扶贫的成效

行业扶贫是中国特色扶贫开发事业的重要组成部分，充分体现了中国政治优势和制度优势。

1. 加强贫困地区基础设施建设

贫困地区基础设施建设欠账太多，难以适应减贫发展的形势。在行业扶贫中，政府等扶贫主体高度重视基础设施建设，增加资金等资源投入，加强贫困地区基础设施建设。

2. 激发贫困人口内生发展动力

发展特色产业有助于激发贫困地区和贫困人口的内生动力。做好特色产业的转型与升级工作，是行业扶贫取得成效的重要手段。通过行业扶贫，扶持和依靠龙头企业，打造特色产业扶贫链，形成脱贫攻坚的产业支撑，从根本上培养贫困地区和贫困人口自我发展的能力。特色产业的发展是贫困人口脱贫致富的基石，是"输血式"扶贫向"造血式"扶贫转变的重要手段。

三、社会扶贫

社会扶贫具有全社会广泛参与、多元化扶贫开发策略、可持续减贫理念与模式创新等特点和优势。社会扶贫能够凝聚社会资源，释放社会潜力，充分发挥定点扶贫、东西部扶贫协作、军队和武警部队扶贫的作用，广泛动员社会企业、非营利组织、公民个人等社会多元力量共同参与扶贫开发。

（一）社会扶贫的发展历程

1984 年 9 月，中共中央、国务院下发的《关于帮助贫困地区尽快改变面貌的通知》，标志着中国政府开始了有组织、有计划、大规模的减贫行动。1996年，中央扶贫开发工作会议以后，中国全面展开了东西扶贫协作工作，以东部发达省市对口帮扶西部贫困地区为主要方式支援西部地区扶贫开发建设，并不断增加对口帮扶的省市数量。东西部之间的协作领域拓宽，协作深度拓展，形成了合作共赢的局面。进入新世纪以来，国家开始注重动员民营企业参与减贫，并进一步鼓励社会组织、社会公众参与减贫。伴随着经济社会的发展，越来越多的企业将减贫视为重要的社会责任并积极参与，各类非政府组织在减贫领域发挥着重要的作用。定点扶贫、东西协作扶贫以及民营企业、社会组织、社会公众参与减贫的社会扶贫工作取得了显著成效，社会扶贫已经成为“大扶贫”格局的重要组成部分。

（二）社会扶贫的特点

1. 全社会广泛参与

社会扶贫吸纳和动员了最为广泛的积极力量参与扶贫开发事业，参与主体多元性是其显著特征。定点扶贫的单位包括了中央和国家机关各部门各单位、人民团体、参照公务员法管理的事业单位、国有大型骨干企业、国有控股金融机构、各民主党派中央及全国工商联、国家重点科研院校等。军队和武警部队根据国家和驻地扶贫开发总体规划，发挥优势，主动作为，积极参与实施定点扶贫和整村推进扶贫。各类人民团体、社会组织、民营企业和普通公民也积极参与扶贫开发。[①]

2. 多元化扶贫策略

相对于政府主导的扶贫而言，社会扶贫的方式更加多元化。社会扶贫汇集了民主党派、政府部门、企业、国际机构和民间组织等多元的行动主体，不同主体根据自身特点采用了多样化的扶贫开发策

---

① 《中国扶贫开发年鉴》编辑部编:《中国扶贫开发年鉴(2017)》，团结出版社 2017 年版。

略。社会扶贫的形式是多元的,如智力支边、希望工程光彩事业、文化扶贫、扶贫拉力计划、春蕾计划、博爱工程、幸福工程、农业科技示范人户工程、双学双比、巾帼扶贫等,这些扶贫济困活动都产生了良好的社会效果。[①]

3.可持续减贫模式

社会扶贫是扶贫理念和模式创新最快的领域。随着人们对贫困的认识不断深化,扶贫开发的手段也不断推陈出新。各社会扶贫主体在扶贫行动中,注重可持续减贫发展,采用产业扶贫、教育扶贫、电商扶贫以及公益扶贫等多种扶贫方式,促使贫困对象主动参与扶贫行动,通过"造血式"的扶贫方法,为贫困地区创造可持续性脱贫条件,增强扶贫效果的可持续性,防止返贫。

(三)社会扶贫的主要方式

中国社会扶贫主要包括六种方式,分别是定点扶贫、东西扶贫协作、军队和武警部队扶贫、企业扶贫、社会组织扶贫、公民个人积极参与扶贫开发。

1.定点扶贫

改革开放以来,党和政府呼吁社会力量参与到扶贫开发事业中。党政机关作为公共部门,率先加入到了定点扶贫工作中来。一些与农村发展关系紧密的国家部门如农业部、商业部等逐渐开始了对口帮扶的实践。1984年9月,中共中央、国务院下发了《关于帮助贫困地区尽快改变面貌的通知》,《通知》号召各级党政机关干部、事业单位技术骨干奔赴贫困地区,支援贫困地区建设。1986年1月,中共中央"一号文件"《中共中央、国务院关于一九八六年农村工作的部署》出台,再次明确要求利用各种渠道为贫困地区培养干部,从中、省、地

① 蔡德奇、胡献政、龚高健:《社会扶贫的意义和机制创新》,《理论经纬》2006年第10期。

三级机关抽调一批优秀干部和组织志愿服务者到贫困地区工作。1987年，国务院召开了第一次中央、国家机关定点扶贫工作会议，在中央机关层面推广定点扶贫工作，此次会议明确了定点扶贫“单位为后盾、领导负总责、队员当代表”的原则。

2012年11月8日，国务院扶贫办、中组部等八部门联合印发《关于做好新一轮中央、国家机关和有关单位定点扶贫工作的通知》，确定了新一轮定点扶贫结对关系，第一次实现了定点扶贫工作对国家扶贫开发工作重点县的全覆盖。2015年8月21日，国务院扶贫办、中组部等九部门联合印发《关于进一步完善定点扶贫工作的通知》，调整定点扶贫县，新增22个单位参加定点扶贫。调整后，全国共320个单位，帮扶592个国家扶贫开发工作重点县。同时，健全牵头联系机制，强化工作考核，做好相关定点扶贫工作。2017年3月3日，中共中央办公厅、国务院办公厅印发《关于进一步加强中央单位定点扶贫工作的指导意见》，明确各单位不再是简单地送钱送物办好事，要重点抓好选派干部，开展精准帮扶；深入调研，共谋脱贫之策；宣传动员，激发内生动力；督促检查，落实主体责任；夯实基础，培育基层队伍；总结经验，宣传推广典型等六项工作，并强化牵头机制与建立考评机制。2017年8月8日，国务院扶贫办出台《中央单位定点扶贫工作考核办法（试行）》，以承担定点扶贫任务的中央单位为考核对象，以“帮扶成效、组织领导、选派干部、督促检查、基层满意情况、工作创新”等六方面为考核内容，按照“单位总结、分类考核、综合评议”的考核程序对定点扶贫单位的工作进行考核。

2. 东西扶贫协作

东西扶贫协作，即东部发达省市与西部贫困地区结对开展扶贫协作，是国家为实现共同富裕目标作出的一项制度性安排。自1996年开始，东西扶贫协作已形成9个省（市）、5个计划单列市和4个大城市对口帮扶西部10个省（区、市）的工作格局。东西扶贫协作形式多样,形成了政府援助、企业合作、社会帮扶、人才支持为主的基本工作框架。东西扶贫协作积极推动"西部大开发"战略的实施,为减贫事业做出了巨大贡献。据统计,从2011年到2015年的"十二五"期间,东部地区向西部地区提供政府援助资金56.9亿元、社会捐助3.8亿元。①

2016年12月7日,中共中央办公厅、国务院办公厅印发《关于进一步加强东西部扶贫协作工作的指导意见》,调整东西部扶贫协作结对关系,在完善省际结对关系的同时,实现对民族自治州和西部贫困程度深的市州全覆盖。以"开展产业合作、组织劳务协作、加强人才援助、加大资金支持、动员社会参与"为主要任务,确保西部地区现行国家扶贫标准下的农村贫困人口到2020年实现脱贫,贫困县全部摘帽,解决区域性整体贫困,推动西部贫困地区与全国一道迈入全面小康社会。2017年1月5日,国务院扶贫办在扶贫日活动期间正式启动"携手奔小康"行动,共确定东部地区257个经济较发达县(市、区)与西部地区390个贫困县开展携手奔小康行动。这是实施精准扶贫、精准脱贫的新举措,是深化细化东西部扶贫协作的新方式。2017年8月8日,国务院扶贫办印发《东西部扶贫协作考核办法(试行)》,以东部参加帮扶的省市以及西部被帮扶的省市州为考核对象,按照"省市总结、交叉考核、综合评议"的考核步骤进行考核。

3.军队和武警部队扶贫

军队和武警部队是中国社会扶贫的一支重要力量。军队和武警部队根据国家和驻地扶贫开发总体规划积极参与实施定点扶贫和整村推进扶贫,在实践中探索出了地方军分区军民结对扶贫模式、部队集团式扶贫模式、部队共建连片特困地区等扶贫模式。

2016年3月,中央军委政治工作部、国务院扶贫开发领导小组办

① 简承渊:《东西携手二十载　互动双赢奔小康》,来源:2016年7月20日新华网。

公室联合印发《关于军队打赢脱贫攻坚战的意见》。《意见》指出，军队参与打赢脱贫攻坚战，要按照国家脱贫攻坚总体部署，落实精准扶贫、精准脱贫的基本方略，坚持科学谋划、统筹推进，发挥优势、主动作为，因地制宜、精准发力，军地协作、整体联动，改进创新、务求实效的原则，搞好宣传教育、扶持发展特色优势产业、开展实用技能培训、协助推进教育扶贫、搞好医疗扶持、帮建基层政权组织、帮助改善生产生活、参与生态环境保护、支持乡风文明建设、参加兴边富民行动等工作。地方各级扶贫开发领导机构应吸收省军区系统和扶贫任务重的驻军单位参加。

4.民营企业参与扶贫

改革开放以后，在国家政策的支持与鼓励下，民营企业发展迅速，社会影响力增大，成为国民经济的重要组成部分。促进民营企业参与扶贫是发展社会扶贫事业的重点之一。民营企业参与扶贫的模式主要有公益参与、产业开拓、社区综合开发等。

2013 年 6 月 6 日，全国工商联、国务院扶贫办出台《关于共同推动民营企业参与新一轮农村扶贫开发的意见》，提出要“引导民营企业参与片区产业扶贫、鼓励民营企业参与片区县域经济发展、组织民营企业参与专项扶贫工作、动员民营企业参与贫困农村公益事业、创新民营企业参与扶贫开发的途径与模式、服务片区小微企业和商会组织发展、加大对参与扶贫开发民营企业的支持力度”，形成民营企业参与扶贫开发的新高潮。

2015 年 9 月 21 日，全国工商联、国务院扶贫办、中国光彩事业基金会印发《“万企帮万村”精准扶贫行动方案》。“万企帮万村”精准扶贫行动以民营企业为帮扶方，以建档立卡的贫困村为帮扶对象，以签约结对、村企共建为主要形式，以产业扶贫、商贸扶贫、就业扶贫、捐赠扶贫、智力扶贫、其他扶贫等帮扶途径，力争用三到五年时间，动员全国一万家以上民营企业参与，帮助一万个以上贫困村加快脱贫进程,为促进非公有制经济健康发展和非公有制经济人士健康成长、打好扶贫攻坚战、全面建成小康社会贡献力量。

5.社会组织参与扶贫

改革开放以来,各类社会组织积极参与扶贫开发,通过定点帮扶、结对帮扶、实施专项扶贫工程、参与具体扶贫活动等多种形式,支持产业发展,援建基础设施,发展教育卫生事业,改善生产生活条件,开展生态环境保护。

《中国农村扶贫开发纲要(2011—2020 年)》指出,加强规划引导,鼓励社会组织和个人通过多种方式参与扶贫开发。积极倡导扶贫志愿者行动,构建扶贫志愿者服务网络。鼓励工会、共青团、妇联、科协、侨联等群众组织以及海外华人华侨参与扶贫。越来越多的社会组织活跃在农村扶贫领域,且逐渐成为中国农村扶贫的重要主体,探索出支教社团造血、老促会培育产业、挖掘团体优势、市场活力注入等减贫模式。

2016 年 8 月,中共中央办公厅、国务院办公厅印发了《关于改革社会组织管理制度促进社会组织健康有序发展的意见》,明确指出"改革社会组织管理制度、促进社会组织健康有序发展",提出建立"政社分开、权责明确、依法自治的社会组织制度",建设"结构合理、功能完善、竞争有序、诚信自律、充满活力的社会组织发展格局"。这为社会组织的发展确立了方向,明确了路径。

2016 年 12 月 2 日,国务院印发的《"十三五"脱贫攻坚规划》指出,鼓励支持青年学生、专业技术人员、退休人员和社会各界人士参与扶贫志愿者行动。实施扶贫志愿者行动计划,每年动员不少于 1 万人次到贫困地区参与扶贫开发,开展扶贫服务工作。通过政府购买服务、公益创投、社会资助等方式,引导支持志愿服务组织和志愿者参与扶贫志愿服务,培育发展精准扶贫志愿服务品牌项目。

2017 年 6 月 27 日,民政部、财政部以及国务院扶贫办联合印发

《关于支持社会工作专业力量参与脱贫攻坚的指导意见》，支持社会工作专业力量参与脱贫攻坚，明确服务内容，即“参与贫困群体救助帮扶、贫困群体脱贫能力建设、促进易地搬迁贫困群众融合适应、参与贫困地区留守儿童关爱保护、针对其他特殊困难人群开展关心服务”，扶持壮大贫困地区社会工作专业力量，支持贫困地区加强社会工作专业人才队伍建设、组织建设，“支持实施社会工作专业力量参与脱贫攻坚重点项目”。

2017 年 12 月 5 日，国务院扶贫开发领导小组发布《关于广泛引导和动员社会组织参与脱贫攻坚的通知》。《通知》要求，积极引导各级各类社会组织，发挥自身专长和优势，从帮助贫困人口解决最直接、最现实、最紧迫的问题入手，促进社会帮扶资源进一步向贫困地区、贫困人口汇聚，在承担公共服务、提供智力支持、实施帮扶项目，协助科学决策等方面主动作为，在打赢脱贫攻坚战中发挥重要作用。

（四）社会扶贫的成效与经验

1.社会扶贫的成效

社会扶贫作为“三驾马车”之一，发挥着政府扶贫不可替代的作用。在坚持政府主导的前提下，广泛动员社会力量积极参与扶贫济困，是加大扶贫攻坚力度、促进贫困地区经济社会发展的有效举措。社会扶贫的成效主要体现在四个方面：

（1）社会扶贫观念日渐增强。最早参与社会扶贫活动的机构是与农村联系多、资源动员能力强的政府部门。随着扶贫开发向纵深推进，社会各界对社会扶贫的认识日益深刻，对社会扶贫的理念更加接纳与认同，参与扶贫的社会力量日益增多，参与扶贫的领域不断拓宽。经过 40 年的实践，社会扶贫取得巨大成效，社会扶贫的观念日益深入人心。

（2）社会扶贫格局初步形成。始于 20 世纪 80 年代的定点扶贫是社会扶贫的开端，经过几十年的发展，社会扶贫的参与主体、扶贫形式、行动领域以及组织形式等都渐趋成熟，逐步形成了政府主导，社会力量积极参与，多种扶贫开发形式并举，共同推进减贫事业发展的社会扶贫格局。

(3)社会扶贫模式不断创新。截至2016年，中国逐步形成了东西扶贫协作、定点扶贫、军队和武警部队扶贫、社会组织扶贫、企业扶贫、公民个人参与扶贫、网络扶贫行动以及中国社会扶贫网扶贫等社会扶贫模式。其中，"互联网+"社会扶贫是国家扶贫工程的重要组成部分，是推进社会扶贫工作的有效手段。在企业、社会组织、个人的共同努力下，中国"互联网+"社会扶贫在各个领域深入推进。

(4)社会扶贫成效日益凸显。从40年的社会扶贫实践来看，社会扶贫的成效非常显著。2016年以来，参与定点扶贫的中央单位达到311个，实现对592个重点县定点扶贫的全覆盖。2016年，311个单位向定点扶贫县直接投入资金43.8亿元，引进项目1357个，举办各类培训班1770期，共培训各类人才14.4万人次。东西扶贫协作力度进一步加大，东部省市加大了对西部对口协作省份的财政资金援助力度。东部18个经济较发达省、市与西部10个省(区、市)建立了结对帮扶的关系。同时，全军和武警部队根据国家和驻地扶贫开发总体规划，开展多种形式的扶贫帮困活动。此外，企业扶贫正在成为带动贫困地区经济发展的重要力量，社会组织在贫困地区投放的扶贫资金和扶贫项目对于改善贫困地区的软硬件环境起到了重要的推动作用，普通公众以捐赠扶贫资金、志愿服务等形式为贫困地区的发展提供了重要补充。

2.社会扶贫的经验

社会扶贫在中国扶贫开发进程中发挥了重要作用，积累了丰富的经验。

(1)政府主导为社会扶贫奠定了基础。从社会扶贫的历史来看，政府主导是社会扶贫得以顺利推进的重要保障。政府主导，能够提高社会扶贫的成效，有利于推动社会扶贫向常态化、规范化和持续化的方向发展。政府主导，有助于整合协调与监督管理扶贫资源，有助于充分调动和发挥社会力量的作用。在今后一段时期内，社会扶贫仍然会延续政府主导、社会力量广泛参与的格局。

(2)广泛动员为社会扶贫提供了动力。社会扶贫取得显著的成效，与多元化的主体参与、多样化的社会资源投入密不可分。一方面，政府动员和鼓励社会力量参与扶贫，拓宽其参与渠道；另一方面，广泛动员社会资源，建立社会、企业参与扶贫的激励机制，整合政府、市场、社会资源，为社会扶贫的持续发展提供动力。

(3)创新发展激发了社会扶贫的活力。社会扶贫主体针对贫困地区和贫困人口的特点和需求，充分发挥自身的优势，创新社会扶贫的形式和内容。一是创新社会扶贫形式。定点扶贫和东西扶贫协作，是政府参与社会扶贫的创新之举。随着市场主体广泛参与社会扶贫，出现了企业协作、产业扶贫、投资促进、劳务合作等社会扶贫创新形式。社会团体、民间组织、社会公众等推动了项目帮扶、志愿服务等社会扶贫创新，各种社会扶贫主体发挥其特有的人才、资金、资源、组织等优势，共同为减贫贡献力量。二是创新社会扶贫内容。传统的社会扶贫主要是以直接投入或引进资金、项目的方式为主，重在物质帮扶，忽视精神、文化等方面的扶贫。现阶段，社会扶贫更加注重提升当地贫困人口的自我发展能力，扶贫形式由“输血式”向“造血式”转化，从“物质扶贫”向“精神扶贫”过渡。而且，社会扶贫更加注重贫困人口的参与，更加注重激发贫困人口的发展意识，更加注重增强贫困地区的组织化程度和集体行动能力。

总之，社会扶贫是扶贫开发工作的一支重要力量，是政府扶贫的有效补充。

第十章　中国减贫的成功经验

改革开放40年，中国走出了一条独具特色的减贫道路，形成了贫困治理的“中国经验”，这一经验大致包含如下几个方面的内容。首先，独特的减贫战略。中国减贫战略的独特性在于坚持通过发展经济带动减贫。中国的减贫行动经历了从“救助式扶贫”到“开发式扶贫”的转变，在注重经济增长的益贫效应的同时，强调可持续发展，以确保扶贫成果的长效性。其次，强劲的政府主导。政府主导是中国减贫经验的核心。政府主导的减贫行动，既包括国家财政政策、产业政策、社会保障政策对减贫的支持，也包括区域发展规划、发展战略部署、发展时序选择等要素对减贫的影响。第三，广泛的社会参与。社会力量在减贫工作中扮演着重要的角色，各类社会力量通过资源输送、专业服务、政策倡导等方式，积极推动着中国减贫事业的发展。最后，全面的贫困治理。早期的贫困治理往往采取基于生计调查的、有条件的社会救助。[①] 由于贫困成因的多元性，减贫的手段也应该是多元的、综合的。全面的贫困治理，是指针对贫困地区、贫困村和贫困农户的致贫因素，开展总体性治理。通过政府主导，整合社会资源，从贫困地区的基础设施、公共服务体系、基层组织能力、社区文化等多方面着力，激活社区、个人的自我组织和自我发展能力，促进贫困人口脱贫。

---

① 李迎生、乜琪：《社会政策与反贫困：国际经验与中国实践》，《教学与研究》2009年第6期，第16—21页。

中国扶贫经验主要表现在以下几个方面。

一、制度优势

习近平在党的十九大报告中指出，中国近5年来脱贫攻坚战取得决定性进展，6000多万贫困人口稳定脱贫，贫困发生率从10.2%下降到4%以下。改革开放以来，中国总的脱贫人口超过7亿人，占同一时期世界脱贫人口的四分之三左右，实现了人类历史上最快速度和最大规模的脱贫。面对贫困的挑战，中国政府带领中国人民不懈奋斗，探索创新，摸索出了一系列有中国特色的减贫经验。这些经验不仅对于中国全面建成小康社会、开启全面建设社会主义现代化国家新征程具有重大意义，也切实推进了人类社会的减贫进程，彰显了社会主义制度在减贫中的巨大优越性。

（一）遵循科学社会主义理论

马克思、恩格斯指出，社会主义发展生产力，最为重要的意义在于满足大多数人的需要，“使社会全体成员的才能得到全面发展”。“通过社会化生产，不仅可能保证一切社会成员有富足的和一天比一天充裕的物质生活，而且还可能保证他们的体力和智力获得充分的自由的发展和运用”。社会主义社会的本质要求是打破剥削阶级对资本的占有，保证社会财富能由无产阶级和广大人民群众平等享有。

长期以来，中国共产党始终将全体人民共享社会发展成果确定为自己的奋斗目标。改革开放之初，面对国内普遍存在的贫困和各种社会问题，邓小平指出，“社会主义的目的就是要全国人民共同富裕，不是两极分化。如果我们的政策导致两极分化，我们就失败了”，“社会主义财富属于人民，社会主义的致富是全民共同致富”。

社会主义的本质属性是中国扶贫开发工作的根本指引。中国在扶贫的历程中一直把人民的根本利益放在首位。改革开放以来,中国不断加大扶贫开发力度,将扶贫开发作为提高贫困地区生产力水平和经济文化发展的核心举措,坚持扶贫成果的公平分配原则。党的十八大以来,习近平多次强调,改革成果要由人民共享,将扶贫开发任务纳入全面建成小康社会的奋斗目标,并特别强调,改革发展的成功与否,其判断依据是人民是否共同享受到了改革发展的成果。2015 年 11 月,在中央扶贫开发工作会议上,习近平强调,打赢扶贫开发这场攻坚战,让中国仍处于贫困状态的人民充分享有改革发展的成果,是党坚持和发展马克思主义的一个重要举措。

中国共产党始终将国家、民族和人民的总体利益和共同利益摆在第一位,始终代表着最广大人民的根本利益。邓小平指出:“社会主义的本质,是解放生产力,发展生产力,消灭剥削,消除两极分化,最终达到共同富裕。”

习近平在党的十九大报告中特别强调,中国特色社会主义最本质的特征是中国共产党领导,中国特色社会主义制度的最大优势是中国共产党领导,党是最高政治领导力量。党在减贫工作中发挥着核心作用,党是减贫工作的总指挥,党和政府发挥其强大的动员力和协调力,整合政治、经济、文化资源,合力推动减贫工作。这是其他国家无法比拟的政治优势、体制优势。习近平指出,要发挥中国的制度优势,构建政府主导,社会、市场协同推进的大扶贫格局。

(二)总结中国特色社会主义建设的经验

社会主义的根本任务是解放和发展生产力,最终目标是实现共同富裕,实现全社会成员的自由和解放。邓小平指出,“贫穷不是社会主义,发展太慢也不是社会主义”,“只有实现共同富裕,才能彰显社会主义的优越性,才是社会主义的本质属性所在”。

改革开放以来,经过 40 年的奋斗,中国社会主义建设事业取得了举世瞩目的成就。然而，由于各地区的自然环境、历史、文化等因素的影响，区域间发展出现不平衡、不协调状况，城乡之间、居民之间收入出现较大差距。据国家统计局的数据，2015 年中国的基尼系数为 0.462，超过国际社会公认的 0.4 这一收入分配差距警戒线。中国的贫困人口基数仍然很大，2015 年仍然有 5575 万人。

党的十八大以来，中国充分发挥社会主义的政治优势和制度优势，推进减贫事业的发展。面对脱贫攻坚的新形势，中国政府提出精准扶贫精准脱贫的新要求。在扶贫工作中，要遵循“六个精准”的原则，做到扶持对象精准、项目安排精准、资金使用精准、措施到户精准、因村派人精准、脱贫成效精准，保证每个方向实施到位、扶贫成果切实地落实到贫困群众身上。同时，通过“五个一批”（扶持生产和就业发展一批，易地搬迁安置一批，生态保护脱贫一批，教育扶贫脱贫一批，低保政策兜底一批），在广泛动员全社会力量的基础上，支持和鼓励各主体发挥自身所长，灵活运用多样的形式参与扶贫。

习近平指出，要坚持扶贫与发展相结合的原则，坚持开发式扶贫方针，将发展作为扶贫的核心方式。同时，扶贫先扶智，要充分调动扶贫群众的主观能动性，提高个人的发展能力，激发其自主脱贫的动力。扶贫是“为了人民”的事业，也是“依靠人民”的事业。在扶贫过程中，人民群众既是扶贫对象，也是扶贫主体，必须坚持发挥人民群众的积极性、主动性、创造性，确保扶贫成果的稳定性，降低返贫率。要让扶贫对象在接受外部输血的过程中完善自身的内在造血功能，从短暂被动的受益者转化为长效主动的参与者，从财富的受让者变成财富的创造者，最终靠自己的努力改变命运。

（三）契合“两个一百年”的奋斗目标

党的十九大报告中，中国共产党提出了“两个一百年”奋斗目标，绘制了全面建成小康社会、建成社会主义现代化国家的蓝图。扶贫开发契合了“两个一百年”的奋斗目标。“小康不小康,关键看老乡”,打赢脱贫攻坚战,是促进全体人民共享改革发展成果、实现共同富裕的重大举措,是体现中国特色社会主义制度优越性的重要标志,也是经济发展新常态下扩大国内需求、促进经济增长的重要途径。

扶贫攻坚战的最终成果,直接关系着全面建成小康社会的奋斗目标能否实现。贫困问题是中国经济社会发展中的一个主要问题,只有补足这一“短板”,打赢扶贫开发攻坚战,才能实现全面建成小康社会的宏伟目标。

全面建成小康社会,关键在“全面”。其“全面”既体现为经济社会文化等各个领域的全面,也体现在覆盖社会群体的全面,不让一个人掉队的全面。实现全面建成小康社会的奋斗目标就意味着首先要完成扶贫开发的任务,消减贫困人口。

扶贫开发是全面建成小康社会的底线要求,是实现“两个一百年”奋斗目标的基础和条件。只有坚持扶贫开发、打赢扶贫攻坚战,才能实现全面建成小康社会的目标,才能保障我国社会主义建设事业和谐、有序发展,才能让广大人民群众共享社会发展成果。脱贫攻坚战虽然取得了决定性进展,但是脱贫攻坚任务依然艰巨,要继续动员全社会力量,坚持精准扶贫、精准脱贫,做到脱真贫、真脱贫,兑现中国共产党“让贫困人口和贫困地区同全国一道进入全面小康社会”的庄严承诺。

二、政府主导

政府主导是中国实现减贫目标的根本保证。中国政府主导扶贫策略和政策的制定,主导扶贫资源的组织和动员,主导扶贫资金的分配和扶贫项目的实施。同时,健全中央统筹、省负总责、县抓落实的扶贫开发管理体制,创新贫困县考核机制,引导贫困地区领导干部把工作重点放在扶贫开发上。中国充分利用体制的力量，有计划、有组织地进行扶贫，政府在扶贫中发挥主导作用。

（一）政府主导为贫困识别指明了方向

中央政府及相关部委、各级政府先后出台了大量减贫政策，以期通过政策支持来促进贫困地区的扶贫攻坚与区域发展。

贫困的形成过程是多层次、多维度的，通常表现为主体性要素、中介性要素和情境性要素三个层面的恶性循环，即"贫困陷阱"。依据一定的测量标准和测量方法，可以测量主体性要素"人"、中介性要素"业"、情境性要素"地"这三个要素的贫困程度，并通过对三个要素间相互作用的分析，识别出贫困的类型，包括三要素制约型贫困、两要素制约型贫困和单要素制约型贫困等（表 10－1）。

贫困识别为开展具体的减贫行动提供了依据，通过梳理、归纳国家层面（含中央部委）颁发的扶贫相关政策文件，可以发现中国减贫政策的演进规律与特点（表 10－2）。

从出台政策的数量来看，2011－2016 年出台扶贫政策的项数分别为 7、21、3、3、7 和 13 项，其中，2012 年和 2016 年是两个高峰期，特别是 2012 年，共出台了政策 21 项。从政策内容来看，2011 年面向"地"的政策有 3 项，面向"人"和"人""业""地"协调的政策各为 2 项；2012 年政策重点转向面向"人"的政策，共有 8 项政策文件，同时面向"地"的政策文件也比较多，特别是六盘山、燕山—太行山等 10 个连片特困区的区域发展与扶贫攻坚规划均得到批复，面向"业"的政策也显著增加，密集出台了 5 项；2013 年、2014 年出台的政策主要为面向"业"和促进"人""业""地"协调的政策；2015 年出台的政策重点是面向"业"和促进"人""业""地"协调的政策；2016 年面向"人""业""地"三要素层面上的政策均有 2 项，而促进"人""业""地"协调的政策多达 7 项。

表 10－1 “人”“业”“地”综合贫困识别指标体系①

<table>
<tr><th>一级指标</th><th>二级指标</th><th>三级指标</th><th colspan="2">指标内涵解读</th></tr>
<tr><td rowspan="9">人(主体性要素)</td><td rowspan="5">生计资本</td><td>自然资本</td><td colspan="2">所拥有的林地、耕地、鱼塘等自然资源</td></tr>
<tr><td>物质资本</td><td colspan="2">拥有的住房、耐用家具、交通工具和生产工具等</td></tr>
<tr><td>人力资本</td><td colspan="2">家庭成员受教育程度和健康状况等</td></tr>
<tr><td>社会资本</td><td colspan="2">参与的社会网络和能动用的社会关系、资源等</td></tr>
<tr><td>金融资本</td><td colspan="2">银行存款和证券资产、借贷能力等</td></tr>
<tr><td rowspan="4">可行能力</td><td rowspan="2">生活能力</td><td>躯体生活自理能力</td><td>非残疾、智障等</td></tr>
<tr><td>工具性日常生活能力</td><td>如使用电话、交通工具、普通话语言能力等</td></tr>
<tr><td>生产能力</td><td colspan="2">利用生计资本从事生计活动的能力</td></tr>
<tr><td>发展能力</td><td colspan="2">整合生计资本,适应环境变化,进行风险控制和生计创新的能力</td></tr>
<tr><td rowspan="8">业(中介性要素)</td><td rowspan="5">产业脆弱性</td><td>竞争力</td><td colspan="2">产品的外销比例及市场占有率</td></tr>
<tr><td>可持续性</td><td colspan="2">资源和环境可持续性</td></tr>
<tr><td>多样化</td><td colspan="2">生计活动的类型、产业结构及产业类型等</td></tr>
<tr><td>发展条件</td><td colspan="2">产业发展基础设施、农业保险制度等“硬”“软”条件</td></tr>
<tr><td>经济活力</td><td colspan="2">如致富带头人数量、创业活动频率等</td></tr>
<tr><td rowspan="3">产业包容性</td><td>就业创造力</td><td colspan="2">产业的当地劳动力吸纳能力、岗位创造数量等</td></tr>
<tr><td>穷人参与度</td><td colspan="2">穷人参与相关产业的比例、难易程度等</td></tr>
<tr><td>经济利贫性</td><td colspan="2">穷人从经济活动中受益程度、利益对接和利润分享情况</td></tr>
<tr><td rowspan="9">地(情境性要素)</td><td rowspan="4">地理资本</td><td>区位资本</td><td colspan="2">地理区位及交通功能定位</td></tr>
<tr><td>生态资本</td><td colspan="2">生态条件及功能定位</td></tr>
<tr><td>经济资本</td><td colspan="2">经济要素禀赋及经济功能定位</td></tr>
<tr><td>政治资本</td><td colspan="2">政治地位与政治影响力</td></tr>
<tr><td rowspan="5">社会排斥</td><td>经济排斥</td><td colspan="2">劳动力市场、消费市场排斥</td></tr>
<tr><td>政治排斥</td><td colspan="2">政治参与权、公民权和人权排斥</td></tr>
<tr><td>关系排斥</td><td colspan="2">边缘化、孤立和生活机会排斥</td></tr>
<tr><td>文化排斥</td><td colspan="2">文化边缘化、价值观念和身份排斥</td></tr>
<tr><td>福利排斥</td><td colspan="2">社会权利和福利及基本公共服务的剥夺</td></tr>
</table>

① 游俊、冷志明、丁建军主编:《中国连片特困区发展报告(2016－2017)》,社会科学文献出版社 2017 年版,第 7 页。

表 10－2　2011－2016 年间国家层面扶贫政策的演变[①]

年份	“人”	“业”	“地”	“人”“业”“地”协调
2011 年（7 项）	①康复扶贫贷款和贴息资金管理；②妇联贯彻落实扶贫开发精神		①批复武陵山片区区域发展与扶贫攻坚规划；②广播电视村村通；③中央财政补助中西部地区、贫困地区公益性水利工程维修养护经费使用管理	①中国农村扶贫开发纲要；②财政专项扶贫资金管理
2012 年（21 项）	①农村残疾人扶贫开发纲要；②人口计生与扶贫开发相结合（有 2 项政策）；③面向贫困地区定向招生；④农村义务教育学生营养改善计划；⑤卫生扶贫；⑥扩大职业教育免学费政策范围；⑦营养改善计划，学校食堂建设	①林业扶贫攻坚；②非公有制经济参与农村扶贫；③旅游扶贫；④金融服务；⑤农业行业扶贫	①促进贵州发展；②推进武陵山片区创建民族团结进步示范区；③集中连片特困地区交通建设扶贫规划纲要；④集中连片特困地区国土开发支持；⑤批复六盘山、燕山—太行山等 10 个集中连片特困区区域发展与扶贫攻坚规划	①加强农村贫困监测；②易地扶贫搬迁“十二五”规划；③团组织及广大青年参与扶贫开发
2013 年（3 项）		①农业行业扶贫开发规划；②工业和信息化系统支持连片特困区		创新机制推进农村扶贫开发
2014 年（3 项）		扶贫开发金融服务	扶贫开发“整村推进”	动员社会各方面力量参与扶贫开发
2015 年（7 项）		“雨露计划”支持贫困家庭新成长劳动力接受职业教育	①推进普惠金融发展；②贫困村旅游扶贫试点；③“万企帮万村”精准扶贫行动方案	①完善定点扶贫工作；②“十三五”时期易地扶贫搬迁工作方案；③打赢扶贫攻坚战的决定
2016 年（13 项）	①特困人员救助供养制度；②实施健康扶贫工程	①光伏发电扶贫；②特色产业促进精准脱贫	①支持革命老区；②东西部扶贫协作	①“十三五”时期易地扶贫搬迁规划；②扶贫开发工作成效考核办法；③贫困退出机制；④贫困县统筹整合使用财政涉农资金；⑤脱贫攻坚督察巡查；⑥“脱贫攻坚奖”评选表彰；⑦发挥资本市场作用，服务国家脱贫攻坚战略

① 游俊、冷志明、丁建军：《中国连片特困区发展报告（2016－2017）》，社会科学文献出版社 2017 年版，第 10 页。

综合近年来出台的减贫政策，不论是从贫困户的角度识别，还是从贫困地区层面识别，抑或是从扶贫产业层面识别，政府主导出台的各项减贫政策为贫困识别提供了指导方向。

（二）政府主导是实现减贫目标的根本保障

1986年，中国政府在全国范围内开展有计划、有组织和大规模的开发式扶贫，为加大扶贫力度，成立了专门的扶贫工作机构，安排专项资金，制定专门的优惠政策，并对传统的救济式扶贫进行彻底改革，确定了开发式扶贫方针。政府在扶贫资源的动员力、扶贫政策的执行效力和影响力上具有权威性和主导性，能在资金、资源、政策等方面为扶贫工作建立稳定的基础和有力的支撑。中国扶贫工作的原则是坚持政府主导、分级负责、协同发力、合力攻坚。政府是扶贫工作的总规划者与领导者，它负责统筹、指导各下级单位间的工作，是扶贫工作的核心。

三、开发式扶贫

开发式扶贫是在政府支持下，利用贫困地区的自然资源，进行开发性生产建设，逐步形成贫困地区和贫困人口的自我积累和发展能力。开发式扶贫的要义是鼓励和帮助贫困地区和贫困人口通过发展生产、增强自我发展能力解决生存和温饱问题，进而脱贫致富。开发式扶贫的核心理念是通过发展特别是自我发展解决贫困问题，促进共同富裕。发展是解决贫困的根本途径，扶贫开发工作在重视经济发展的同时，也要注重提高扶贫对象自身的发展能力，调动扶贫对象的积极性主动性，激发区域发展的内生动力。

(一)市场机制是实现减贫的重要杠杆

市场经济体制的日益完善,为减贫增加了新的行动路径,使减贫的手段更加多元化。市场机制的介入有效解决了以下问题:一是解决了扶贫主体间的利益分配问题。合理分配市场主体和社会主体(包括社会组织、个人等)在扶贫工作中的收益和劳动所得,需要市场分配机制的引导,合理的分配可以刺激各主体的参与动力,带来扶贫的可持续性,反之,则会导致短期行为和随机性行为。二是加强了扶贫客体的竞争意识和主动性。单纯的政府救济容易让部分受助人群产生"等靠要"的消极依赖心理,如果结合实际为其提供市场观念培训,培养市场经济意识,一方面能扩展其个人能力,另一方面能提高其脱贫的积极性主动性,调动其自食其力、自主脱贫的信心。三是改变了扶贫各主体间的互动模式。政府与市场、社会之间由管制、管辖变成了平等合作的关系,而扶贫主体和客体之间也形成了双向互动的关系。各主体在扶贫活动中按照市场价值规律进行等价交换,实现经济效益和扶贫效果的双赢。

(二)农户参与是实现减贫的内在动力

参与式扶贫模式是在西方的贫困社区综合发展理念基础上,结合中国国情实行的一种本土化实践。参与式扶贫模式的推广,意味着中国扶贫主体与扶贫客体间的资源传递和政策实施由传统的单向输入式扶贫模式转变为尊重扶贫客体意愿、强调扶贫客体自身参与的互动型扶贫模式。参与式扶贫能有效激发贫困农民自主脱贫的意识,有利于建立自主脱贫的长效机制。在实际的操作过程中,尤其需要注重建立长期稳定的民意反映途径,了解贫困群众的切实需求,让农民能在反贫困过程中扮演诉求者、参与者、执行者和监督者的多重角色,使他们真正拥有知情权、参与权、实施权和管理权。只有这样,才能发挥参与式扶贫的真正效果,把被帮扶对象与政府、市场、社会紧密联系起来,形成扶贫开发的巨大合力。

四、社会参与

扶贫开发是全党全社会的共同责任,党和政府动员和凝聚全社会力量、调动全社会的资源参与减贫。社会力量是减贫的重要力量和坚实基础。社会扶贫具有灵活性、动态性、专业性以及强大的资源动员力量,能够高效地整合资源、利用资源,提高减贫效率,扩大减贫效果。中国扶贫工作坚持动员社会力量参与,构建了政府、社会、市场协同推进的大扶贫格局。

(一)民间组织参与减贫行动

习近平在给 2016 年二十国集团民间社会会议的贺信中指出,民间社会组织是各国民众参与公共事务、推动经济社会发展的重要力量。动员和组织民间组织参与扶贫是中国扶贫的重要内容。据统计,在《国家八七扶贫攻坚计划(1994－2000 年)》实行期间,民间组织和其他社会力量直接动员的各类扶贫资金和物资折款 500 多亿元人民币,占扶贫资金的 28%,扶贫贡献率在30%－35%之间。进入 21 世纪,在政府的鼓励和支持下,民间组织在促进贫困地区教育公平、改善贫困地区卫生健康条件、提供及时的人道救援和促进农村贫困社区发展等方面不断创新模式,扮演着重要角色。

改革开放以来 40 年的扶贫经验证明,民间组织在消除贫困方面大有可为。第一,民间组织参与扶贫可以弥补政府扶贫的不足。民间组织不但可以募集社会资源惠及更多贫困人口,还能引进先进的项目管理、监测和评估方法,使扶贫工作更有成效。第二,民间组织可以创造形式多样的扶贫机制,如多方联动的筹资机制、参与式决策和使用机制、关注受益主体的能力提升机制等。第三，民间组织参与全球扶贫行动，有利于各国减贫经验的交流与合作，共同应对全球范围的贫困问题。

（二）公益组织参与减贫行动

公益组织参与减贫主要有以下三个主要行动路径：第一，积极发挥公益组织的动员优势，发展合作伙伴和相关合作方共同参与扶贫；第二，项目的设计贴近贫困群众的实际需求，可以做到目标瞄准，执行到位，保证资源的有效利用；第三，执行过程注重效果，通过公益组织的一系列帮扶举措切实帮助贫困户增加收入，提高他们的能力，摆脱贫困的生活状态。

（三）农民合作社参与减贫行动

在传统生产方式中，农民既是生产者，又是技术员，还兼具销售任务，农民单家独户生产很难满足农业产业化的需求，这种包干型的生产方式效率较低。农民组建合作社，实现抱团生产，能够解决生产规模和效率问题。

合作社是由具有一定经营能力和共同产业基础的不同市场主体组建而成的生产经营组织。家庭农场则是家庭式生产经营组织。合作社在组织形式上能够有效地把分散的家庭农场联合起来，形成更大范围、更大规模的农民联合组织，有助于促进生产与市场的有效对接，提高不同产业在生产、流通、消费全过程中的组织化程度，带动贫困人口脱贫致富。

（四）其他组织形式参与减贫行动

1. 电商扶贫

电商扶贫是精准扶贫的一大举措，近年来，电子贸易发展迅速，中国也开始积极推进电商扶贫并取得了不错的成果。

电商扶贫首先需要以扶贫产业为依托。扶贫产业可以根据当地的自然资源和人文背景发展特色产业,如农产品、手工艺品等,把握市场需求和走向,建设具有地方特色的支柱产业。在此基础上,通过电商平台的推广,让地方特色产品走向全国。同时,要了解、适应新形势的需要,扩大产业规模,以产业为依托发展电商扶贫。要积极拓展新的资金来源和投资渠道,加大对电商扶贫的支持力度,探索新的品牌产品运作机制,引导社会更多资金投入到电商扶贫中来,推动电商扶贫的发展。

此外,电商扶贫还需要基础设施建设的支持,如农村的金融服务、产品的生产、物流、贮存等相关的设施建设等。要建立起生产、保存、运输、销售的一条龙式服务链,提高服务质量。在组织方面,要重视电商扶贫对当地经济的带动作用,把它当成精准扶贫的重要措施来抓。要在深刻认识市场规则的前提下认真规划、认真组织,扩大电商扶贫的效益,使其为精准扶贫发挥更大的作用。

2. 企业帮扶

2015 年,全国工商联、国务院扶贫办发起了“万企帮万村”行动,以民营企业为主,扶持贫困地区农村的非公有制经济发展。企业帮扶主要有以下途径:一是带动村集体经济合作社开展帮扶工作。以村为单位推行新型的经济模式,形成“扶贫资金→资产→股金→分红”的扶贫产业创新模式。二是实行综合产业精准脱贫帮扶举措。通过发展多种产业,实现受益扩大化。三是搭建多主体联合带动平台。地方政府联合企业,帮助贫困户制定个性化的致富方针。四是构建“产业+基础设施建设”精准脱贫模式,包括基础设施建设、乡村旅游产业、加工制造产业、村民技能培训等多方面产业在内的扶贫项目,综合推进地方产业的可持续发展。

自1978年至今,中国贫困人口大幅度减少,贫困地区农村居民收入稳步增加,农村贫困人口"两不愁、三保障"的目标完成覆盖率不断提升,农村地区的基础设施、生态保护、投资环境以及人力资源状况都有较大改善。按现行国家农村贫困标准(2010年价格水平每人每年2300元)测算,全国农村贫困人口由2012年的9899万人减少至2016年的4335万人;全国农村贫困发生率由2012年的10.2%下降至2016年的4.5%,下降5.7个百分点,平均每年下降1.4个百分点。2016年,贫困地区农村居民人均可支配收入为8452元,扣除价格因素,实际水平是2012年的1.5倍。2013—2016年贫困地区农村居民人均收入连续保持两位数增长,扣除价格因素,年均实际增长10.7%。贫困地区农村居民消费结构明显优化,吃饭穿衣支出占比下降。居住条件不断改善,耐用消费品升级换代,传统耐用消费品拥有量稳步提高。贫困地区通电、通电话、通有线电视信号、通宽带及村内主干道路面经过硬化处理的自然村比重均明显提高,薄弱学校基本办学条件全面改善,教育资源均衡配置力度加大,农村拥有合法行医证医生或卫生员的行政村比重比2012年提高7.0个百分点,针对贫困人口的大病医疗救助体系基本形成。农村危房改造累计解决了2000万贫困户的住房安全问题。

第十一章　中国减贫的理论创新

新中国成立后，特别是改革开放 40 年来，中国共产党和中国政府不断创新减贫理念、科学制定减贫战略、持续实施减贫计划、坚持创新减贫政策机制，逐步探索出了一条具有中国特色的减贫道路，形成和发展了具有中国特色的减贫理论体系。

一、中国减贫理论的基础

中国减贫理论的创新与发展具有坚实的理论基础。社会主义本质论、共同富裕论、小康社会论、人类命运共同体论为中国减贫理论的创新提供了理论指导。

（一）社会主义本质论

社会主义从诞生之日起，便把消除贫困、实现社会公正作为自己的理想，马克思主义更是指出了实现这一理想的现实道路，将社会主义从空想变成科学，并付诸伟大的社会实践。邓小平提出社会主义本质理论，将“共同富裕”视为社会主义的根本特征和价值追求。

习近平指出，扶贫开发要始终以消除贫困为首要任务，以改善民生为基本目的，以实现共同富裕为根本方向，坚定不移地推进中国扶贫开发事业，从而充分体现社会主义制度的优越性。中国是社会主义国家，消除贫困，改善民生，实现共同富裕，是党和政府的重要使命。新中国成立以来，中国一直高度重视减贫工作。可以说，社会主义建设发展史，从本质上说就是消除贫困、改善民生、实现共同富裕的历史，减贫一直伴随着中国社会主义建设和改革开放的发展历程。习近平指出："消除贫困、改善民生、实现共同富裕，是社会主义的本质要求，是我们党的重要使命。""贫穷不是社会主义。如果贫困地区长期贫困，面貌长期得不到改变，群众生活长期得不到明显提高，那就没有体现我国社会主义制度的优越性，那也不是社会主义。""做好扶贫开发工作，支持困难群众脱贫致富，帮助他们排忧解难，使发展成果更多更公平惠及人民，是我们党坚持全心全意为人民服务根本宗旨的重要体现，也是党和政府的重大职责。""得民心者得天下。从政治上说，我们党领导人民开展了大规模的反贫困工作，巩固了我们党的执政基础，巩固了中国特色社会主义制度。"减贫发展体现着社会主义的根本价值追求和奋斗理想，是社会主义的题中应有之义。只有让大量贫困人口摆脱贫困，过上体面而有尊严的生活，才能激发蕴藏在他们身上的巨大活力，为中国特色社会主义事业注入更强大的改革发展动力；才能进一步增强中国特色社会主义的凝聚力和向心力，增强和夯实党执政为民的社会基础和群众基础。说到底，扶贫开发搞得好不好，会影响到"四个全面"战略布局的实施，影响到"两个一百年"奋斗目标实现的进程。

（二）共同富裕论

共同富裕是中国特色社会主义的本质要求、奋斗目标和根本原则，也是中国特色社会主义理论体系中的重要基石。偏离了共同富裕原则的导向，中国特色社会主义理论和实践的基础就不复存在。中国减贫理论是共同富裕思想的具体化，要实现共同富裕，重点在农村，困难也在农村。习近平指出："全面建成小康社会最艰巨最繁重的任务在农村，特别是在贫困地区。""脱贫攻坚已经到了啃硬骨头、攻坚拔寨的冲刺阶段，必须以更大的决心、更明确的思路、更精准的举措、超常规的力度,众志成城实现脱贫攻坚目标,决不能落下一个贫困地区、一个贫困群众。”

(三)小康社会论

2020年实现全面建成小康社会的宏伟目标,是党的十八大根据中国经济社会发展实际做出的重大决策,将为中华民族的伟大复兴奠定坚实基础。如果说“全面小康与中国梦相互激荡成人民生活的幸福图景,凝聚为全社会的‘最大公约数’”,那么,扶贫、脱贫则是全面小康的“最后一公里”。习近平指出,“小康不小康,关键看老乡,关键在贫困的老乡能不能脱贫。”“全面建成小康社会、实现第一个百年奋斗目标,农村贫困人口全部脱贫是一个标志性指标。”“全面建成小康社会,关键是要把经济社会发展的‘短板’尽快补上,否则就会贻误全局。”“全面建成小康社会,最艰巨的任务是脱贫攻坚,最突出的短板在于农村还有7000多万贫困人口。”“必须动员全党全国全社会力量,向贫困发起总攻,确保到2020年所有贫困地区和贫困人口一道迈入全面小康社会。”全面建成小康社会,不仅要在总体上、总量上实现小康,更重要的是让农村和贫困地区尽快赶上来,逐步缩小与发达地区的差距,让小康惠及全体人民。这是实现全面建成小康社会目标的现实需要,更是实现社会主义共同富裕目标的基础和前提。

全面建成小康社会最艰巨最繁重的任务在农村,特别是贫困地区的农村。扶贫开发已进入啃硬骨头、攻坚拔寨的冲刺期。形势逼人,形势不等人。这要求贫困地区各级党委和政府把减贫工作摆到更加突出的位置,把脱贫作为全面建成小康社会的底线目标,对未来脱贫攻坚的艰巨性、复杂性、紧迫性有清醒认识和充分准备,从而进一步增强做好减贫工作的紧迫感,以更加明确的目标、更加有力的举措、更加有效的行动打好扶贫攻坚战,确保贫困地区同全国一道进入小康社会。

(四)人类命运共同体论

人类只有一个地球,各国共处一个世界,面对来自贫穷、灾害、污染等全球性挑战,人类应该共同应对,构建人类命运共同体。习近平指出:“消除贫困是人类的共同使命。中国在致力于自身消除贫困的同时,始终积极开展南南合作,力所能及向其他发展中国家提供不附加任何政治条件的援助,支持和帮助广大发展中国家特别是最不发达国家消除贫困。”“中国将发挥好中国国际扶贫中心等国际减贫交流平台作用,提出中国方案,贡献中国智慧,更加有效地促进广大发展中国家交流分享减贫经验。”“维护和发展开放型世界经济,推动建设公平公正、包容有序的国际经济金融体系,为发展中国家发展营造良好外部环境,是消除贫困的重要条件。”“加强同发展中国家和国际机构在减贫领域的交流合作,是我国对外开放大局的重要组成部分。”这些论述为推进国际减贫工作,构建人类命运共同体指明了方向。

二、中国减贫理论的内容

改革开放40年来,特别是党的十八大以来,中国政府把减贫摆到治国理政的重要位置,深入推进减贫行动,扶贫开发事业取得了历史性的成就,中国特色的减贫理论也得到了发展。中国特色的减贫理论是中国共产党和中国政府在对中国减贫实践不断进行科学总结和理论提升的基础上,逐步形成并不断完善的,是中国乃至全球减贫理论的重大创新。中国特色减贫理论为中国脱贫攻坚及今后的扶贫开发事业提供了理论指导和发展方向,为扶贫思想的丰富发展作出了重大贡献。[①] 其内容包括科学扶贫、精准扶贫精准脱贫、社会扶贫、教育扶贫、内源扶贫、生态扶贫等内容。

(一)科学扶贫

发展是甩掉贫困帽子的总办法,科学扶贫是科学发展的具体体现。科学扶贫,就是要在转方式、调结构、惠民生的方针指导下,遵循经济发展规律、社会发展规律和自然规律推进综合扶贫开发;就是要坚持因地制宜、科学规划、分类指导、因势利导,能做什么就做什么,绝不蛮干,绝不搞表面工作,从实际出发,真正使老百姓得到实惠;就是要把扶贫开发同做好农业农村农民工作结合起来,同发展基本公共服务结合起来,同保护生态环境结合起来,增强农业综合生产能力和整体素质。

理清思路、找准路子是做好减贫工作的基础和前提。而理清思路、找准路子,必须坚持从实际出发,因地制宜,找准突破口。在具体扶贫开发的路径选择上,中国政府加大贫困地区基础设施建设力度,狠抓贫困地区教育,大力发展贫困地区特色经济,做好移民搬迁扶贫工作,将扶贫开发与生态环境保护相结合,编织好社会安全网,这些措施都为扶贫开发工作指明了方向,提供了指南。

(二)精准扶贫

精准扶贫是指通过对贫困户和贫困村精准识别、精准帮扶、精准管理和精准考核,引导各类扶贫资源优化配置,实现扶贫到村到户,逐步构建精准扶贫工作长效机制,最终实现精准脱贫。习近平指出:“要坚持因人因地施策,因贫困原因施策,因贫困类型施策,区别不同

---

① 黄承伟:《党的十八大以来脱贫攻坚理论创新和实践创新总结》,《中国农业大学学报(社会科学版)》2017 年第 5 期,第 5—16 页。

情况，做到对症下药、精准滴灌、靶向治疗，不搞大水漫灌、走马观花、大而化之。”“各级党委和政府必须增强紧迫感和主动性，在扶贫攻坚上进一步理清思路、强化责任，采取力度更大、针对性更强、作用更直接、效果更可持续的措施，特别要在精准扶贫、精准脱贫上下更大功夫。”“脱贫攻坚一定要扭住精准，做到精准扶贫、精准脱贫，精准到户、精准到人，找对‘穷根’，明确靶向。”“要把扶贫攻坚抓紧抓准抓到位，坚持精准扶贫，倒排工期，算好明细账，决不让一个少数民族、一个地区掉队”，确保扶真贫、真扶贫、真脱贫。

坚持精准扶贫、精准脱贫，重在提高减贫成效。其关键是要找准路子、构建完善的体制机制，在精准施策上出实招、在精准推进上下实功、在精准落地上见实效。要解决好“扶持谁”的问题，确保把真正的贫困人口弄清楚，把贫困人口、贫困程度、致贫原因等搞清楚，以便做到因户施策、因人施策。要解决好“谁来扶”的问题，加快形成中央统筹、省（自治区、直辖市）负总责、市（地）县抓落实的扶贫开发工作机制，做到分工明确、责任清晰、任务到人、考核到位。

（三）社会扶贫

贫困治理是一项系统工程，涉及经济社会发展的方方面面，必须调动一切可以调动的力量。社会扶贫是指多元行动主体针对贫困人口和社会弱势群体所提供的各种救助、开发以及社会服务活动。社会扶贫具有行动主体的网络互动、行动目标的价值理性、行动内容的需求导向以及行动方式的内源发展等特点。社会扶贫作为一种具有中国本土特色的扶贫模式，有着自身独特的理论、实践及政策背景，它与专项扶贫、行业扶贫一起构成了中国扶贫开发的大扶贫格局。

习近平指出：“扶贫开发是全党全社会的共同责任，要动员和凝聚全社会力量广泛参与。要坚持专项扶贫、行业扶贫、社会扶贫等多方力量、多种举措有机结合和互为支撑的‘三位一体’大扶贫格局。”

“‘人心齐、泰山移’，脱贫致富不仅仅是贫困地区的事，也是全社会的事。”“鼓励支持各类企业、社会组织、个人参与脱贫攻坚。”“要引导社会扶贫重心下沉，促进帮扶资源向贫困村和贫困户流动，实现同精准扶贫有效对接。”社会扶贫是政府、市场、社会“三位一体”大扶贫格局中的重要一极，在扶贫开发中具有不可替代的作用。

（四）内源扶贫

内源扶贫强调发展的内生性，贫困地区的发展必须依靠自身的力量。习近平指出：“贫困地区发展要靠内生动力，如果凭空救济出一个新村，简单改变村容村貌，内在活力不行，劳动力不能回流，没有经济上的持续来源，这个地方下一步发展还是有问题。”“扶贫既要富口袋，也要富脑袋。要坚持以促进人的全面发展的理念指导扶贫开发，丰富贫困地区文化活动，加强贫困地区社会建设，提升贫困群众教育、文化、健康水平和综合素质，振奋贫困地区和贫困群众精神风貌。”

内源扶贫包括两个方面的内容，一方面，贫困地区的干部要从自身出发，自力更生。习近平在闽东调研的时候发现当地部分干部存在“等、靠、要”的思想，只想国家多拨点资金，多批点项目，自身动力不足，习近平针对这一情况指出：“我们有必要摆正一个位置：把解决原材料、资金短缺的关键，放到我们自己身上来……我们要把事事求诸人转为事事先求诸己。”另一方面，贫困地区要永久地脱离贫困，还得依靠贫困百姓自身，“脱贫致富终究要靠贫困群众用自己的辛勤劳动来实现”。摆脱贫困不仅仅是摆脱物质上的贫困，还要摆脱意识和思想上的贫困。内源扶贫的思想集中体现了人民群众是历史的创造者，贫困地区的发展、扶贫开发工作要特别尊重贫困群众的主体地位，把激发扶贫对象的内生动力摆在突出位置。

三、党的十八大以来减贫理论的创新

党的十八大以来，中国共产党和中国政府站在党和国家发展全局的高度，把扶贫开发作为全面建成小康社会、实现第一个百年奋斗目标的重点工作，提出了一系列扶贫开发的新思想、新观点、新论断，系统阐明了扶贫开发的一系列重大理论和现实问题，形成了具有中国特色的新时期减贫理论。

中国新时期减贫理论内涵极其丰富，是中国扶贫开发工作的科学指南和根本遵循。习近平关于扶贫开发战略定位、战略重点、总体思路、基本方略、工作要求以及方式方法等一系列深刻而具体的论述，构成新时期减贫理论的核心内容。新时期减贫理论充分体现了中国特色扶贫开发道路的理论创新和实践创新，体现了马克思主义世界观和方法论，是中国特色社会主义理论体系的重要组成部分和新发展。新时期减贫理论是对中国经济社会发展的历史与现实、目标与模式、路径与方法等进行深刻反思的结果，从多方面回应了一系列扶贫开发的理论和现实问题，为深入推进扶贫开发工作、推进全面建成小康社会提供了理论指导和行动指南，为全球扶贫开发贡献了重要的中国方案。

（一）新时期减贫理论的形成

党的十八大以来，党中央把扶贫开发摆到治国理政的重要位置，提升到事关全面建成小康社会、实现第一个百年奋斗目标的新高度，纳入经济社会发展全局进行决策部署。2013 年 11 月，习近平在湖南湘西考察时，首次提出“精准扶贫”的概念。2014 年 10 月在中国首个“扶贫日”之际，习近平作出重要批示，第一次提出了扶贫应“注重精准发力”。2015 年 3 月 8 日，习近平指出扶贫攻坚的关键在于“抓紧”

"抓准"和"抓到位",在于坚持"精准扶贫"。2015 年 6 月 18 日,习近平深入贵州调研,指出:我们的扶贫攻坚工作要在"精准扶贫、精准脱贫上下更大功夫"。2016 年 10 月 16 日,习近平在减贫与发展高层论坛会议上发表重要讲话,全面阐述了中国共产党和中国政府在扶贫开发领域的主张和部署。同年 11 月,习近平在中央扶贫开发工作会议上发表重要讲话,系统阐述了"六个精准""五个一批""四个问题"等重要思想,进一步完善了精准扶贫精准脱贫的基本方略,全面部署了"十三五"脱贫攻坚工作。

习近平指出:"扶贫开发推进到今天这样的程度,贵在精准,重在精准,成败之举在于精准。""总结各地实践和探索,好路子好机制的核心就是精准扶贫、精准脱贫,做到扶持对象精准、项目安排精准、资金使用精准、措施到户精准、因村派人精准、脱贫成效精准。""扶贫开发成败系于精准,要找准'穷根'、明确靶向,量身定做、对症下药,真正扶到点上、扶到根上。""要把精准扶贫、精准脱贫作为基本方略。"这些论述体现了党的十八大以来中央对扶贫开发工作的新部署新要求,体现了现阶段中国扶贫战略最突出的特征,是对过去"大水漫灌"式扶贫工作方式的根本性改革,进一步提高了脱贫攻坚的精准度和有效性。

精准扶贫精准脱贫是中国扶贫开发方式的重大转变,其根本目的就是确保党和政府的政策实惠落到贫困群众身上,确保贫困地区、贫困群众尽快实现稳定脱贫的目标。精准扶贫精准脱贫是一个系统工程,对象精准是前提和基础,项目、资金、措施、派人精准是措施和手段,成效精准是目标和落脚点。扶贫工作只有每个环节、每个步骤都精准,才能见到实效,才能实现精准脱贫。精准扶贫精准脱贫既是扶贫工作总的指导思想,也是扶贫工作总的工作原则、工作要求。精准扶贫精准脱贫就是要真正把精准理念落到实处,变"大水漫灌"为"精准滴灌",切实解决扶持谁、谁来扶、怎么扶、如何退的问题。

(二)新时期减贫理论的内容

新时期减贫理论内容丰富、思想深刻,集中探讨了减贫的本质、目的、战略、理念、动力、方式等问题,充分体现了新时期中国减贫的理论创新,反映了中国共产党和中国政府对减贫事业的规律性认识。

1.减贫的本质

习近平指出:“贫穷不是社会主义。如果贫困地区长期贫困,面貌长期得不到改变,群众生活长期得不到明显提高,那就没有体现我国社会主义制度的优越性,那也不是社会主义。”可见,消除贫困、改善民生、实现共同富裕,是社会主义的本质要求,是中国共产党的重要使命。减贫必须始终以消除贫困为首要任务,以改善民生为基本目的,以逐步实现共同富裕为根本方向。减贫是社会主义本质要求的思想,阐明了减贫与社会主义制度的内在关系,是对中国特色社会主义理论的深刻认识和创新发展,是对马克思主义价值观的坚守和捍卫,是对马克思主义发展观的丰富和拓展。

2.减贫的目的

让全体人民共享发展成果是扶贫开发的重要目标。习近平指出,“要始终把人民放在心中最高的位置”“与人民心心相印、与人民同甘共苦、与人民团结奋斗”;“做好扶贫开发工作,支持困难群众脱贫致富,帮助他们排忧解难,使发展成果更多更公平惠及人民,这是我们党坚持全心全意为人民服务根本宗旨的重要体现,也是党和政府的重大职责。”这就决定了扶贫开发过程中必须“要始终把解决好人民群众最关心、最直接、最现实的利益问题摆在突出位置”,“让人民群众实实在在分享到经济社会发展的成果”,“使全体人民在共建共享发展中有更多获得感”。新时期减贫理论从根本上阐明了发展“为了谁”这一问题,就是要切实维护最广大人民的根本利益,就是要让全体人民共享发展成果。新时期减贫目标的确立,体现了中国共产党不忘初心、践行以人民为中心的发展思想的根本立场,体现了实现好、维护好、发展好最广大人民根本利益的坚定决心和不懈追求,彰显了人民至上的价值取向。

3.减贫的战略

党的十八大以来,中国共产党构建了经济建设、政治建设、文化建设、社会建设、生态文明建设“五位一体”的总体布局和全面建成小康社会、全面深化改革、全面依法治国、全面从严治党的战略布局,这是新形势下党和国家各项工作的战略目标和战略举措,是党中央治国理政的总方略,是实现“两个一百年”奋斗目标、实现中华民族伟大复兴的中国梦的理论指导和实践指南。中国共产党和中国政府把减贫纳入“五位一体”和“四个全面”的战略布局,上升到治国理政的战略高度,以治国理政的总方略来统揽减贫工作。

4.减贫的理念

习近平指出,面对经济社会发展新趋势新机遇和新矛盾新挑战,必须确立新的发展理念,用新的发展理念引领发展行动。党的十八届五中全会坚持“以人民为中心”的发展思想,提出了创新、协调、绿色、开放和共享的新发展理念,这五大发展理念各有特点,为扶贫开发指明了行动方向。“创新”着重解决扶贫开发的动力问题,“协调”着重解决发展中的不平衡问题,“绿色”着重解决人与自然的和谐问题,“开放”着重解决发展的内外联动问题,“共享”着重解决社会的公平正义问题。新的发展理念进一步完善了中国共产党和中国政府对中国经济社会发展规律的认识,对新时期打赢脱贫攻坚战、全面建成小康社会具有重要引领作用。

5.减贫的动力

创新发展是推动脱贫攻坚的内在动力。习近平指出:“惟改革者进,惟创新者强,惟改革创新者胜。”深化改革开放是贫困地区释放后发优势、实现后发赶超的必然要求。要把扩大开放摆在更加突出的位置，以开放倒逼改革、以开放促进开发、以开放支撑发展。要进一步解放思想、解放和发展社会生产力、解放和增强社会活力。贫困地区要赶超先发地区，必须把深化改革开放作为走发展新路的重要内容，突出战略导向、需求导向、问题导向，通过深化改革激发内生原动力，通过扩大开放引入外部生产力，把后发优势充分释放出来，形成强大的发展合力。脱贫攻坚必须坚持问题导向，以改革为动力，以构建科学的体制机制为突破口，充分调动各方面积极因素，用心、用情、用力开展工作。要通过改革创新，解决扶贫开发中不断出现的新情况新问题。创新驱动是新时期减贫理论的重要内容，为新时期的脱贫攻坚工作提供了持续的动力。

6.减贫的方式

党的十八大以来，中国共产党和中国政府围绕如何推动减贫方式创新提出了系列具体措施，创造性地提出了精准扶贫精准脱贫的扶贫开发模式。习近平多次强调，“扶贫工作贵在精准，重在精准，成败之举在于精准”，并系统阐述了精准扶贫的内涵、要求、路径、保障措施，形成了精准扶贫精准脱贫方略，系统解决了扶贫开发中“扶持谁”“谁来扶”“怎么扶”和“如何退”的问题。精准扶贫精准脱贫是中国减贫方式的重大转变，是减贫模式的一项重大创新，为中国的减贫工作提供了具体的行动方案。现阶段中国的减贫工作必须围绕精准扶贫精准脱贫，创新性地落实“四个切实”和“五个一批”工作，确保减贫的成效。

（三）新时期减贫理论的特征

新时期减贫理论中蕴含的“以人民为中心”“全面发展”“包容发展”“协调发展”“绿色发展”“共享发展”等价值理念，是中国减贫工作的根本价值遵循，形成了中国特色减贫理论的重要特征。

1. 坚持“以人民为中心”

“以人民为中心”是中国减贫的根本价值取向。党的十八届五中全会明确提出了坚持以人民为中心的发展思想,彰显了人民至上和为人民服务的价值取向,也反映了坚持人民主体地位的内在要求,既要把增进人民福祉、促进人的全面发展作为发展的出发点和落脚点,也要充分调动人民的积极性、主动性、创造性。在减贫的过程中要坚持以人民为中心的根本价值取向。一方面,要充分体现人民至上的价值理念。习近平指出:“检验我们一切工作的成效,最终都要看人民是否真正得到了实惠,人民生活是否真正得到了改善,人民权益是否真正得到了保障。”[①]另一方面,要充分彰显人的主体性。马克思主义认为,人的主体性地位是改造世界的根本动力。只有充分发挥人的主观能动性,才能够更好地解决发展过程中所面临的各种难题。减贫必须坚持人民的主体地位,充分激发贫困人群的发展动力和发展信心。

2. 坚持“全面发展”

全面发展是减贫的战略要求。马克思主义发展观把物质文明和精神文明的统一、物的发展和人的发展的统一作为评价发展的综合尺度。习近平指出:“没有农村的全面小康和欠发达地区的全面小康,就没有全国的全面小康。”全面建成小康社会的主旨与要义,既在“小康”,又在“全面”。“小康”追求的是发展水平与质量,“全面”追求的是发展的平衡性、协调性、可持续性。全面建成小康社会,就要高度重视农村贫困人口脱贫这一最突出的短板,想方设法补齐短板,统筹推进经济建设、政治建设、文化建设、社会建设、生态文明建设,实现经济社会全面、协调、可持续发展。

---

① 习近平:《在纪念毛泽东同志诞辰一百二十周年座谈会上的讲话》(2013年12月26日),引自《十八大以来重要文献选编(上)》,中央文献出版社2014年版,第698页。

3.坚持“包容发展”

包容发展是消除贫困的重要条件。习近平指出，发展必须是遵循社会规律的包容性发展。包容性发展是促进公平正义的发展，是尊重差异的发展。坚持包容发展，要求发展以人为本，促进权利公平、机会公平、规则公平，创造公平公正的竞争环境，让贫困人群也拥有平等参与、平等发展的机会，共享发展的成果。坚持包容发展也要求充分尊重贫困地区的差异性，实现区别化发展。习近平多次强调，贫困地区应该因地制宜地发展产业，实现“弱鸟先飞”；“要做到宜农则农、宜林则林、宜牧则牧、宜开发生态旅游则搞生态旅游，真正把自身比较优势发挥好，使贫困地区发展扎实建立在自身有利条件的基础之上”。实现包容性发展，要大力改善贫困地区的民生，让贫困人口公平公正地享有经济发展的成果，也要根据贫困地区的现实状况因地制宜地制定发展方略。

4.坚持“协调发展”

协调发展是减贫的根本要求。协调发展注重的是发展过程中的统筹兼顾。全面建设小康社会的过程，是经济、政治、文化、社会、生态环境协调发展的过程，是物质文明和精神文明共同发展的过程，是谋求人的全面发展和实现社会的全面进步的过程。习近平指出，强调协调发展就要推进城乡、区域、经济社会、人与自然发展，推进经济、政治、文化、社会、生态环境协调共进，推进国内发展和对外开放。在减贫过程中坚持协调发展的价值理念，根本要求是统筹兼顾。要改变单一发展模式，解决发展不平衡问题，要加大统筹城乡发展、统筹区域发展力度，加大对贫困地区的扶持力度，促进贫困地区工业化、信息化、城镇化、农业现代化同步发展，推动贫困地区城乡发展一体化，逐步缩小城乡区域发展差距，促进城乡区域共同繁荣。

5.坚持“绿色发展”

绿色发展是减贫的必然选择。绿色发展注重的是解决人与自然的和谐问题。习近平指出:“坚持绿色发展,就是要坚持节约资源和保护环境的基本国策,坚持可持续发展,形成人与自然和谐发展现代化建设新格局,为全球生态安全作出新贡献。”党的十八大以来,习近平多次对生态文明建设作出重要指示,在不同场合反复强调“绿水青山就是金山银山”。将保护生态环境作为经济欠发达地区发展的基本原则和恪守的底线,突出体现了生态文明建设与消除贫困相结合的价值取向。

6.坚持“共享发展”

共享发展是减贫的本质要求。共享发展注重的是解决社会公平正义问题。坚持共享发展,就是着力增进人民福祉,增强人民获得感,解决社会公平正义问题。习近平强调,共同富裕是中国特色社会主义的根本原则,必须使发展成果更多更公平惠及全体人民,朝着共同富裕方向稳步前进。让贫困人群脱贫致富是共享发展成果的重要路径,让贫困人群共享发展成果、实现共同富裕不仅是中国特色社会主义的本质要求,也是我们党全心全意为人民服务宗旨的重要体现。说到底,减贫的本质要求就是让全体贫困人群共享发展成果。

四、中国特色减贫理论的贡献

中国特色减贫理论立足于中国社会主义初级阶段的基本国情,把马克思主义基本理论同中国发展的实际和时代特征相结合,系统地回答了中国社会主义现代化的一系列根本问题,具有开放性与兼容性、科学性与前瞻性、实践性与创造性、全面性与整体性等特点。中国特色减贫理论是关于中国经济社会发展的科学理论,从理论上和实践上解决了发展中国家现代化进程中面临的一系列理论和实践问题,体现了马克思主义世界观和方法论,是中国特色社会主义理论体系的重要组成部分和新发展,是马克思主义中国化的重大理论发展，是中国特色社会主义道路的重大实践成果。

（一）中国特色减贫理论是马克思主义中国化的最新成果

中国特色减贫理论是与中国的减贫实践相结合的产物，是马克思主义中国化的最新成果。党的十八大以来，中国共产党和中国政府高度重视扶贫工作，深刻阐述了扶贫开发的紧迫性，吹响了中国扶贫攻坚战的集结号，开创性地提出精准扶贫精准脱贫等创新性的减贫思想和方略。中国特色减贫理论，一方面继承了马克思主义关于人的全面发展和共同富裕的思想，另一方面紧密结合时代的发展与变化，丰富和深化了马克思主义的贫困治理思想，为马克思主义贫困治理理论的发展做出了贡献。

（二）中国特色减贫理论为全面建成小康社会奠定了坚实基础

党的十八大以来，中国共产党和中国政府把脱贫攻坚作为全面建成小康社会的重要任务，纳入“五位一体”总体布局和“四个全面”战略布局，摆到治国理政的重要位置。中国特色减贫理论为全面解决贫困问题指明了正确的道路，更为全面建成小康社会，实现中华民族伟大复兴的中国梦指明了方向。

（三）中国特色减贫理论为全球贫困治理贡献了中国方案

中国是世界上最大的发展中国家，中国的减贫具有世界意义。中国减贫事业既是中国政府的职责，也是全世界减贫事业的重要组成部分。中国减贫特别是消除绝对贫困对世界影响巨大。作为世界上减贫成效最为显著的国家，中国特色减贫的基本经验得到了国际社会的高度赞扬和广泛认可，为当代发展理论的研究开辟了新路，对于世界特别是发展中国家的发展具有重要的指导意义。

第十二章 中国减贫的国际价值

贫困是一项世界性的难题，各国政府及众多国际组织长期致力于减贫事业。经过六十多年艰苦卓绝的探索与努力，中国政府开创了一条符合中国国情、具有中国特色的减贫之路。中国为世界减贫事业贡献了中国智慧和中国方案，中国的减贫实践对丰富国际减贫理论、推动世界减贫进程具有重要的意义和价值。

一、减贫发展的中国经验

中国是第一个提前实现联合国千年发展目标中贫困人口减半的发展中国家，中国为全球减贫事业作出了巨大贡献。

中国的减贫行动为发展中国家提供了可供借鉴的减贫经验与模式。中国减贫之路是以经济发展为带动力量、以增强扶贫对象自我发展能力为根本途径，政府主导、社会帮扶与农民主体作用相结合，普惠性政策与特惠性政策相配套，扶贫开发与社会保障相衔接的中国特色扶贫开发道路，对发展中国家实现经济转型和消除贫困提供了可学习的经验和可借鉴的模式。

中国减贫的基本经验包括以下主要内容：一是坚持改革创新，保持经济持续稳定增长，不断出台有利于贫困地区、贫困人口发展的社会政策，为大规模减贫奠定了基础、提供了条件。二是坚持政府主导，把扶贫开发纳入国家总体发展战略，作为战略性任务来推进，集中力量组织开展大规模的专项扶贫行动，针对特定人群组织实施妇女儿童、残疾人、少数民族发展规划。三是坚持开发式扶贫方针，用发展来带动减贫，把发展作为解决贫困问题的根本途径，同时注重调动扶贫对象的积极性、主动性，提升其自身发展能力，发挥其脱贫的主体作用。四是坚持农业优先发展，实行统筹城乡经济社会发展的方略和工业反哺农业、城市支持农村与"多予少取放活"的方针，全面促进农村经济社会的发展，使贫困地区和农村贫困人口普遍受益。五是坚持基础设施建设，改善贫困地区的路、水、电、气、房等基础设施，为贫困人口创造良好的发展环境。六是坚持动员社会参与，发挥社会主义制度优势，构建政府、社会、市场协同推进的大扶贫格局。七是坚持普惠政策和特惠政策相结合，开发式扶贫制度和社会保障制度相衔接。在普惠政策的基础上，对贫困人口格外关注、格外关爱、格外关心，实施特惠政策，坚持做到"应扶尽扶，应保尽保"。[①]

经过长期努力，中国形成了一整套具有中国特色的减贫经验，为世界减贫事业贡献了"中国方案"。中国减贫经验主要表现在以下几个方面：[②]

1. 坚持制度优势与政治优势相结合

中国减贫取得巨大成就，最根本的原因是充分发挥社会主义的制度优势与中国共产党的政治优势。中国特色社会主义制度的最大优势是中国共产党领导，中国共产党最大的政治优势就是密切联系群众。中国共产党把贫困人口脱贫作为全面建成小康社会的底线任务和标志性指标，广泛动员社会各界力量参与扶贫开发，带领全党全社会走出了一条具有中国特色的减贫道路，体现了中国特色社会主义的制度优势。在减贫过程中，大批党员干部扎根基层，深入田间地头，了解贫困地区的自然环境状况和经济社会发展状况，推进切实可

① 黄承伟：《中国减贫成就、挑战与展望》，来源：2016 年 10 月 14 日中国扶贫在线网站。

② 向德平、华洵子：《改革开放四十年中国贫困治理的历程、经验和前瞻》，《新疆师范大学学报（哲学社会科学版）》2019 年第 2 期。

行的扶贫项目,解决贫困群众反映的问题,帮助贫困农户脱贫致富,充分体现了中国共产党的政治优势。中国在减贫中始终坚持中国共产党的领导,坚持以人民为中心的宗旨,坚持制度优势与政治优势相结合,有效促进了贫困地区的发展。

2.坚持顶层设计与地方创新相结合

贫困是制约中国改革发展的全局性、关键性问题。解决贫困问题,必须要进行顶层设计,确保减贫工作的系统性、整体性、协同性。贫困问题是复杂的,不同的贫困地区、贫困群体具有不同的贫困特征,要想政策方针取得实际效果,就必须结合实际情况、因地制宜。改革开放40年来,中国政府制定了一系列政策文件,系统地对减贫进行顶层设计,从制度上保障了减贫工作的顺利展开。与此同时,各地方政府结合实际情况,大胆试验,促使顶层设计落地生根,形成了“贵州模式”“兰考经验”等一批实践创新的典范。顶层设计与地方创新相结合,既体现了中国共产党实事求是、一切从实际出发的思想路线,也彰显了地方、基层和群众的首创精神。从中国减贫实践来看,顶层设计与地方创新不是相互矛盾、相互排斥的,而是相得益彰、相互促进的。

3.坚持政府主导与多方参与相结合

中国政府高度关注民生,始终把保障和改善民生作为一切工作的出发点。为了解决贫困问题,中国政府不断加大财政投入,改善贫困地区的生产生活条件;逐步提高扶贫标准,使更多的贫困人口得到扶持;持续优化扶贫环境,促进社会政策向贫困地区、贫困人口倾斜,为贫困人口脱贫增收提供政策保障。与此同时,中国政府坚持动员社会力量参与扶贫开发,构建政府、社会、市场协同推进的减贫模式。政府主导与多方参与相结合的模式,凝聚多元主体、整合多方资源、协同多种机制,真正实现了集全党全社会之力帮扶贫困地区以及困难群众,成为中国减贫的宝贵经验。

4.坚持扶贫开发与社会保障相结合

改革开放以后，中国坚持走扶贫开发的道路，通过财政支持、技术指导以及政策保障等方式，推动贫困地区发展生产，提升贫困人口的文化水平和生产技能，促使贫困地区、贫困人口通过自己的努力走上脱贫致富的道路。另外，中国政府为贫困地区老、弱、病、残等缺乏自我发展能力的特殊人群提供相应的社会保障，保障这部分群体生存与发展的权利。2011 年，《中国农村扶贫开发纲要(2011—2020年)》明确指出了“实行扶贫开发和农村最低生活保障制度有效衔接，把扶贫开发作为脱贫致富的主要途径，把社会保障作为解决温饱问题的基本手段。”扶贫开发与社会保障的有效结合，既有利于实现贫困地区的可持续发展，又保障了特殊群体的基本生活，是既充分尊重市场经济规律，又充分尊重个人生存权利的具体体现。

5.坚持生产发展与生态保护相结合

产业扶贫是中国减贫的重要内容。没有产业的发展，就不能真正带动贫困地区脱贫致富；没有产业的支撑，也难以实现贫困地区脱贫后的可持续发展。中国在减贫中注重挖掘贫困地区的资源要素，构建贫困地区的产业体系，促进贫困地区参与到市场竞争中。但是，中国贫困地区多是自然环境恶劣、生态脆弱的地区，产业发展一定要以生态保护为前提，坚决反对以牺牲环境为代价换来片面的经济增长。因此，中国在减贫中坚持绿色发展、协调发展、可持续发展的理念，不断推动传统农业的转型升级，培育新兴产业，发展服务业，提倡绿色的生活理念与生活方式，真正实现“绿水青山就是金山银山”。

6.坚持外部帮扶与自主脱贫相结合

改革开放 40 年，全党全社会为贫困地区投入了大量的资金、人才、设备，帮助贫困地区摆脱贫困。但是，摆脱贫困，不仅仅要依靠外部力量，更重要的是要依靠贫困地区、贫困人口自身的力量。因此，中国在减贫过程中，鼓励贫困地区充分挖掘自身的特色资源，在保护生态环境的前提下,探索出符合当地实际情况的产业发展之路,带动区域内的贫困人口脱贫致富;注重通过文化教育、技能培训等方式,提升贫困人口的思想意识和人力资本,促进贫困人口通过创业、就业的方式增加收入,实现自主脱贫。外部帮扶与自主脱贫相结合,既可以充分利用外界资源,又可以激发内生动力,是保障中国贫困人口稳定脱贫的关键。

中国减贫行动形成了减贫发展的“中国经验”,探索了减贫发展的“中国模式”,创造了减贫发展的“中国奇迹”。

二、中国减贫的国际反响

改革开放40年来,中国立足自身国情,走出了一条中国特色的发展道路。2015年,中国率先完成联合国千年发展目标。截至2017年底,中国让7亿多人摆脱了贫困,实现了世界减贫史上的“中国奇迹”。中国的减贫成就为世界瞩目,国际社会高度关注中国的减贫行动。在全球仍有7亿极端贫困人口的背景下,中国的减贫经验对寻求摆脱贫困的新兴市场国家和发展中国家具有巨大价值。

“世界上很多国家都对解决贫困问题一筹莫展,但中国在解决贫困问题上取得的显著成效,在世界上首屈一指,令人赞叹。”比利时联邦议会比中友好小组主席克里斯蒂安·维耶纳表示,“在精准扶贫政策的推动下,贫困家庭不仅很快摆脱了贫困,而且有了可持续发展的路子。中国这种优质高效的减贫之路值得其他国家学习和借鉴。”[①]

世界银行行长金墉表示,过去五年中国减贫的成就是人类历史上最伟大的事件之一。联合国开发计划署署长海伦·克拉克提出,

---

① 张梦旭等:《中国减贫之路“优质高效”——国际人士积极评价中国脱贫攻坚成就》,《人民日报》2018年2月1日。

“我们呼吁各国分享中国的减贫经验。”[①]

联合国开发计划署政策与项目支持司司长尼克·塞克兰指出：“中国的成功应归功于中国政府勇于创新、善于探索、创造出一套适合自己的扶贫和脱贫模式，这是其他国家所没有的。”他认为，中国经济的快速增长带动了一大批贫困人口脱贫致富，经济增长是脱贫致富的重要手段。中国全面建成小康社会的战略是脱贫致富的有效做法，值得国际社会借鉴。中国政府倡导共同富裕，先富起来的人要帮助贫困人口一起富裕，为经济稳步发展、社会和谐稳定、消除极度贫困奠定了重要基础。[②]

新加坡国立大学顾清扬认为，中国的扶贫开发工程是一项系统性工程，动员了全社会的力量，这是与世界其他国家减贫行动的不同之处，也是中国在减贫事业上的一项制度创新。实践证明，扶贫开发工程符合中国国情，也创造了了不起的成就。因此，中国的减贫模式具有重要的世界意义，中国的减贫理念值得与其他发展中国家分享。[③]

中国在消减自身贫困状况的同时，也在帮助世界上其他发展中国家摆脱贫困。联合国粮农组织经济与社会发展署负责人乔莫·桑德拉姆表示，在消除贫困方面，联合国千年发展目标如果没有中国的努力很难取得今天的成绩。从 20 世纪 90 年代初到现在，世界上每减少 3 个饥饿人口，有 2 个就是中国人，中国甚至提前两年达到了将饥饿人口减半的目标。中国用占世界 9%的可耕地养育了约 1/5 的世界人口，这一成绩令人敬佩。[④]

“中国在减贫领域为其他国家树立了榜样。”联合国粮农组织减贫项目官员安娜·坎波斯表示，“中国在减贫领域取得巨大成果是因

① 仝志辉：《中国减贫的历史意义与世界意义》，2018 年 3 月 18 日中国论坛网。

②③④ 张晓东等：《中国减贫模式具有世界意义》，《人民日报》2015 年 10 月 28 日。

为政府始终把扶贫工作摆在重要位置，并且在扶贫方面有清晰的目标。"[①]

美国未来学家约翰·奈斯比特指出："从全球背景来看，中国减贫的努力对寻求摆脱贫困的新兴经济体具有巨大价值。"[②]

法国经济学家米歇尔·阿列塔指出，改革开放40年来，减贫一直是中国政府工作的重心之一。改革开放初期，中国在农村推行的家庭联产承包责任制，激发了农业生产活力；伴随着工业化和城镇化的发展，越来越多的农村人口进入城市，增加了收入；近年来，中国政府致力于完善社会保障体系建设，提高最低工资水平，倡导更为高效的投资。"中国的扶贫成功经验值得推广学习。"[③]

巴基斯坦媒体与交流研究所所长瓦力·扎希德指出："中国脱贫攻坚事业是当今人类社会发展的一个显著成就。"菲律宾《菲律宾星报》评论员李天荣表示，中国政府在消除贫困方面表现出强大的政治决心与政治毅力，为世界减贫事业作出了重大贡献。中国的减贫成就令世人震撼，必将载入史册。[④]

波兰华沙大学国际关系研究所新闻和政治研究系教授加恩·罗文斯基认为，中国的减贫工作体现了执政党以民生为导向的执政理念，反映了执政党对人民负责的态度和强大的执行力。"贫穷仍然是当今世界很多经济、政治问题的根源，中国在减贫工作中总结出的有效经验，为有相似国情的国家和地区提供了范本。"[⑤]德国政治学家沃夫拉姆·阿多菲强调，中国政府将减贫事业作为其使命和责任来对待和解决。中国的减贫经验为世界提供了借鉴。俄罗斯莫斯科国际关系学院分析中心高级研究员指出，中国的减贫经验，同样也适合与

①②③④⑤ 张梦旭等：《中国减贫之路"优质高效"——国际人士积极评价中国脱贫攻坚成就》，《人民日报》2018年2月1日。

广大发展中国家分享。[①]

埃塞俄比亚总理首席经济顾问尼瓦伊·吉布里阿布表示，中国减贫的成功经验在于持续快速的经济增长、创造大量就业、经济增长成果为人民所共享。墨西哥中国问题专家阿尔伯特·罗德里格斯指出："每个国家都有其特有的国情和发展道路，中国显然找到了一条适合自己的发展道路，这让中国人民享受到发展成果，也给其他发展中国家带来信心和启示。"[②]

印度夏马尔大学教授卡玛奇亚认为，按照中国政府的减贫路线图，到2020年打赢脱贫攻坚战，这不仅是中国消灭贫穷问题，更是为人类社会作出的巨大贡献，为包括发达国家在内的所有国家做出了榜样，这是中国方案和中国理念对世界的贡献。[③]

三、中国减贫的"溢出效应"

中国在减贫方面取得的突出成就，对世界范围的减贫事业产生了巨大推动作用。联合国《千年发展目标2015年报告》显示，全球极端贫困人口已从1990年的19亿人降至2015年的8.36亿人，中国在其中的贡献率超过70%，为全球减贫事业作出了重大贡献。

国际社会高度重视对中国减贫经验的研究，中国减贫对全球发展援助和南方国家减贫产生了重要的、积极的影响，形成了"溢出效应"。溢出效应指的是一个组织在进行某项活动时，不仅会产生活动所预期的效果，还会对组织之外的人或社会产生影响。溢出效应分为知识溢出效应、技术溢出效应和经济溢出效应等。中国的减贫工作不仅推动中国贫困地区摆脱贫困，还具有广泛的国际效应，为国际

①②③　张梦旭等：《中国减贫之路"优质高效"——国际人士积极评价中国脱贫攻坚成就》，《人民日报》2018年2月1日。

减贫与发展工作提供了减贫理念、减贫模式、减贫手段、减贫目标设置等多方面的经验。中国减贫行动对世界产生了积极的外溢效应。中国减贫的溢出效应主要表现在以下几个方面:

(一)减贫理念的科学性

中国减贫对世界的影响正在经历从数量到模式、路径,再到观念和理念的巨大飞跃,中国的"减贫观"正在影响和重塑全球发展体系。

1.民生为本理念

中国减贫行动以人民为中心,注重发展成果的共享,始终把全体人民共同富裕作为奋斗的目标。坚持普惠政策和特惠政策相结合,开发式扶贫制度和社会保障制度相衔接。在普惠制度的基础上,对贫困人口实施特惠政策,做到"应扶尽扶,应保尽保"。消除贫困是社会主义的本质要求,脱贫攻坚是全面建成小康社会的"底线任务",现行标准下农村贫困人口全部脱贫、贫困县全部摘帽、解决区域整体贫困,是中国共产党向人民作出的庄严承诺,贯穿其中的主线就是以人民为中心的发展思想。贫困人口是人民的重要组成部分,是中国共产党最需要维护好、实现好、发展好其根本利益的弱势群体。只有将以人为本作为核心理念,才能使扶贫的目标更加明确,扶贫的方式更加科学,扶贫的效果更加巩固。

2.包容性增长理念

包容性增长寻求的是社会和经济协调发展、可持续发展。中国政府在减贫行动中,注重经济、社会、生态、文化的协调,注重外部帮扶与内生动力的结合。中国包容性增长理念被世界广泛接受和认同。随着中国减贫工作进一步深入发展,中国减贫体系的国际治理意味变得更加浓厚,对全球可持续发展的正面示范效应也逐渐增强。2015年,习近平指出,"发达国家要加大对发展中国家的发展援助,发展中国家要增强内生发展动力"。这为全球可持续发展议程提出了原则性和指导性的意见。增强内生发展动力是消除贫困、推进可持续发展的根本出发点、根本指导原则和根本途径，加强南北合作是增强发展动力的重要外部保障。这两者之间的协调，就是全球发展治理。这一具有包容性发展的理念，获得了国际社会的高度认可。

3.绿色减贫理念

绿色减贫是一种可持续、低碳扶贫方式，是推进减贫的最有效方式之一。中国将绿色协调可持续发展作为脱贫攻坚的基本原则之一，要求牢固树立绿水青山就是金山银山的理念，把贫困地区生态环境保护摆在更加重要的位置，探索生态脱贫有效途径，推动扶贫开发与资源环境相协调、脱贫致富与可持续发展相促进，使贫困人口从生态保护中得到更多实惠。绿色发展在中国减贫战略中占据重要的战略位置。中国的绿色减贫已经从单纯的减贫理念，上升到政策层面和制度层面，进而又推进到了多项创新实践。

总之，中国减贫理念在国际上产生了重要的影响，成为国际社会减贫发展的重要思想来源，成为国际减贫合作与共享发展的重要内容。

（二）扶贫模式的普适性

改革开放 40 年，中国在实践中探索出了一系列成功的减贫模式，如整村推进扶贫模式、“雨露计划”扶贫模式、产业化扶贫模式（将产业化扶贫与整村推进、连片开发、科技扶贫相结合，带动贫困农户增收）、连片开发扶贫模式（开展“县为单位、资源整合、整村推进、连片开发”试点）、移民搬迁扶贫模式（对居住在生存条件恶劣地区的特困人口实行搬迁扶贫）以及特困地区综合治理扶贫模式（抓住主要矛盾，整合各方资源，集中力量攻坚）等。这些成功模式不仅对中国的扶贫作出了重大贡献，也为提前实现联合国千年发展目标中贫困人口减半的目标贡献出了中国智慧和中国方案，可以成为国际减贫合作和共享发展的重要内容。

1.政府主导

中国政府实施扶贫优先和倾斜性政策,将减贫作为第一民生工程,作为统领贫困地区发展的第一要务,动员全社会资源力量投入到脱贫攻坚战中,提升了减贫的效率,提高了减贫的成效。

2.市场扶贫

市场经济体制的日益完善,在一定程度上丰富了减贫的路径,降低了贫困群体对政府的过度依赖,减贫手段变得更加多元化。市场扶贫是市场主体以市场经济的方式和手段推动企业与贫困群体互惠互利的扶贫活动。市场主体参与扶贫体现了市场和扶贫的双重特征。市场主体主要通过经济活动实现对贫困地区和贫困人群的带动作用,市场主体在实现其经济效益的同时,通过相应的利益链接机制,带动贫困地区的发展和贫困人口的发展。市场扶贫的方式丰富多样,如提升贫困地区的市场经济意识、开发贫困地区的特色产业、吸纳贫困农户就业、拓展贫困地区农产品市场、输入发展资源和技术等等,这些方式能够有效提升贫困地区和贫困人口的脱贫能力,增加贫困人口的收入。

市场参与模式具有多方面的价值:一是有效缓解利益分配的问题,作为扶贫主体之一的企业在减贫行动中得到了经济利益,实现了减贫的可持续性。二是极大降低了被帮扶对象的依赖感,对那些有能力的劳动力来讲,这是提高其内生动力的有效办法,减少了依赖政府的救济模式,提高了贫困地区的减贫质量。三是不断提高贫困群体和帮扶主体的社会地位,实现社会公平。双方在减贫行动中按照市场规律进行等价交换,实现经济利益的双赢目标。

3.社会参与

动员和组织社会各方面的力量,参与贫困地区的开发建设,是中国特色社会主义扶贫开发道路的重要内容,也是社会主义制度优越性的体现。社会扶贫吸纳和动员了最为广泛的积极力量参与扶贫开发事业，体现为参与主体的多元性。社会扶贫主要包括定点扶贫、东西协作扶贫、军队和武警部队扶贫、企业扶贫、国际扶贫和社会组织扶贫等内容。经过几十年的发展，中国初步形成了成熟的社会扶贫格局。从主体来看，机关事业单位、民营企业、社会组织、干部职工、社会公众等成为社会扶贫的主要力量；从形式来看，逐步形成了以定点帮扶、对口帮扶、结对帮扶、社会救助等为主体的社会扶贫格局；从领域来看，主要集中于支持产业发展，援建基础设施，发展教育卫生，改善生产生活条件，开展生态环境建设等方面；从组织形式来看，逐步形成了政府主导，组织和动员社会力量积极参与扶贫开发，共同推进减贫事业发展的局面。社会扶贫作为政府、市场、社会协同推进的大扶贫格局中的重要一极，在扶贫攻坚中发挥着重要的作用。

总之，中国在减贫实践中探索出来的新方法、新模式，成为推进国际减贫合作和共享发展的重要经验，为国际减贫和人类命运共同体建设作出了重要贡献。

（三）减贫方法的有效性

全面消减贫困是全球发展的首要目标和核心内容。在全球可持续发展的背景下，各方都期待出现一种可接受、可操作、可持续、可对话的新型减贫手段，以促进全球发展合作，完善全球发展治理。中国的减贫方法为此提供了借鉴。

改革开放以来，中国在实践中探索出了一系列行之有效的减贫方法。从减贫方式来看，可分为产业开发方式、旅游扶贫方式、电商扶贫方式、资产收益方式、科技扶贫方式、就业脱贫方式、教育扶贫方式、健康扶贫方式、生态建设方式、社会保障方式、移民搬迁方式等；从减贫主体来看，可分为东西部扶贫协作方式、定点帮扶方式、企业帮扶方式、军队帮扶方式、社会组织和志愿者帮扶方式、国际交流合作方式等;从资源输入方式来看,可分为救济式扶贫方式和开发式扶贫方式等;从发展动力来看,可分为资源依托方式、资产积累方式和技术驱动方式等;从资金分配来看,可分为财政扶贫方式、贴息贷款方式、以工代赈方式、金融扶贫方式;等等。总体来看,这些具有中国特色的减贫方式对中国的贫困治理作出了重大贡献,为全球贫困治理提供了有益的借鉴。

四、中国减贫的国际意义

消除贫困是全世界共同的使命,中国始终秉承大国责任和担当,持续关注和支持国际减贫事业的发展。中国减贫经验对于世界上其他国家减贫事业的发展具有重要的借鉴意义。

(一)提升了中国国际形象

中国的贫困治理成绩得到了全世界的高度认可,在国际上产生了重要影响,为推动全球减贫事业的发展起到了极为关键的推动作用。目前世界贫困人口也多分布于发展中国家,中国是世界上最大的发展中国家,中国减贫的成功经验对于世界上大多数发展中国家具有极大的示范效应,能够帮助欠发达国家和地区减轻贫困,甚至对一些发达国家的反贫困工作也具有重要的借鉴意义。

在与广大发展中国家开展南南合作、共谋发展的过程中,中国的减贫方案也必将为全世界其他发展中国家的减贫实践提供有效经验,从而大力推进全球减贫事业的发展。中国一直积极承担世界减贫发展的责任,积极帮助发展中国家摆脱贫困。中国减贫取得了巨大的成就,提升了中国在减贫发展方面的影响力和话语权,增强了中国的道路自信、理论自信、制度自信和文化自信,彰显了中国的大国责任意识,树立了良好的国际形象。中国加强与国际社会的减贫合作与交流，展示了中国对于世界减贫发展的责任意识和大国担当。

（二）丰富了世界减贫方案

中国是世界上最大的发展中国家，中国的反贫困具有世界性的意义。中国扶贫开发事业既是中国政府的职责，也是全世界反贫困事业的重要组成部分。中国反贫困特别是消除绝对贫困对世界影响巨大。中国丰富的减贫经验对于世界上其他国家来说，具有重大的借鉴意义。中国政府在减贫过程中坚持解放思想、改革开放、科学发展的原则，并努力使国际减贫成功经验本土化，创造了政府主导、社会动员，立足发展、坚持开发，因地制宜、综合治理，自强不息、艰苦创业等成功经验。中国是世界上减贫成效最为显著的国家，中国减贫基本经验得到了国际社会的高度赞扬和广泛认可。改革开放以来，中国政府把减贫作为国家发展目标，纳入国家发展规划，明确减贫方向，不断完善减贫战略和政策体系，创造了中国特色的减贫机制和模式，为世界减贫贡献了中国方案。

中国积极承担国际减贫责任，有效推动和深化国际减贫合作，为全球2030年可持续发展议程的推进提出了中国方案，贡献了中国智慧，更加有效地促进了广大发展中国家交流分享减贫经验，为全球减贫事业作出了重要贡献。[①]

（三）推动了全球减贫进程

中国作为世界人口大国，经过60多年的减贫实践，减贫工作已取得显著成效并处于世界领先地位。改革开放以来，中国已经有7亿多人脱贫，贫困群众生活水平显著提高，贫困地区面貌发生了根本变化。到2015年，中国基本上实现了联合国千年发展目标，是第一

① 李树明：《论习近平“治贫”思想及其现实意义》，《克拉玛依学刊》2017年第2期。

个提前实现减贫目标的发展中国家,也是消除贫困人口最多的国家。中国确立了2020年全面建成小康社会的目标,中国实现全面小康将会大大促进联合国千年发展目标的实现进程。

党的十八大以来,中国共产党和中国政府把扶贫开发工作摆在更加突出的位置,提出了加快精准扶贫、精准脱贫步伐,坚决打赢脱贫攻坚战,确保到2020年中国现行标准下7000多万农村贫困人口实现脱贫、贫困县全部摘帽、解决区域性整体贫困的目标。这是中国历史上亘古未有的伟大跨越,也是中国对人类社会的伟大贡献。中国减贫事业是全球减贫事业的重要组成部分,中国减贫行动加快了国际减贫进程,推进了国际减贫事业的发展,为世界减贫事业作出了巨大的贡献。

同时,中国扶贫成就为国际人权发展作出了重大贡献。根据《2015年联合国千年发展目标报告》提供的资料,中国对全球减贫的贡献率超过70%。国际舆论普遍认为,全球在消除极端贫困领域所取得的成绩主要归功于中国。世界银行行长金墉说,中国帮助6亿人摆脱了贫困,在消除极端贫困方面发挥了人类历史上最大的作用。联合国粮农组织总干事若泽·格拉齐亚诺·达席尔瓦说,中国的努力是使全球贫困和饥饿人口减少的最大因素。世界银行中国局局长罗兰德说,如果没有中国的减贫成就,联合国千年发展计划目标就难以实现。①

目前世界上还有8亿多极端贫困人口,其中绝大多数集中在东南亚和撒哈拉以南的非洲。全面消除贫困依然是国际社会的重大挑战。中国的减贫经验对国际减贫具有重要的参考价值和借鉴意义。联合国粮农组织经济与社会发展署负责人乔莫·桑德拉姆指出:"中国经验值得学习,我们也希望中国将经验推广到世界,帮助更多国家

① 李云龙:《中国减贫行动具有重大国际意义》,《光明日报》2016年10月19日。

摆脱贫困。”桑德拉姆表示，目前中国通过“南南合作”项目向更多国家和地区成功输送经验，在双边和与粮农组织的“南南合作”项目中协助120多个发展中国家实施了千年发展目标。中国还对来自发展中国家的人员进行培训，以便更好地推广中国经验，为在世界范围内达到减贫目标继续作出贡献。① 美国《赫芬顿邮报》在题为《世界贫困人口20年内减半是谁的功劳?》的文章中说，如果我们能从中国过去15年间的努力中吸取经验，在全球创造另一个中国奇迹，那么可以说，我们将永远带领人类走出贫困。中国在双边和多边框架内对120多个发展中国家实施千年发展目标提供了帮助。除了提供物品和资金援助外，中国还帮助发展中国家进行减贫方面的人员培训，介绍和推广中国经验。随着中国经济社会的发展，中国在消除贫困、促进国际人权保障方面的贡献会越来越大。②

（四）创新了国际减贫理论

贫困一直是困扰各个国家的世界性难题，消除贫困是世界各国共同的理想与目标。20世纪以来，随着贫困问题越来越受到人们的关注，国际上有关贫困问题的理论也逐渐丰富，从不同视角对贫困的根源进行了解释，并提出相应的减贫理论和实践方案。从20世纪50年代的“不平衡增长”理论和“大推进”理论，到90年代阿玛蒂亚·森的权利和能力贫困理论，国际减贫理论经历了从宏观理论范式到微观理论范式的转变，从经济范式到社会文化范式的转变，从制度范式到素质、权利范式的转换。中国减贫理论中精准扶贫、内源式扶贫、合力扶贫、制度扶贫等思想，具有很强的针对性、政策性和实践性。③

---

① 张晓东等:《中国减贫模式具有世界意义》,《人民日报》2015年10月28日。

② 李云龙:《中国减贫行动具有重大国际意义》,《光明日报》2016年10月19日。

③ 安增军、高绮雪:《论习近平反贫困思想及其战略意义》,《河南工业大学学报(社会科学版)》2016年第3期。

其中精准扶贫思想是中国新时期扶贫开发工作的指导性思想,科学地回答了“扶持谁”“谁来扶”“怎么扶”“如何退”等重大问题。中国减贫理论是马克思主义中国化的重大理论成果,是中国特色社会主义道路的重大实践成果。中国减贫事业是国际减贫事业的重要组成部分,作为世界上最大的发展中国家,中国的减贫思想对于创新国际贫困治理理论具有重要的作用,对于推动广大发展中国家摆脱贫困具有很好的理论借鉴意义。

后　记

《中国减贫行动：1978—2018》是国家社科基金重大项目“精准扶贫战略实施的动态监测与成效评价研究”（16ZDA022）、教育部哲学社会科学发展报告建设（培育）项目“中国反贫困发展报告”（11JBGP038）的研究成果，入选了中宣部“2018年主题出版重点出版物”。

《中国减贫行动：1978—2018》系统梳理改革开放以来中国扶贫开发的理念、政策及行动举措，总结中国扶贫的经验及成效，探析中国扶贫的模式和经验。

本书由向德平、刘风、向雪琪共同撰写。其中，向德平、刘风撰写第一章到第六章；向德平、向雪琪撰写第七章到第十二章。

在减贫理论研究和政策实践领域，有一些意义相近的概念，如扶贫、减贫、反贫困、扶贫开发、脱贫攻坚、贫困治理等，这些概念出现在不同的语境和不同的场合。一般来讲，在政策文件中，较多使用“扶贫”“扶贫开发”“脱贫攻坚”等概念；在学术研究中，较多使用“减贫”“反贫困”“贫困治理”等概念。近几年，政策文件中开始使用“减贫”这一概念，其中标志性的事件是习近平出席“2015减贫与发展高层论坛”并发表主旨演讲。本书的书名为《中国减贫行动：1978—2018》，因此较多使用“减贫”这一概念，但是政策文件、领导讲话，以及一些专有名词和一些约定俗成的表述中，我们仍使用“扶贫”这一概念。特向读者说明。

武汉出版社高度重视并积极支持本书的撰写与出版。邹德清副总编多次到武昌商议出版选题,研讨研究框架,推动写作进程。没有邹德清副总编的精心策划,就没有本书的选题及构架;没有邹德清副总编的勉力推动,不可能在很短的时间内完成书稿的撰写。人文出版中心杨建文主任亲自承担本书的编辑工作,为本书的撰写、出版献智献策,尽心尽力。责任编辑管一凡同志为本书付出了辛勤的劳动。感谢所有关心、支持本书的领导、专家和同人!

向德平

2018年11月1日